贵州交通职业技术学院高层次人才科研项目：高职院校思想政治教育与人文素质综合提升新体系探索研究

高职院校提升学生综合素质教学体系改革研究

吴文兵 著

群言出版社
QUNYAN PRESS

·北京·

图书在版编目（CIP）数据

高职院校提升学生综合素质教学体系改革研究 / 吴文兵著． -- 北京：群言出版社，2025. 1. -- ISBN 978-7-5193-1056-1

Ⅰ．G718.5

中国国家版本馆 CIP 数据核字第 20257QG065 号

责任编辑：胡　明
装帧设计：寒　露

出版发行：群言出版社
地　　址：北京市东城区东厂胡同北巷1号（100006）
网　　址：www.qypublish.com（官网书城）
电子信箱：qunyancbs@126.com
联系电话：010-65267783　65263836
法律顾问：北京法政安邦律师事务所
经　　销：全国新华书店

印　　刷：定州启航印刷有限公司
版　　次：2025年1月第1版
印　　次：2025年1月第1次印刷
开　　本：710mm×1000mm　1/16
印　　张：17.75
字　　数：253千字
书　　号：ISBN 978-7-5193-1056-1
定　　价：98.00元

【版权所有，侵权必究】

如有印装质量问题，请与本社发行部联系调换，电话：010-65263836

前　言

随着全球化的深入发展和科技的日新月异，职业教育在培养高素质技术技能人才方面扮演着越来越重要的角色。中国政府高度重视职业教育的发展，将其视为国家发展战略的重要组成部分。在此背景下，高职院校作为培养应用型、技术技能型人才的重要基地，其教学体系改革成为教育改革的关键环节，对于提升学生综合素质、满足社会需求、促进经济发展具有重大意义。

本书旨在探讨高职院校提升学生综合素质的教学体系改革，以期为我国职业教育的改革与发展提供理论支持和实践指导。本书聚焦于教学体系改革的策略、实施路径及教学体系改革对学生综合素质提升的效果，旨在解决当前高职教育中存在的问题，如教学内容与市场需求脱节、实践教学环节不足、教师教学方法单一等，以期构建更加科学、合理的教学体系。

通过深入分析和系统总结国内外高职院校教学体系改革的经验与教训，本书提出了符合中国国情的改革策略，有助于推动高职教育质量的提升，促进学生知识、技能和素质的全面发展，为社会培养更多具备创新精神和实践能力的高素质人才。

本书的结构安排如下：第一章、第二章介绍研究的背景、目标、内容及方法；第三章介绍高职院校教学体系改革理论探索；第四章至第十一章深入探讨高职院校教学体系改革的各个方面，如课程体系、教学方法、评价体系、教师队伍建设、校企合作模式、实践教学体系、国际化教育体制、学生职业规划与发展体制等。第十二章介绍国内外高职院校教学体系改革的案例。

  本书力求为读者呈现全面、系统的高职院校教学体系改革研究全貌，为职业教育工作者和政策制定者提供有价值的参考和启示。

吴文兵
2024 年 10 月

目 录

第一章　绪论·· 1
　　第一节　研究背景·· 2
　　第二节　国内外研究综述·· 10
第二章　研究的目标、内容与方法·· 19
　　第一节　研究的具体目标·· 19
　　第二节　研究的具体内容·· 23
　　第三节　研究方法·· 29
第三章　高职院校教学体系改革理论探索··· 32
　　第一节　党和国家对职业教育的大政方针和政策及其理论支持······ 33
　　第二节　职业教育理论对高职院校教学体系改革的指导作用和要求···· 38
　　第三节　其他教育理论·· 40
第四章　高职院校课程体系改革·· 46
　　第一节　高职院校课程体系改革的主要内容································· 47
　　第二节　高职院校课程体系改革的方向·· 61
第五章　高职院校教学方法改革·· 68
　　第一节　高职院校教学现状与问题··· 68
　　第二节　国外先进的教学理念与方法介绍···································· 79
　　第三节　高职院校教学方法改革的主要内容································· 96
　　第四节　正确科学地对待传统教学方法·· 108
　　第五节　立足实际创新性开拓教学方法·· 112

-1-

第六章　高职院校教学评价体系改革…………………………… 117
第一节　高职院校教学评价体系的发展历程 ………………… 118
第二节　中国高职院校教学评价体系存在的问题 …………… 120
第三节　高职院校教学评价体系改革目标与原则 …………… 130
第四节　高职院校教学评价体系改革的内容 ………………… 137

第七章　高职院校教师队伍建设…………………………………… 143
第一节　高职院校教师队伍现状分析 ………………………… 143
第二节　高职院校教师队伍建设存在的问题与挑战 ………… 149
第三节　高职院校教师队伍建设的策略与措施 ……………… 160

第八章　高职院校校企合作模式改革…………………………… 181
第一节　国内外高职院校校企合作现状 ……………………… 181
第二节　综合素养视角下的校企合作模式改革 ……………… 194
第三节　校企合作模式改革的方向与建议 …………………… 203

第九章　高职院校实践教学体系改革…………………………… 213
第一节　目前高职院校实践教学体系存在的挑战与问题 …… 214
第二节　高职院校实践教学体系改革的原则 ………………… 216
第三节　高职院校实践教学体系改革的主要内容和方向 …… 219

第十章　高职院校国际化教育体制改革………………………… 225
第一节　高职院校国际化教育面临的不足 …………………… 225
第二节　国际化教育改革的理论依据 ………………………… 234
第三节　国际化教育机制改革的策略 ………………………… 240
第四节　中国高职院校国际化教育改革案例 ………………… 244

第十一章　高职院校学生职业规划与发展体制改革………… 247
第一节　高职院校学生职业规划概述 ………………………… 247
第二节　高职院校学生职业规划与发展体制的现状 ………… 249
第三节　高职院校学生职业规划与发展体制改革方向 ……… 251
第四节　高职院校职业生涯规划与发展体制改革案例 ……… 255

第十二章 案例分析与实践考察 ⋯⋯⋯⋯⋯⋯⋯⋯⋯⋯⋯⋯⋯ **259**
　第一节　国外高等职业教育教学体系案例分析 ⋯⋯⋯⋯⋯ 259
　第二节　国内高职院校案例 ⋯⋯⋯⋯⋯⋯⋯⋯⋯⋯⋯⋯ 264
　第三节　结论与展望 ⋯⋯⋯⋯⋯⋯⋯⋯⋯⋯⋯⋯⋯⋯⋯ 271
参考文献 ⋯⋯⋯⋯⋯⋯⋯⋯⋯⋯⋯⋯⋯⋯⋯⋯⋯⋯⋯⋯⋯ **273**

第一章 绪论

随着社会的快速进步和职业竞争的不断发展变化，高职院校的培养目标发生了显著的变化。① 过去，高职院校的主要任务是传授专业知识，而现在，培养学生的综合素质已经成为更为重要的目标。因此，如何改革和完善高职院校的教学体系，以更好地提升学生的综合素质，成为一个重要的课题。

综合素质教育不仅仅包括专业知识的传授，更包括培养学生的良好品德、创新思维、沟通能力、团队合作能力等。这种教育模式旨在提高学生的综合素质，增强他们的就业竞争力，同时满足社会对高素质人才的需求。

然而，当前高职院校的教学体系存在一些问题，影响了学生综合素质的提升。②

因此，对高职院校的教学体系进行改革是十分必要的。③

本书将结合文献综述和案例分析的方法，深入探讨国内外高职院校提升学生综合素质教学体系改革的经验和成果。通过对相关研究领域的探讨，笔者将提出一些切实可行的改革建议，以期对高职院校的教育改革产生积极的影响。这些建议包括：优化课程设置，增加与综合素质相关的课程；改进教学方法，引入更多的实践和创新环节；完善评价体系，全面评价学生的综合素质等。

---

① 杨梅.终身教育视野下职业院校发展改革的思考[J].职教发展研究，2021（1）：67-76.
② 丁金昌.高职院校需求导向问题和改革路径[J].教育研究，2014，35（3）：122-126.
③ 戴士弘.职教院校整体教改[M].北京：清华大学出版社，2012：12.

本书的意义在于为高职院校的教育改革提供理论和实践指导，促进学校培养具有综合素质的高素质人才，为国家的经济发展和社会进步提供有力支持。同时，本书可为其他类型的高等教育机构提供借鉴和启示，推动整个教育领域的发展。通过深入探讨高职院校提升学生综合素质教学体系的改革策略，为培养更多具有创新思维和实践能力的高素质人才提供有力的帮助。

第一节　研究背景

国家对职业教育的战略规划主要包括以下几个方面：

完善现代职业教育体系：提高中等职业教育发展水平，保持高中阶段教育职普比大体相当；推进高等职业教育高质量发展，改革高职院校办学体制，提高办学质量；扩大高素质技术技能人才培养培训规模，鼓励更多中等职业学校和普通高中毕业生、退役军人、下岗职工、农民工等接受高等职业教育。

提升技术技能人才培养质量：将标准化建设作为统领职业教育发展的突破口，建立健全学校设置、师资队伍、教学教材、信息化建设等办学标准；深化专业、课程、教材改革，提升实习实训水平，实现职业技能和职业精神培养高度融合。

实施1+X证书制度试点工作：从2019年开始，在职业院校、应用型本科高校等启动"学历证书＋若干职业技能等级证书"制度试点；探索建设"学分银行"，探索构建符合国情的国家资历框架，开展学历证书和职业技能等级证书所体现的学习成果的认定、积累和转换。

完善有利于职业教育发展的相关配套政策：支持企业和社会力量兴办职业教育，会同有关部门制定落实产教融合型企业认证和组合式激励政策；建设一批示范性职业教育集团（联盟），建设一批高水平职业教育实训基地；

完善"文化素质+职业技能"的考试招生办法，为学生接受高等职业教育提供多种入学方式和学习方式。

厚植各方支持职业教育的良好环境：加强党对职业教育工作的全面领导，充分发挥党组织在职业院校的领导核心和政治核心作用；持续办好职业教育活动周等活动，多渠道总结提炼和宣传推介优秀案例，讲好职教故事，培育和传承好工匠精神。

一、当前中国社会对于高职院校毕业生综合素质的要求

中国社会对于高职院校毕业生的综合素质要求是在经济发展和产业升级的背景下形成的。随着中国经济的快速发展和产业结构的不断升级，高职院校毕业生在综合素质方面需要满足更高的要求。

（一）当前中国经济发展趋势与产业结构升级状况

当前中国经济发展的主要趋势是持续稳定发展，同时面临着一些挑战和机遇。从趋势上看，中国经济将继续保持稳中向好的发展态势，经济结构转型升级的特点也日益明显。

首先，从产业结构来看，中国正在加快推进经济结构转型升级，以期实现高质量发展。

其次，从需求结构来看，中国正在加快推进内需驱动的发展模式，扩大内需是当前和今后一个时期中国经济发展的主要拉动力。

最后，从动力结构来看，中国正在加快推进创新驱动的发展模式，加快科技成果转化和应用。

总之，中国经济发展的主要趋势是稳中向好、转型升级，未来将更加注重高质量发展、内需驱动、创新驱动等方向。同时，中国经济结构转型升级的特点日益明显，将为中国经济的高质量发展提供更加坚实的基础和支撑。

（二）经济发展和产业升级对于高职院校毕业生综合素质的要求

首先，经济发展对高职院校毕业生的综合素质提出了更高的要求。在经济发展的过程中，不仅需要具备扎实的专业知识和技能，还需要具备较高的

职业素养、人文素养和社会责任感。具备这些素质有助于高职院校毕业生在未来的职业生涯中更好地适应和胜任工作，同时能更好地推动经济发展。

其次，产业升级对高职院校毕业生的综合素质也提出了更高的要求。随着中国产业结构的不断升级，新兴产业和现代服务业的快速发展，需要高职院校毕业生具备更加全面的素质和能力。例如，需要具备创新思维、创业精神和实践能力，也需要具备跨学科、跨领域素养，以便更好地适应产业升级和职业发展的需求。

此外，社会对于高职院校毕业生的综合素质要求也日益提高。随着社会竞争的加剧和职业发展不确定性的增加，高职院校毕业生不仅需要具备专业知识和技能，还需要具备较高的思想道德素质、文化素质和身心素质等。具备这些素质有助于高职院校毕业生在未来的职业生涯中更好地适应社会和职业发展的需求。

为了满足这些要求，高职院校毕业生需要不断提高自身的综合素质，如专业素质、职业素养、人文素养和社会责任感等。同时，高职院校需要加强对学生综合素质的培养，使其更好地适应社会和经济发展的需求。

总的来说，当前中国社会对于高职院校毕业生综合素质的要求不仅关注他们的专业知识和技能，还更加注重他们的创新能力、实践能力、团队合作能力。高职院校要培养出适应社会发展需求的高素质技能人才，满足各行各业对人才的需求。

二、当前高职院校学生综合素质现状分析

当前，中国高职院校学生综合素质整体呈现出以下特点：

第一，专业技能素质有所提升。高职院校在专业课程设置和教学改革方面取得了显著成效，学生的专业技能水平得到了提升。[1]

第二，职业素质有所提高。高职院校在职业教育改革方面积极探索，学

---

[1] 廖俊杰，周小平，李桂峰，等.职业核心能力嵌入式教学模式改革与实践[J].中国职业技术教育，2016（8）：54-57.

生的职业素养得到了增强。[①]

第三，创新精神和实践能力有待提高。高职院校在创新创业教育方面还存在一些不足，学生的创新精神和实践能力有待进一步提升。[②]

具体分析如下：

（一）专业技能素质有所提升

一是专业课程设置更加注重实用性。高职院校根据市场需求，不断调整专业课程设置，使专业课程更加贴近产业发展。

二是专业教学方法更加注重实践性。高职院校积极探索"工学结合"人才培养模式，通过校内实习、校外实训等方式，提高学生的实践能力。

三是专业教学评价更加注重应用性。高职院校将学生的专业技能水平纳入综合评价体系，通过考核学生的专业理论知识、实践操作能力和职业素养等，全面评价学生的专业技能水平。

（二）职业素质有所提高

一是职业素养教育更加注重系统性。高职院校将职业素养教育融入各门课程的教学中，通过课堂教学、校园文化建设、社会实践等方式，培养学生的职业道德、职业精神、职业能力等。

二是职业素养教育更加注重针对性。高职院校根据不同专业、不同学生的特点，开展差异化职业素养教育，提高教育的针对性和实效性。

三是职业素养教育更加注重实践性。高职院校积极开展职业素养教育实践活动，通过社会实践、职业技能竞赛等方式，让学生在实践中提高职业素养。

[①] 刘兰明，任保奎，王芳，等.高职学生"职业基本素养"培养体系的创建与实践[J].中国职业技术教育，2015（11）：11-14，41.

[②] 尹妮.高职院校创新创业教育存在的问题与创新实践探索[J].创新创业理论研究与实践，2020，3（9）：71-72.

（三）创新精神和实践能力有待提高

一是创新创业教育体系有待完善。高职院校的创新创业教育体系还不够完善，缺乏系统性和针对性。

二是创新创业教育资源有待丰富。高职院校的创新创业教育资源还不够丰富，缺乏高水平的师资力量和实践平台。

三是创新创业教育评价机制有待健全。高职院校的创新创业教育评价机制有待健全，缺乏对学生创新精神和实践能力的有效评价。

三、现有教学体系在学生综合素质培养方面的不足

高职院校现有教学体系在学生综合素质培养方面的不足主要表现在以下几个方面：

第一，教学内容偏重于知识传授，缺乏对学生综合素质的培养。

第二，教学方法单一，缺乏对学生个性化需求的满足。

第三，教学评价方式不够科学，缺乏对学生综合素质的全面反映。

四、高职院校提升学生综合素质的必要性与重要性

高职院校作为我国高等教育的重要组成部分，承担着为社会培养高素质技能型、复合型人才的重要任务。在当前经济全球化、社会主义市场经济高速发展的环境下，高职院校学生参与社会分工的要求不断提高。因此，提升高职院校学生的综合素质具有重要意义和必要性。

首先，提升学生综合素质有助于满足社会对人才的需求。随着社会的发展，用人单位对人才的综合素质要求越来越高，不仅要求具备专业技能，还要求具备良好的人文素养、创新能力、团队协作能力等。高职院校应以服务为宗旨，以市场需求为导向，培养适应市场需要的高素质技能型、复合型人才。

其次，提升学生综合素质有助于学生自身的全面发展。高职院校学生的综合素质不仅包括专业技能，还涉及思想道德、文化、身心健康等素质。全面发展的人才更能够在社会中立足，实现自身价值。

再次，提升学生综合素质有助于相关行业的发展。高职院校的毕业生是国家经济建设进程中的重要劳动力，他们的综合素质直接影响到相关行业的竞争力和发展水平。高素质的人才能够推动行业技术创新、管理创新，从而提高行业的整体水平。

最后，提升学生综合素质有助于国家劳动力整体素质的提高。高职院校培养的人才将直接参与国家经济建设，他们的综合素质水平将影响国家劳动力的整体素质。提高高职院校学生的综合素质，有助于构建高效、经济的卫生服务体系，提高社区卫生服务质量，为国家的发展做出贡献。

综上所述，高职院校提升学生综合素质具有重要意义和必要性。高职院校应关注学生全面发展，加强素质教育，培养具有高度职业素养、创新精神和团队协作能力的高素质技能型、复合型人才，以满足社会发展的需求。

（一）必要性分析

1. 适应社会和行业的发展需求

随着社会的进步和行业的发展，用人单位用工要求从注重单一的专业技能转向注重综合素质。因此，高职院校提升学生的综合素质，有助于培养适应社会和行业需要的高素质专业人才，使其更好地服务社会和实现自我价值。[①]

2. 提升学生的就业竞争力

综合素质是就业竞争的重要因素之一。高职院校提升学生的综合素质，可以增强他们的竞争力，提高其就业率和就业质量。[②]

---

① 杨腊梅.高职院校对接产业发展改革创新研究[J].经济管理文摘，2021（19）：179-180.

② 汪德露.高职院校实践教学、顶岗实习与提升学生就业竞争力的策略研究[J].金田，2015（5）：237-238.

（二）重要性分析

1. 培养学生的创新能力和终身学习能力

综合素质的培养不仅包括专业技能和知识的学习，还包括思维能力和创新精神的培养。高职院校在提升学生综合素质的过程中，可以激发他们的创新意识和创造力，培养其终身学习的习惯和能力。[①]

2. 推动高职院校健康发展

高职院校作为人才培养的重要基地，不仅要注重学生专业技能的培养，还要注重学生综合素质的培养。只有这样，才能更好地适应社会和行业的发展需求，提高学校的办学水平和声誉，推动高职院校健康发展。

五、高职院校教学体系改革的重要性与必要性

（一）高职院校教学体系改革的时代背景

高职院校教学体系改革是一项旨在提升教育质量和培养适应社会发展需求的高素质人才的关键举措。在当今快速变革的社会中，高职教育的重要性越来越明显。通过改革教学体系，高职院校能够更好地培养学生的实践能力、创新精神和职业素养，实现教育与就业的紧密衔接。[②]

首先，高职院校教学体系改革有利于提高教育质量和创新能力。过去，高职教育整体上受重视程度和社会认可度不太高。然而，教学体系改革使得高职教育更加注重实践和技能培养，使学生具备与时俱进的知识和技能。这种改革不仅能够提高学生的专业水平，也能培养他们的创新思维和解决问题的能力，使他们更好地适应职业发展的需要。

其次，高职院校教学体系改革有助于促进教育与就业的紧密结合。教学体系改革能够使教育内容与社会需求更加贴近，为学生的就业和职业发展提

---

① 杨明国."核心素养培育"与"良好习惯养成"关系研究 [J]. 教学管理与教育研究, 2017, 2（3）：17-20.

② 夏季亭, 贾东荣, 肖俊茹. 高职院校学生创新能力培养的研究与实践 [J]. 山东英才学院学报, 2008（3）：3-10.

供更好的支持。随着科技进步和产业升级，职场对人才的需求也在不断变化。通过教学体系改革，高职院校可以及时调整课程设置和教学方法，培养学生具备当前和未来社会所需的技能和素养，提高他们的就业竞争力。

最后，高职院校教学体系改革还有助于促进产学研结合和校企合作。通过与企业合作，高职院校可以更好地了解行业需求，打造符合市场需要的教育培养体系。高职院校与企业的合作也使得学生能够接触实际工作场景，提前积累实践经验，为他们顺利就业奠定坚实的基础。高职院校与科研机构的合作则有助于高职院校学生接触科技前沿，提升科研能力，培养创新精神。

综上所述，高职院校教学体系改革是现代高职教育的必然选择。通过改革教学体系，高职院校能够提高教育质量和创新能力，促进教育与就业的紧密结合，促进产学研结合和校企合作。这将有助于高职院校培养更多的高级技能人才，为社会发展做出更大的贡献。因此，高职院校教学体系改革是重要且必要的，应该得到各方的重视和支持。

（二）重要性与必要性分析

高职院校教学体系改革的重要性与必要性体现在以下几个方面：

1. 适应社会需求

随着社会经济的发展和科技的进步，职业技能要求也在不断变化。传统的教学体系可能不能完全满足学生的学习需求和职业发展需要。因此，教学体系改革是为了使教育更加贴近社会需求，从而更好地培养适应社会需求的人才。

2. 提高教育质量

教学体系改革能够促进教育高质量发展。通过引入新的教学模式、教学方法和教材，提升教师的教学能力，改进评价体系等，可以提高教育质量，培养更优秀的学生。

3. 培养综合素质

教学体系改革可以更好地培养学生的综合素质。传统的教学体系注重专业知识和技能的传授，而忽视了学生的综合素质培养。通过改革教学体系，加强综合素质教育、实践教育和创新教育，可以培养具备实践能力、创新能力、团队合作能力和领导能力的综合型人才。

4. 提升就业竞争力

教学体系改革可以提升学生的就业竞争力。现代社会要求就业者不仅具备专业知识和技能，还具备综合素质和能力。通过改革教学体系，充分培养学生的综合素质和能力，可以使学生更好地适应职场需求，提高就业竞争力。

5. 推动教育创新与发展

教学体系改革是推动教育创新与发展的重要手段。随着教育技术的发展和教育理念的演进，教学体系需要不断创新和改进。通过改革教学体系，积极引入新技术、新方法，推动教育创新和教学改革，为高职教育的可持续发展提供支持。

综上所述，高职院校教学体系改革的重要性与必要性在于适应社会需求，提高教育质量，培养综合素质，提升就业竞争力，以及推动教育创新与发展。通过改革教学体系，高职院校可以更好地满足学生的学习需求，促进他们全面发展与职业成长。

第二节　国内外研究综述

一、国内研究综述

（一）高职院校提升学生综合素质教学体系改革的背景

新时代对人才培养的新要求：在新时代背景下，我国经济发展进入新常态，产业结构调整和升级，对高素质技能型人才的需求越来越大。高职院校作为培养这类人才的主要阵地，需要改革教学体系，提升学生的综合素质，以适应社会发展的需求。

1. 新《中华人民共和国职业教育法》的实施

新《中华人民共和国职业教育法》明确提出要落实立德树人根本任务，培养德智体美劳全面发展的社会主义建设者和接班人。这对高职院校的教学体系改革提出了新的挑战和要求。

2. 高职院校学生综合素质评价体系存在的问题

当前，高职院校学生综合素质评价体系存在一些问题，如过分侧重学术成绩、评价体系固定、缺乏学生参与及评价标准不明确等。这些问题影响了学生的全面发展和教育改革的进程。

（二）高职院校提升学生综合素质教学体系改革的关键问题

1. 实现"五育并举"

高职院校需要坚持德育为先，通过德育、智育、体育、美育和劳动教育的有机融合，实现学生的全面发展。

2. 构建科学合理的评价体系

高职院校应建立全面、客观、公正的评价体系，关注学生道德品质、实践能力、创新精神等多方面的素质，以促进学生的全面发展。

3. 强化实践教学

高职院校应加强实践教学，提高学生的实践能力和创新精神，培养学生的团队协作能力和沟通交际能力。

4. 创新教学方法

高职院校应运用现代信息技术，创新教学方法，提高教学质量，培养学生的自主学习能力和终身学习能力。

（三）高职院校提升学生综合素质教学体系改革的实施路径

1. 更新教育教学理念

高职院校应树立以学生为中心的教育理念，关注学生的个体差异，实施因材施教，提高教育教学质量。

2. 优化课程设置

高职院校应调整课程结构，加强通识教育和专业教育的融合，提高课程的实用性和针对性。

3. 改革教学模式

高职院校应采用"理实一体"的教学模式，将理论知识与实际操作相结合，提高学生的实践能力。

4. 完善评价机制

高职院校应建立多元化的评价机制，包括教师评价、学生自评、同学互评等，以提高评价的公正性和有效性。

5. 加强师资队伍建设

高职院校应加强师资培训，提高教师的教育教学能力，引导教师关注学生的综合素质培养。

（四）结论

高职院校提升学生综合素质教学体系改革是一项系统工程，需要从更新教育教学理念、优化课程设置、改革教学模式、完善评价机制等多方面入手，全面提高学生的综合素质，为培养德智体美劳全面发展的社会主义建设者和接班人打下坚实基础。

二、国外职业教育相关文献综述

（一）德国职业教育体系提升学生综合素质的文献综述

德国职业教育体系是全球知名的职业教育体系，其"双元制"教育模式在提升学生综合素质方面取得了显著成效。国内外学者对德国职业教育体系提升学生综合素质的研究主要集中在以下几个方面：专业技能培养、职业素养培养、综合能力培养。① 研究表明，德国职业教育体系通过"双元制"教育模式，能够有效培养学生的专业技能、职业素养和综合能力，为学生未来的就业和发展打下坚实的基础。②

德国职业教育体系是指德国实施的以"双元制"教育模式为主的职业教育体系。德国职业教育体系的特点是，学生在学校学习理论知识的同时，也需要在企业接受实践培训。这种模式能够让学生在掌握专业技能的同时，具有好的职业素养和综合能力。

近年来，国内外学者对德国职业教育体系提升学生综合素质的研究取得了一定的成果。其研究主要集中在以下几个方面：

1. 专业技能培养

专业技能是职业教育的核心。德国职业教育体系设置了丰富的职业教育专业，涵盖了工业、农业、服务业等各个领域。学生在学校学习专业理论知识，在企业接受实践培训，能够掌握所学专业的理论知识和技能。

研究表明，德国职业教育体系的"双元制"教育模式能够有效培养学生的专业技能。企业是培养学生实践技能的主阵地，学生在企业接受实践培训，能够将理论知识与实际工作相结合，提高专业技能。

2. 职业素养培养

职业素养是职业人必备的素质。德国职业教育体系注重培养学生的职业素养，其包括职业道德、职业责任、职业态度、职业技能等。

研究表明，德国职业教育体系的"双元制"教育模式能够有效培养学生的职业素养。学生在学校和企业学习和实践的过程中，能够养成良好的职业道德，树立正确的职业观，培养积极向上的职业态度，提高职业技能。

---

① 张安然，王文静. 德国"二元制"职业教育模式对我国远程开放教育人才培养的启示[J]. 科教导刊（下旬），2017（18）：8-9.
② 景琴玲，王革. 德国职业教育体系透析与展望[J]. 国家教育行政学院学报，2012（2）：91-95.

3.综合能力培养

综合能力是学生在工作和生活中必备的能力。德国职业教育体系注重培养学生的综合能力，其包括人际交往能力、沟通能力、团队合作能力、解决问题能力等。

研究表明，德国职业教育体系的"双元制"教育模式能够有效培养学生的综合能力。学生在学校和企业学习和实践的过程中，能够与他人有效沟通，与团队成员有效合作，具有解决实际问题的能力。

德国职业教育体系在提升学生综合素质方面取得了显著成效。德国职业教育体系为我国职业教育的发展提供了宝贵的借鉴。我国可以借鉴德国职业教育体系的"双元制"教育模式，加强理论与实践相结合的教育，提升学生的综合素质，为我国经济社会发展培养高素质人才。

（二）美国职业教育体系提升学生综合素质的文献综述

美国职业教育体系是美国教育体系的重要组成部分，在提升学生综合素质方面发挥着重要作用。国内外学者对美国职业教育体系提升学生综合素质的研究主要集中在以下几个方面：专业技能培养、职业素养培养、综合能力培养。研究表明，美国职业教育体系通过多种方式，能够有效培养学生的专业技能、职业素养和综合能力，为学生未来的就业和发展打下坚实的基础。

美国职业教育体系是指美国实施的以"以能力为基础的教育（CBE）"为核心的职业教育体系。美国职业教育体系的特点是，注重培养学生的能力，强调理论与实践相结合，为学生未来的就业和发展提供多样化的选择。

近年来，国内外学者对美国职业教育体系提升学生综合素质的研究取得了一定的成果。其研究主要集中在以下几个方面：

1.专业技能培养

专业技能是职业教育的核心。美国职业教育体系设置了丰富的职业教育专业，涵盖了工业、农业、服务业等各个领域。学生在学习过程中，能够掌握所学专业的理论知识和技能。

研究表明，美国职业教育体系的"以能力为基础的教育（CBE）"模式能够有效培养学生的专业技能。CBE模式将能力分解为具体的标准,并将这些标准分解为可测量的表现指标。学生在学习过程中,能够根据这些标准和指标,不断提升自己的专业技能。

2. 职业素养培养

职业素养是职业人必备的素质。美国职业教育体系注重培养学生的职业素养,其包括职业道德、职业责任、职业态度、职业技能等。

研究表明,美国职业教育体系的"以能力为基础的教育(CBE)"模式能够有效培养学生的职业素养。CBE模式要求学生在学习过程中,不仅掌握专业知识和技能,还应培养职业道德、职业态度等。

3. 综合能力培养

综合能力是学生在工作和生活中必备的能力。美国职业教育体系注重培养学生的综合能力,其包括人际交往能力、沟通能力、团队合作能力、解决问题能力等。

研究表明,美国职业教育体系的"以能力为基础的教育(CBE)"模式能够有效培养学生的综合能力。CBE模式要求学生在学习过程中,不仅掌握专业知识和技能,还应培养人际交往能力、沟通能力、团队合作能力、解决问题能力等。

美国职业教育体系在提升学生综合素质方面取得了显著成效。美国职业教育体系为我国职业教育的发展提供了宝贵的借鉴。我国可以借鉴美国职业教育体系的"以能力为基础的教育(CBE)"模式,加强能力培养,提升学生的综合素质,为我国经济社会发展培养高素质人才。

(三)日本职业教育体系提升学生综合素质的文献综述

日本职业教育体系是日本教育体系的重要组成部分,在提升学生综合素质方面发挥着重要作用。国内外学者对日本职业教育体系提升学生综合素质的研究主要集中在以下几个方面:专业技能培养、职业素养培养、综合能力培养。研究表明,日本职业教育体系通过多种方式,能够有效培养学生的专业技能、职业素养和综合能力,为学生未来的就业和发展打下坚实的基础。

日本职业教育体系是指日本实施的以"综合职业教育"为核心的职业教育体系。日本职业教育体系的特点是，注重培养学生的综合素质，强调理论与实践相结合，为学生未来的就业和发展提供多样化的选择。

近年来，国内外学者对日本职业教育体系提升学生综合素质的研究取得了一定的成果。其研究主要集中在以下几个方面：

1. 专业技能培养

专业技能是职业教育的核心。日本职业教育体系设置了丰富的职业教育专业，涵盖了工业、农业、服务业等各个领域。学生在学习过程中，能够掌握所学专业的理论知识和技能。

研究表明，日本职业教育体系的"综合职业教育"模式能够有效培养学生的专业技能。综合职业教育模式将专业教育和一般教育相结合，培养学生的专业技能和综合素质。

2. 职业素养培养

职业素养是职业人必备的素质。日本职业教育体系注重培养学生的职业素养，其包括职业道德、职业责任、职业态度、职业技能等。

研究表明，日本职业教育体系的"综合职业教育"模式能够有效培养学生的职业素养。综合职业教育模式将专业教育和一般教育相结合，培养学生的职业道德、职业技能、职业态度等。

3. 综合能力培养

综合能力是学生在工作和生活中必备的能力。日本职业教育体系注重培养学生的综合能力，其包括人际交往能力、沟通能力、团队合作能力、解决问题能力等。

研究表明，日本职业教育体系的"综合职业教育"模式能够有效培养学生的综合能力。综合职业教育模式将专业教育和一般教育相结合，培养学生的人际交往能力、沟通能力、团队合作能力、解决问题能力等。

日本职业教育体系在提升学生综合素质方面取得了显著成效。日本职业教育体系为我国职业教育的发展提供了宝贵的借鉴。我国可以借鉴日本职业教育体系的"综合职业教育"模式,加强综合素质培养,提升学生的综合素质,为我国经济社会发展培养高素质人才。

这里主要研究德国、美国与日本职业教育体系提升学生综合素质的文献。虽然其他国家也有相关文献,但与德、美、日职业教育体系相差不大,或者不具有参考性。

三、文献评述

笔者对国内外职业教育体系提升学生综合素质的研究进行了系统的回顾。从内容上看,主要围绕以下几个方面展开:一是高职院校学生综合素质的现状;二是高职院校学生综合素质教学体系改革的关键问题;三是高职院校学生综合素质教学体系改革的实施路径。

首先,介绍了高职院校学生综合素质教学体系改革的背景,其包括新时代对人才培养的新要求,新《中华人民共和国职业教育法》的实施,高职院校学生综合素质评价体系存在的问题。

其次,分析了高职院校学生综合素质教学体系改革的关键问题,指出高职院校学生综合素质教学体系改革需要实现"五育并举",构建科学合理的评价体系,强化实践教学,创新教学方法。

最后,介绍了高职院校学生综合素质教学体系改革的实施路径,指出高职院校应从更新教育教学理念、优化课程设置、改革教学模式、完善评价机制、加强师资队伍建设等方面入手,全面提高学生的综合素质。

此外,该节还对德国、美国、日本等国家职业教育体系提升学生综合素质的研究进行了介绍,并指出这些国家职业教育体系在提升学生综合素质方面取得了显著成效,为我国职业教育的发展提供了宝贵的借鉴。

目前研究还存在以下不足:

一是在介绍国内外职业教育体系提升学生综合素质的研究成果时,没有介绍各个研究的具体内容。

二是在介绍高职院校学生综合素质教学体系改革的实施路径时,没有说明每个实施路径的具体措施。

三是对国内外职业教育体系提升学生综合素质的研究成果进行比较分析时，没有系统性给出其中的共性和差异，难以直接为我国职业教育的发展提供更有针对性的借鉴。

因此，在现有国内外研究的基础上，本书将会增加一个对国内外职业教育体系提升学生综合素质的研究成果比较分析的部分，以便找出其中的共性和差异，为我国职业教育的发展提供更有针对性的借鉴。此外，还需要增加一个对高职院校学生综合素质教学体系改革进行未来展望的部分，以便提出更有前瞻性的建议。

第二章 研究的目标、内容与方法

高职院校提升学生综合素质的教学体系改革研究的目标是通过对国内外职业教育体系的研究，来提升学生综合素质成果的比较分析，总结出其中的共性和差异，并结合我国职业教育的实际情况，提出一套全面、系统、有效的提升学生综合素质的教学体系改革方案，为我国职业教育的发展提供理论支持和实践指导。

本书将围绕以下几个方面展开：

一是对国内外职业教育体系提升学生综合素质的研究成果进行比较分析。

二是高职院校学生综合素质现状及进行教学体系改革的必要性。

三是高职院校提升学生综合素质教学体系改革的关键问题。

四是高职院校提升学生综合素质教学体系改革的实施路径。

五是高职院校提升学生综合素质教学体系改革的未来展望。

第一节 研究的具体目标

高职院校提升学生综合素质教学体系改革研究的具体目标如下：

一、明确教学体系改革的战略目标

深入学习研究党中央、习近平总书记关于职业教育的文件、指示、讲话和相关政策，全面准确把握我国职业教育的发展现状和未来趋势，实现党中央、国务院对我国高等职业教育的战略规划与目标，服务于中国式现代化建设和民族伟大复兴事业。

二、借鉴发达国家职业教育体系改革

通过对德国、美国、日本等国家职业教育体系提升学生综合素质的研究成果进行系统梳理和比较分析，总结出这些国家职业教育体系在提升学生综合素质方面的成功经验和做法，为我国职业教育的发展提供借鉴和参考。[1]

德国、美国和日本在职业教育体系改革方面都取得了显著的成就，这些成就不仅体现在其各自的教育水平上，更体现在其如何提升学生的综合素质上。

在德国，职业教育被视为一项社会责任。学生从高中开始就会接触到一些关于职业教育的课程，这些课程的内容既包括理论知识的学习，也包括实践技能的培养。此外，德国还设立了"双元制"教育模式，这种模式要求学生不仅在学校学习理论知识，还要在工厂或企业进行实践操作。这种"双元制"的教育模式，不仅让学生掌握了一技之长，还让他们更好地了解了社会。

在美国，职业教育则被视为一种市场化的教育。美国的职业教育体系鼓励学生通过自我投资来提升自己的技能和知识水平。同时，美国的职业教育体系为学生提供了很多实践机会，如实习、课外实践等。这些实践机会不仅让学生更好地了解了社会，也让他们学会了如何在实践中运用所学的知识。

而在日本，职业教育则被视为一项国家战略。日本的职业教育体系注重培养学生的综合能力和素质。此外，日本的职业教育体系还为学生提供了很

---

[1] 熊景强.德日美三国高等职业教育发展的启示[J].教育教学论坛，2013（28）：187-188.

多实践机会，如实习、课外实践等。这些实践机会不仅让学生更好地了解了社会，也让他们学会了如何在实践中运用所学的知识。

综上所述，德国、美国和日本的职业教育体系在提升学生综合素质方面有着各自的成功经验和做法。这些经验和做法可以为我国的职业教育发展提供借鉴和参考。我国可学习这些国家的成功经验，并结合自身的实际情况来提升学生的综合素质。

三、直面既有存在问题

针对当前高职院校学生综合素质存在的问题，深入剖析其原因，并从提升学生综合素质的角度出发，探讨教学体系改革的必要性和紧迫性，提出相应的解决方案和发展建议。

当前，高职院校学生综合素质存在的问题已经引起了广泛的关注。尽管许多学校已经采取了措施来加以改善，但仍然存在一些问题。这些问题主要包括：缺乏实践经验、缺乏创新意识、缺乏团队协作能力等。

造成这些问题的原因有很多，其中最为主要的原因是教学体系的不完善。在传统的教学体系中，学生往往只是被动地接受知识，缺乏主动性和创造性。同时，部分学校过于注重理论知识的传授，而忽略了实践能力的培养，这也会导致学生的综合素质无法得到有效的提升。

要想解决这些问题，需要进行教学体系改革。首先，学校应该加大实践教学的比重，让学生在学习过程中能够更好地掌握实际操作技能。其次，学校应该注重培养学生的创新意识和团队协作能力，提高学生的综合素质水平。最后，教师应该不断提高自身的素质水平，以更好地引导学生学习成长。

四、提出解决方案

结合国内外职业教育体系提升学生综合素质的研究成果和我国职业教育的实际情况，提出一套全面、系统、有效的提升学生综合素质的教学体系改革方案，其从更新教育教学理念、优化课程设置、改革教学模式、完善评价机制、加强师资队伍建设等方面入手。

该教学体系改革方案旨在通过全面、系统、有效的措施，提升学生的综合素质，以适应社会发展的需要。具体而言，该方案包括以下几个方面：一是更新教育教学理念。二是树立以全面发展为核心的教育观，注重学生的主体性和创新性，引导学生树立正确的世界观、人生观和价值观。三是优化课程设置。四是增加实践性和创新性的课程，注重培养学生的实际操作能力和创新能力。同时，加强学科交叉和融合，拓宽学生的知识面。五是改革教学模式。六是采用多样化的教学方式和方法，如项目式、案例式、探究式等，注重学生的自主学习和合作学习，培养学生的独立思考能力和团队协作精神。七是完善评价机制。八是建立科学、全面、客观的评价体系，注重过程评价和实践能力评价，引导学生注重实践和创新，提高学生的学习积极性和主动性。九是加强师资队伍建设。加强教师的专业素养和教育教学能力培训，提高教师的实践能力和创新意识，培养一支高素质、有创新精神的师资队伍。

通过以上措施的实施，该教学体系改革方案有助于提升学生的综合素质，培养出更多具有创新精神和实践能力的人才，为我国职业教育的发展和社会进步做出贡献。

五、实践探索与案例分析

通过实践探索和案例分析，验证提升学生综合素质教学体系改革方案的可行性和效果，为我国职业教育的发展提供实践经验和案例支持。

六、预测

对高职院校提升学生综合素质教学体系改革的未来发展趋势进行预测，提出更具前瞻性的建议和措施，为我国职业教育的未来发展提供参考。

对以上具体目标的研究，旨在为我国职业教育的发展提供理论支持和实践指导，推动高职院校提升学生综合素质的教学体系改革，培养更多高素质技能型人才，为经济社会发展做出贡献。

第二节 研究的具体内容

职业教育教学体系改革的目标是提高学生的综合素质,这不仅包括技术技能的提升,还涵盖更广泛的个人发展。通过改革,职业教育教学体系将更加注重学生的全面发展,培养他们的创新思维、批判性思维和解决问题的能力。同时,职业教育教学体系将注重实践能力的培养,让学生在实际操作中掌握技能,提高他们的动手能力和解决问题的能力。此外,职业教育教学体系还将注重学生的个人发展,培养他们的自我认知、自我管理和自我发展的能力,为他们未来的职业发展打下坚实的基础。

以下是研究的具体内容:

一、课程设置

将重点从基于知识的学习转向基于能力的学习,意味着教学体系需要更加注重实践技能的发展,而不仅仅是理论知识的传授。这种转变是为了更好地适应现代工作场所的需求,使学生能够更好地应用所学知识,提高其在职场上的竞争力。[1]

通识教育和职业培训的整合是实现这一目标的关键。这意味着教学体系需要为学生提供更全面的培训,包括技术技能、批判性思维和其他基本生活技能的培养。[2] 这种培训不仅有助于学生更好地适应职场,还能够提高其综合素质,为未来的职业发展打下坚实的基础。

---

[1] BROWN J S, COLLINS A, DUGUID P.Situated cognition and the culture of learning[J].*Educational researcher*,1989,18(1):32-42.

[2] DARLING-HAMMOND L.Teacher education around the world:what can we learn from international practice?[J].*European journal of teacher education*,2017,40(3):291-309.

为了更好地满足学生的个性化需求，开发模块化和灵活的学习途径是必要的。① 这种学习途径可以使学生根据自己的个人需求和兴趣定制学习内容。这种学习方式更加灵活，能够更好地适应学生的个人情况和职业规划。

结合新兴技术是实现这一目标的重要手段。② 数字工具和资源可以为学生提供更加丰富的学习体验，促进其协作、沟通和创造力的发展。例如，学校可利用虚拟现实技术模拟真实的工作环境，让学生更好地体验职场；学校可利用在线资源为学生提供更加便捷的学习途径，使其提高学习效率。

综上所述，将重点从基于知识的学习转向基于能力的学习需要教学体系注重实践技能的发展，通识教育和职业培训的整合是实现这一目标的关键，开发模块化和灵活的学习途径能够更好地满足学生的个性化需求，结合新兴技术可以为学生提供更加丰富的资源。

二、教学方法

1. 主动学习方法

这种方法注重学生的参与和动手实践，通过基于项目的学习和解决问题的任务，使学生能够更深入地理解和应用所学知识。③ 这种学习方式不仅有助于提高学生的兴趣和动力，还能够培养他们的创新思维和实践能力。

2. 团队合作法

在教育过程中，鼓励学生有效地合作、培养沟通技巧并相互学习是非常

---

① SIEMENS G, LONG P. Penetrating the fog: analytics in learning and education[J]. *Educause review*, 2011, 46（5）: 30.

② ZHAO Y, FRANK K A. Factors affecting technology uses in schools: an ecological perspective[J]. *American educational research journal*, 2003, 40（4）: 807-840.

③ BOUD D, FALCHIKOV N. *Rethinking assessment in higher education*[M]. London: Routledge, 2007: 15.

重要的。① 通过小组讨论、团队合作等活动，学生可以学会与他人合作、协商解决问题，从而形成团队合作能力和领导力。

3. 实践教学法

实践经验对于学生的成长和发展至关重要。② 通过实习、课外实践等方式，学生可以将所学的理论知识与现实世界的经验相结合，更好地了解行业的发展趋势和需求。同时，与行业专家的交流可以为学生提供更多的职业指导和建议。

4. 差异化教学

每个学生都有不同的学习需求和学习风格。为了满足学生的个性化需求，教育机构需要提供个性化的支持和多样化的学习资源。③ 例如，可以提供在线课程、学习辅导、实验设备等，以满足不同学生的学习需求。同时，教师应该根据学生的实际情况进行差异化教学，以更好地满足学生的需求和提高教学效果。

三、考核与评价

1. 将重点从标准化考试转移到基于绩效的评估

这涉及通过实际任务、项目和作品集来评估学生的技能，而不仅仅依靠笔试。④ 这种评估方式更加全面和客观，能够更好地反映学生的实际能力和潜力。

---

① INGERSOLL R M, STRONG M. The impact of induction and mentoring programs for beginning teachers: a critical review of the research[J]. *Review of educational research*, 2011, 81（2）: 201-233.

② DARLING-HAMMOND L. Teacher education around the world: what can we learn from international practice？[J]. *European journal of teacher education*, 2017, 40（3）: 291-309.

③ NILSONL B, GOODSON L A. *Online teaching at its best: merging instructional design with teaching and learning research*[M]. Hoboken: John Wiley & Sons, 2021: 20.

④ WIGGINS G, MCTIGHE J. *Understanding by design*[M]. Alexandria: ASCD, 2005: 23.

2.软技能和个人素质的评估

这承认了沟通、团队合作和解决问题等非技术技能在工作场所中的重要性。[①] 这些技能能够帮助学生在工作中更好地与同事、客户和领导合作,并能够更好地应对各种挑战和问题。

3.自主学习和反思

这鼓励学生进行自主学习,并培养自我评估和反思技能。[②] 这种方式能够帮助学生更好地了解自己的学习需求和能力,并能够更好地规划自己的职业发展。

综上所述,将重点从标准化考试转移到基于绩效的评估、软技能和个人素质的评估以及自主学习和反思是教育领域的重要趋势。采用这些方式,能够更好地评估学生的能力和潜力,并能够帮助学生更好地适应未来的职业发展。

四、教师培训与发展

1.提供持续的专业发展机会

这确保了教师具备最新的知识、技能和教学方法,以提供有效的职业教育。[③] 这意味学校不仅要关注教师的当前表现,还要关注他们的未来发展。通过提供持续的专业发展机会,教师能够不断更新他们的知识和技能,以适应不断变化的教育环境和学生需求。这种发展机会可以是内部培训、研讨会或外部进修等。

[①] GOLEMAN D, BOYATZIS R, MCKEE A.*Primal leadership*:*unleashing the power of emotional intelligence*[M].Boston:Harvard Business Press,2013:14.

[②] BOUD D, FALCHIKOV N.*Rethinking assessment in higher education*:*learning for the longer term*[M].London:Routledge,2007:12.

[③] INGERSOLL R M, STRONG M.The impact of induction and mentoring programs for beginning teachers:a critical review of the research[J].*Review of educational research*,2011,81(2):201-233.

2.促进教师之间的合作和交流

这促进了职业教育最佳实践和创新的分享。这意味着教师能够相互学习、分享经验和最佳实践,从而不断提高他们的教学水平。通过合作和交流,教师可以共同解决教学中遇到的问题,探索新的教学方法和策略,并为学生提供更好的学习体验。

3.培养专业精神和终身学习的意识

这鼓励教师不断学习和改进他们的实践,以满足学生和行业不断变化的需求。[①] 这意味着学校应注重培养教师的专业精神,使他们对自己的职业有高度的认同感和责任感。同时,通过培养终身学习的意识,教师能够不断更新自己的知识和技能,以适应不断变化的教育环境和学生需求。这种意识促使教师不断追求卓越,提高自己的教学水平,从而为学生提供更好的教育服务。

五、合作与协调

在职业教育机构和行业之间建立牢固的伙伴关系:这不仅使课程和培训计划与行业对劳动力的需求保持一致,还为学生提供了成功就业的必要技能。[②] 这种伙伴关系的建立,使得职业教育机构能够更好地了解行业的需求和趋势,从而及时调整课程和培训计划,确保学生所学技能与市场需求相匹配。同时,这种伙伴关系有助于提高学生的就业率,为行业提供稳定、高素质的人才支持。

1.发展与其他教育机构的合作

这不仅促进了不同教育水平的资源、专业知识和最佳实践的共享,还有助于提高职业教育的整体水平。[③] 通过与其他教育机构的合作,职业教育机

---

① FULLAN M.*Change forces*:*probing the depths of educational reform*[M].London:Routledge,1993:2.
② 黄晟岚.《石油与天然气行业的教育与培训:伙伴关系与合作的案例分析》(案例分析4—7)翻译实践报告[D].成都:西南石油大学,2016.
③ 刘志成,王咏梅,杨利军.高职教育与区域经济互动发展的最佳实践[J].成人教育,2011,31(9):32-33.

构可以借鉴其成功经验和教学方法，不断改进和完善自身的教育模式。同时，这种合作有助于提高职业教育的社会认可度和影响力，为更多学生提供更好的教育机会。

2. 与社区和利益相关者接触

这不仅确保了职业教育能够满足当地需求，还有助于为社区的整体经济和社会发展做出贡献。[①] 通过与社区和利益相关者的接触，职业教育机构可以更好地了解当地的经济、文化和社会背景，从而调整课程和培训计划，为当地培养更多符合需求的人才。同时，这种接触有助于提高职业教育机构的社会责任感和使命感，使其为社区的发展做出更大的贡献。

职业教育教学体系改革是一个复杂而多维的过程，它因不同的国别和地区、背景以及具体需求而有所不同。

在实施这一改革时，需要考虑不同国家和地区的文化、经济和教育背景。例如，一些国家可能更注重实践技能的培养，另一些国家则更注重理论知识的掌握。此外，不同国家和地区的教育资源、师资力量和学生需求也存在差异，这需要学校在改革过程中进行细致的规划和调整。

为了提高学生的综合素质，职业教育体系需要注重培养学生的批判性思维、创新能力和解决问题的能力。此外，职业教育体系还需要注重培养学生的沟通技巧、团队合作和领导能力等非技术性技能，这些技能在当今的职场中同样具有很高的价值。

要想拥有成功的职业生涯，学生需要不断学习以及适应新的技术和行业趋势。职业教育体系需要为学生提供持续学习的机会和资源，帮助他们不断更新自己的知识和技能。此外，职业教育体系还需要与企业和行业保持紧密联系，了解最新的市场需求和趋势，以便及时调整教学内容和方式。

---

① 袁芳."一核一廊"背景下职业院校服务区域经济发展的动力机制和保障机制：以娄底职业院校服务区域经济为例 [J]. 中文科技期刊数据库（全文版）经济管理，2023（3）：141-143.

第三节 研究方法

高职院校提升学生综合素质教学体系改革研究项目的研究方法包括以下几种:

一、文献研究法

通过查阅相关文献,了解高职院校教学体系改革的研究现状和成果,为本研究提供理论依据和参考。对相关领域的文献进行综述,从而确定研究的背景和重要性。

二、实地调研法

这是一种非常重要的研究方法,它深入实际环境中,与相关学校、教育机构、教育者以及学生进行面对面的交流,收集实际案例和观察数据,以了解实际情况和需求。这种调研方式具有直接性和客观性,能够获得第一手资料,为后续的研究和决策提供有力的支持。在进行实地调研时,需要制订详细的计划,包括确定调研目的、选择合适的调研对象、采用合理的调研工具和方式等。同时,需要注意保护被调研者的隐私和权益,遵守相关法律法规和伦理规范。

三、专家访谈

在对领域内的专家学者进行访谈的过程中,笔者深入了解了他们对于教学体系改革的见解和建议。这些专家学者不仅具有深厚的学术背景和丰富的教学经验,还对当前教育改革的发展趋势有着敏锐的洞察力。在与他们的交流中,笔者感受到他们对教育事业的热爱和对未来发展的期待。专家学者对教学体系改革的看法是当前教育领域的重要议题,也是推动教育现代化、提高教育质量的重要基础。他们的见解和建议不仅为相关人员提供了宝贵的参考，也为相关人员进一步推动教学体系改革提供了有力的支持。

四、问卷调查

制定一份全面的问卷，覆盖学生、教育者和相关方，是收集他们对于教学体系改革的看法和期望的重要手段。通过问卷调查，人们可以量化研究对象的意见和态度，从而更好地了解他们对教学体系改革的看法和期望。

五、比较分析

对不同学校或地区的教学体系进行比较分析，是一项极具挑战性和重要性的任务。通过比较分析，人们可以找出成功经验和不足之处，为改革提供借鉴和警示。

六、实验研究

在一定范围内进行教学体系的试点实验，通过实际操作验证新的教学模式的可行性和效果。这个实验旨在探索新的教学模式，以适应当前教育发展的需要，提高教学质量和效果。通过试点实验，可以收集到实际的教学数据和反馈，对新的教学模式进行评估和改进，为未来的推广和应用提供有力的支持。同时，试点实验可以为教育工作者提供实践经验，帮助他们更好地理解和掌握新的教学模式，提高教学效果。

七、数据分析

对收集到的数据进行统计和分析是一项至关重要的工作。通过这项工作，人们可以从大量的数据中提取出有意义的结论，从而为后续的改革提供科学依据。这些结论可以揭示出数据的内在规律和趋势，帮助人们更好地理解问题的本质，并为制定更加有效的解决方案提供支持。

八、案例分析法

成功的高职院校教学体系改革案例具备清晰的目标，能针对问题改进，注重实践性，结合理论知识，积极与行业企业合作，了解市场需求。总结经验：全面考虑改革，持续调整优化，注重教学质量，学生全面发展。

综上所述，通过对成功的高职院校教学体系改革案例进行分析，相关人员可以总结出其经验和教训，为其他项目提供实践参考和借鉴。同时，相关人员需要不断探索和创新，以适应不断变化的市场需求和学生需求，为高职院校的教学体系改革做出更大的贡献。

第三章　高职院校教学体系改革理论探索

高职院校提升学生综合素质教学体系改革研究是一项需要科学理论作为指导的重要工作。在改革过程中，相关人员需要遵循教育规律，结合高职院校的特点和实际情况，制定科学、合理、可行的改革方案。同时，相关人员需要注重实践探索，不断总结经验，不断完善教学体系，以提高教学质量和效果。因此，科学理论对于高职院校提升学生综合素质教学体系改革研究具有非常重要的指导意义。

马克思主义职业教育理论是马克思主义理论体系的重要组成部分，它强调职业教育在社会发展中的重要地位和作用。在马克思主义理论中，职业教育被视为实现人的全面发展的重要途径。马克思主义认为，人的全面发展包括体力和智力的充分发展以及人的才能的多方面发展。而职业教育能够通过提供专门化的技能和知识，帮助人们适应社会发展的需要，提高个人的职业能力和社会地位，从而促进人的全面发展。此外，马克思主义职业教育理论还强调了职业教育与生产劳动的紧密联系。马克思主义认为，生产劳动是人类社会存在和发展的基础，而职业教育是生产劳动的重要组成部分。通过职业教育，人们能够掌握生产技能和知识，提高生产效率，促进生产力的发展。在实践中，马克思主义职业教育理论指导了各国职业教育的改革和发展。各国政府纷纷制定职业教育政策，加大对职业教育的投入，提高职业教育的质量和水平。同时，职业教育积极适应社会发展的需要，不断更新教学内容和教学方法，培养适应经济发展需要的高素质人才。

总之，马克思主义职业教育理论是指导职业教育改革和发展的重要思想武器，它为职业教育的健康发展提供了理论支撑和实践指导。[①]

马克思主义是科学理论，是正确的意识形态和价值观来源，在高职院校教学体系改革中具有思想指导地位。而其他相关的理论是相关人员进行研究和探索的具体理论指导。

第一节　党和国家对职业教育的大政方针和政策及其理论支持

自改革开放以来，党和国家对职业教育的重视程度不断提升，形成了一系列大政方针与政策，以推动职业教育的发展，满足社会经济发展对技能型人才的需求。

第一，确立职业教育的战略地位。党的十八大以来，职业教育被视为国民教育体系的重要组成部分，与普通教育具有同等重要地位。职业教育被视为培养高素质劳动者和技术技能人才的关键途径，对于推动经济发展、促进社会进步具有重要意义。

第二，提升职业教育质量。通过制定和实施一系列法律法规，如《中华人民共和国职业教育法》《职业教育提质培优行动计划（2020—2023年）》等，旨在提高职业教育的质量，优化课程设置，强化师资队伍建设，提升实践教学水平，以培养适应产业发展需求的技能型人才。

第三，深化产教融合、校企合作。鼓励企业深度参与职业教育，推动学校与企业建立紧密的合作关系，实现教育与产业、学校与企业的有机衔接，

---

① 吴同喜. 职业教育与人的全面发展：以马克思主义职业教育思想中国化为研究视角[J]. 浙江工贸职业技术学院学报，2012，12（3）：51-54.

如《国务院办公厅关于深化产教融合的若干意见》等，明确了产教融合的目标、任务和措施，为职业教育提供了良好的发展环境。

第四，推进职普融通。通过改革考试招生制度，实现职业教育与普通教育之间的相互沟通和衔接，为学生提供多样化的成长和发展路径，如《国务院关于深化考试招生制度改革的实施意见》等，为职业教育的发展创造了有利条件。

第五，完善终身职业教育体系。构建覆盖全民、贯穿终身的职业教育体系，推动职业教育与继续教育、成人教育等多种形式融合发展，满足人民群众终身学习的需求，如《中共中央 国务院关于全面深化新时代教师队伍建设改革的意见》等，为职业教育的持续发展提供了制度保障。

第六，加大财政投入和政策支持。通过设立专项资金、优化财政支出结构、实施税收优惠政策等措施，加大对职业教育的投入力度，为职业教育的发展提供有力的财政支持。

第七，提升职业教育的社会地位。通过宣传职业教育的重要性，改变社会对职业教育的偏见，提高职业教育的社会认可度，使职业教育成为广大青年学生和社会各界普遍尊重和支持的教育类型。

第八，向国际化发展。积极参与国际职业教育交流与合作，引进国外优质职业教育资源，推动中国职业教育与国际接轨，提升中国职业教育的国际影响力。

总之，党和国家对职业教育的大政方针与政策旨在构建一个适应国家经济社会发展需求、具有中国特色的现代职业教育体系，为全面建设社会主义现代化国家提供有力的人才支持。

而这一系列方针政策出台的理论支持源于马克思主义职业教育理论。马克思主义职业教育理论包含了重要的概念和理论。

一是职业教育概念。马克思主义职业教育理论认为，职业教育是一种基于实践、面向生产劳动的教育形式。它旨在通过传授生产技能、劳动技能和职业知识，培养具有实践能力和创新精神的高素质劳动者和技能人才。

二是职业教育与社会经济发展关系。马克思主义职业教育理论认为,职业教育与社会经济发展密切相关。随着社会经济的发展,生产技术不断更新,职业种类和职业要求也不断变化。因此,职业教育必须紧密结合社会经济发展的需要,不断更新教学内容和教学方法,以培养适应社会经济发展需要的高素质劳动者和技能人才。

三是职业教育与人的全面发展关系。马克思主义职业教育理论认为,职业教育与人的全面发展密切相关。通过职业教育,人们可以获得生产技能、劳动技能和职业知识,提高自身的综合素质和能力水平。同时,职业教育可以促进人的全面发展,提高人的社会适应能力和创新精神。

四是职业教育与生产劳动相结合理论。马克思主义职业教育理论认为,职业教育与生产劳动相结合是职业教育的本质特征。通过将教育与实践相结合,职业教育可以更好地满足社会经济发展的需要,提高学生的生产技能和劳动效率。同时,生产劳动可以为职业教育提供实践场所和教学资源,促进职业教育的进一步发展。

五是职业教育与社会主义建设关系。马克思主义职业教育理论认为,职业教育是社会主义建设的重要组成部分。通过培养高素质的劳动者和技能人才,职业教育可以为社会主义建设提供人才保障和智力支持。同时,职业教育可以促进社会主义建设的顺利开展,提高社会发展的水平和质量。

六是职业教育的发展规律和趋势。马克思主义职业教育理论认为,职业教育的发展规律和趋势与社会的经济发展水平、产业结构、技术进步等因素密切相关。随着社会经济的发展和技术的进步,职业教育的层次和类型也会不断变化和发展。未来,随着新技术的广泛应用,职业教育的内涵和外延也将不断拓展和创新。

七是职业教育与其他教育类型关系。马克思主义职业教育理论认为,职业教育与其他教育类型相互依存、相互促进。职业教育与其他教育类型共同构成了一个完整的教育体系。同时,职业教育可以与其他教育类型相互渗透、相互融合,形成一种综合性的教育模式。例如,可以将职业教育的实践性和应用性特点与普通教育的理论性和基础性特点相结合,形成一种既注重理论知识又注重实践能力的综合性教育模式。

八是职业教育未来发展方向。根据马克思主义职业教育理论，未来职业教育发展方向应该是更加注重实践性和应用性；更加注重与新技术、新产业的结合；更加注重个性化教育和服务；更加注重与其他教育类型的融合和创新；更加注重国际化和开放性的发展。通过发展，职业教育将更好地适应社会经济发展的需要，培养出更多的高素质劳动者和技能人才。

一、对高职院校教学体系改革提出的要求和目标

对高职院校教学体系改革提出的要求如下：一是突出以学生为中心，注重综合发展。高职院校要以学生为中心，以全面提高学生综合素质为目标，构建科学合理的教学体系，促进学生德智体美劳全面发展。二是强化实践能力，注重创新创业。高职院校要强化实践教学，培养学生的实践能力和创新创业精神，提升学生的就业创业能力。三是深化产教融合，注重校企合作。高职院校要深化产教融合，加强校企合作，实现学校教育与社会需求的有效对接。四是坚持开放办学，注重国际化发展。高职院校要坚持开放办学，积极参与国际交流合作，提升学生的国际竞争力。

教学体系改革的目标应该是培养德智体美劳全面发展的高素质技术技能人才。随着社会的快速发展，对于人才的需求也在不断变化。为了满足这种需求，学校需要培养德智体美劳全面发展的高素质技术技能人才。

首先，培养德智体美劳全面发展的人才，是社会发展的必然要求。在当今社会，不仅需要具备专业技能的人才，更需要具备高尚品德、健康体魄、审美能力和劳动精神的人才。只有这样的人才，才能更好地适应社会的发展，为社会做出更大的贡献。

其次，培养具有创新创业精神和实践能力的高技能人才，是推动社会进步的重要措施。创新创业精神和实践能力是现代人才必备的素质，只有具备这些素质的人才，才能更好地推动社会进步，为经济发展注入新的活力。

再次，培养适应产业发展需要的高技能人才，是推动经济发展的关键。随着产业结构的不断调整和升级，对于人才的需求也在不断变化。只有培养适应

产业发展需要的高技能人才，才能更好地推动经济发展，提高国家的竞争力。

最后，培养具有国际竞争力的高技能人才，是实现国家现代化的重要保障。在全球化的背景下，国际竞争日益激烈。只有培养具有国际竞争力的高技能人才，才能更好地参与国际竞争，为国家现代化建设做出更大的贡献。

综上所述，培养德智体美劳全面发展的高素质技术技能人才是当前教育的重要任务。对此，学校应该从多个方面入手，加强学生的品德教育、知识教育、体育、审美教育和劳动教育，提高学生的综合素质和能力水平。同时，学校应该注重培养学生的创新创业精神和实践能力。只有这样，才能更好地满足社会对于人才的需求，为国家的发展做出更大的贡献。

二、高职院校教学体系改革要坚持的原则

要坚持党的领导，坚持正确办学方向，坚持立德树人，优化职业教育类型定位，深化产教融合、校企合作，深入推进育人方式、办学模式、管理体制、保障机制改革，稳步发展职业本科教育，建设一批高水平职业院校和专业，推动职普融通，增强职业教育适应性，加快构建现代职业教育体系，培养更多高素质技术技能人才、能工巧匠、大国工匠。

高职院校教学体系改革要坚持以下原则：

（一）突出应用性和实践性

高职院校的教学体系应该注重应用性和实践性，注重培养学生的实际操作能力和解决问题的能力。

（二）基础理论教学以应用为目的

基础理论教学应该以应用为目的，以必需、够用为度，避免过多过深的理论知识，让学生能够掌握实际应用所需的基本理论。

（三）专业课教学要加强针对性和实用性

专业课教学应该加强针对性和实用性，结合行业和企业的实际需求，注重培养学生的职业能力和综合素质。

（四）注重实践教学

实践教学是高职院校教学体系的重要组成部分，学校应该注重实践教学，多组织实验、实训、实习等实践教学环节，以提高学生的实际操作能力和解决问题的能力。

（五）推进产教融合

高职院校应该积极推进产教融合，加强与行业和企业的合作，共同制定人才培养方案，共同开展教学和科研活动，以提高人才培养的质量和针对性。

（六）注重综合素质培养

高职院校应该注重学生的综合素质培养，如思想道德素质、文化素质、专业素质、身体心理素质等方面，以提高学生的综合素质和就业竞争力。

总之，高职院校教学体系改革应该以市场需求为导向，以培养高素质技术技能人才为目标，注重应用性和实践性，加强实践教学和产教融合，注重学生的综合素质培养，不断提高人才培养质量和水平。

第二节　职业教育理论对高职院校教学体系改革的指导作用和要求

高等职业教育作为职业教育的较高层次，既具备职业教育的共性特征，又具有其独特个性。其主要目标是培养具备高素质的技术或技能人才，使其能够胜任技术岗位的工作。通过技术教育的方式，高等职业教育为学生提供了从事某一专门职业或技术岗位所需的专业知识，为其未来的职业发展奠定坚实的基础。[①] 职业教育在全球教育体系中占据重要地位，发达国家如德国、美国、日本等重视职业教育的发展，高职教育在大学本专科教育中所占的比例接近50%，职业教育成为经济社会高速发展的"秘密武器"，同时促进了人的素质提高。

职业教育的核心使命是满足经济社会发展对技能型和技术型人才的需求。在中国，职业教育的主要任务是培养适应现代化建设需求的，具备一线生产、建设、管理和服务能力的技能型、技术型人才以及高素质劳动者。同时，我国在逐步构建与经济社会发展相适应的现代职业教育体系。

职业教育作为现代教育体系的重要组成部分，旨在培养具备职业技能和理论知识的人才，以满足社会经济发展的需要。其涉及职业教育基本理论、教学模式、课程与教材、师资队伍建设、人才培养质量评价、与经济发展的关系、国际比较研究以及未来发展趋势预测等方面。而职业教育理论为高职院校教学体系改革提供了一定的指导，还提出了一些要求。

一、职业教育理论对高职院校教学体系改革的指导作用

1. 明确教育目标

职业教育理论强调以就业为导向，培养具有实践能力和职业素养的高素质人才。这为高职院校的教学目标提供了明确的指导，要求高职院校在教学体系中注重实践性和职业性，以满足市场的需求。

2. 优化课程设置

职业教育理论要求高职院校根据行业需求和职业标准，合理设置课程，注重理论与实践的结合。这有助于高职院校优化课程结构，提高教学质量，培养符合行业需求的人才。

3. 强化实践教学

职业教育理论强调实践教学的重要性，要求高职院校在教学过程中注重实践环节。这有助于高职院校加强实践教学，提高学生的实践能力和职业素养。

[①] 刘彦文. 高等职业教育原理与教学研究[M]. 北京：中国轻工业出版社，2009：13.

二、职业教育理论对高职院校教学体系改革的要求

1. 更新教育观念

高职院校应树立以就业为导向、以能力为本位的教育观念，注重培养学生的实践能力和职业素养。同时，要关注行业动态和市场需求，及时调整教学策略，以满足市场需求。

2. 加强师资队伍建设

高职院校应注重师资队伍建设，提高教师的实践能力和职业素养。学校可以通过引进具有行业背景和实践经验的教师、加强教师培训和实践锻炼等方式，提高教师的整体素质。

3. 完善实践教学体系

高职院校应完善实践教学体系，多组织实践教学环节，以提高学生的实际操作能力。学校可以通过建设实训基地、加强校企合作、开展实践教学活动等方式，为学生提供更多的实践机会和实践资源。

总之，职业教育理论对高职院校教学体系改革具有重要的指导作用和要求。高职院校应积极探索和实践，以培养具有实践能力和职业素养的高素质人才为目标，加强实践教学和师资队伍建设，完善教学体系，提高教学质量和水平。

第三节 其他教育理论

其他教育理论也为高职院校教学体系改革提供了指导作用和思维框架，如全面发展教育理论、素质教育理论、职业能力形成理论、人本主义学习理论以及终身学习理论。这些理论在培养全面发展、综合素质高、具备终身学习能力的人才方面具有重要的指导意义。

一、全面发展教育理论

全面发展教育理论强调学生德、智、体、美等多方面的发展,而不是仅仅追求学术成就。[①]

全面发展教育理论是马克思主义教育理论的重要组成部分,它强调教育应该促进人的全面发展。人的全面发展包括德、智、体、美等方面的全面发展和人的个性、潜能的充分发展。全面发展教育理论认为,教育应该以人的全面发展为目标,通过各种教育手段和方式,使受教育者各方面的素质得到提高。

具体来说,全面发展教育包括以下几个方面:

1. 德育

培养受教育者的道德品质、公民意识和社会责任感,使他们具备正确的价值观和道德观念。

2. 智育

传授受教育者科学文化知识,培养他们的学习能力和创新精神,提高他们的智力水平。

3. 体育

培养受教育者的运动技能,提高他们的身体素质。

4. 美育

培养受教育者的审美情趣和艺术素养,提高他们的审美能力和文化素养。

此外,全面发展教育理论还强调个性和潜能的充分发展。它认为,每个人都是独特的个体,具有不同的兴趣、爱好和潜能。教育应该尊重个体的差异性和独特性,提供多样化的教育方式和手段,满足每个受教育者的个性化需求,促进他们的潜能得到充分发展。

总之,全面发展教育理论是一种以人为本的教育理念,它强调教育的全面性和个性化,旨在促进人的全面发展和社会进步。

---

① DEWEY J.My pedagogic creed[J]. *The school journal*,1897,54(3):77-80.

二、素质教育理论

素质教育理论注重学生的综合素质培养，如创新能力、沟通表达能力、团队协作能力等方面。[①]

素质教育理论是一种以全面提高人的基本素质为根本目的的教育理念。它强调尊重人的主体性和主动精神，以人的性格为基础，注重开发人的智慧潜能，注重形成人的健全个性。素质教育理论认为，教育活动应当指向人的整体的、全面的素质发展，使人的整体品质、全面素质得到提升。它注重能力培养、个性发展、身体健康和心理健康教育，以适应社会发展的实际需要。素质教育理论的核心在于提高国民素质。素质教育是面向全体学生的教育，是促进学生全面发展的教育，也是促进学生个性发展的教育。同时，素质教育以培养学生的创新精神和实践能力为重点，注重培养学生的创新思维和实践能力。

综上所述，素质教育理论是一种以人为本的教育理念，它旨在通过全面的教育手段和方式，促进人的全面发展和社会进步。

三、职业能力形成理论

职业能力形成理论关注学生职业能力和实践能力的培养，让学生具备从事职业所需的技能和素质。[②]

职业能力形成理论是一个综合性的理论，它涉及多个领域和观点。以下是一些关于职业能力形成的主要理论：

1. 心理学观点

在心理学领域，职业能力被视为个体成功地完成某种职业活动所必须具备的个性心理特征。这种观点强调了个性心理特征在职业能力形成中的重要性，个性心理特征包括认知能力、情感能力、社交能力等。

[①] ERKINS D N.*The intelligent eye : learning to think by looking at art*[M].Los Angeles : Getty Publications，1994：12.

[②] BROWN J S, COLLINS A, DUGUID P.Situated cognition and the culture of learning[J].*Educational researcher*，1989，18（1）：32-42.

2. 培训和发展观点

职业能力的形成和发展需要通过培训和实践。通过培训和实践，个体可以获得新的知识和技能，提高自己的职业能力。

3. 教育和培训观点

教育和培训是职业能力形成的重要途径。通过教育和培训，个体可以获得必要的职业知识和技能，从而具备从事某种职业的能力。

4. 社会学观点

社会学认为职业能力的形成受到社会因素的影响。社会环境、文化背景、教育制度等都会对个体的职业能力产生影响。

5. 经济学观点

经济学认为职业能力的形成与市场需求和经济发展密切相关。随着市场需求的不断变化，个体的职业能力也需要不断提高，以适应经济发展的需要。

综上所述，职业能力的形成是一个复杂的过程，涉及多个领域和观点。不同的理论对于职业能力的形成和发展有着不同的解释和看法，但都强调了实践、学习和不断更新的重要性。

四、人本主义学习理论

人本主义学习理论重视学生的个性特点和需求，倡导以学生为中心的教学方式，激发学生的学习兴趣和动力。①

人本主义学习理论是心理学和教育学中的一个重要理论，它强调以人为本，以学生为中心开展学习。该理论的主要代表人物有马斯洛和罗杰斯。

人本主义学习理论的基本观点如下：

---

① KOHN A.*Punished by rewards*：*the trouble with gold stars，incentive plans，A's，praise，and other bribes*[M].Boston：Houghton Mifflin，1993：13.

1. 关于学习实质

学习的目的是使学生成为一个完善的人，一个充分起作用的人，既使学生人格得到发展，又使学生的潜能得到发挥，学会学习。

2. 关于学习类型与过程

人本主义将学习分为无意义学习与有意义学习两种。其主张进行有意义学习，认为学习过程是学生在一定条件下自我挖掘潜能、自我实现的过程。

3. 关于教学模式

人本主义心理学家强调以学生为中心设计教学，典型的模式有以题目为中心的课堂讨论模式、自由学习的教学模式、开放课堂教学模式。

人本主义学习理论的进步性在于它将学习与人的整体发展联系起来，对注重知识学习的传统理论提出挑战。它强调学习者的本质是积极向上的，可以通过自我指导而学习；以人为本，注重人的尊严、情感、需要，强调创设自由、宽松、被人关爱的氛围。因此，人本主义的观点消除了行为主义等对教育理论与实践的消极影响，促进了教育革新。

五、终身学习理论

终身学习理论强调学生具备终身学习的意识和能力，不断提高自己的知识水平和技能，以适应不断变化的社会需求。[1]

终身学习是指社会每个成员为适应社会发展和实现个体发展的需要，贯穿人的一生的、持续的学习过程。即人们常说的"活到老，学到老"或者"学无止境"。在特殊的社会、教育和生活背景下，终身学习理念得以产生，它具有终身性、全民性、广泛性等特点。

终身教育和终身学习提出后，各国普遍重视并积极实践。这一理论启示教育者树立终身教育思想，使学生学会学习，更重要的是使学生养成主动的、不断探索的、自我更新的、学以致用的和优化知识的良好习惯。

---

[1] MERRIAM S B, CAFFARELLA R S.*Learning in adulthood : a comprehensive guide*[M].San Francisco : Jossey-Bass, 1999 : 14.

这些教育理论对高职院校教学体系改革提供了一定的指导，高职院校应结合自身实际情况，树立多元化的教育理念，注重学生的全面发展、综合素质培养和职业能力形成，同时关注学生的个性特点和需求，积极探索实践教学以及终身学习的方式和途径，为培养符合行业需求的高素质人才做出更大的贡献。

本章阐述了高职院校教学体系改革的理论探索。这项改革研究旨在提升学生的综合素质，相关人员需要遵循教育规律，并结合高职院校的特点和实际情况来制定科学、合理、可行的改革方案。同时，实践探索和经验总结是完善教学体系、提高教学质量和效果的关键。

马克思主义职业教育理论在这一改革过程中具有重要指导意义。它强调职业教育在社会发展中的关键作用，认为职业教育是实现人的全面发展的重要途径。马克思主义职业教育理论还强调职业教育与生产劳动的紧密联系，通过职业教育帮助人们适应社会发展需求，提高个人的职业能力和社会地位，从而促进人的全面发展。

除了马克思主义职业教育理论，其他教育理论如全面发展教育理论、素质教育理论、职业能力形成理论、人本主义学习理论以及终身学习理论也为高职院校教学体系改革提供了指导。这些理论强调学生的全面发展、创新能力培养、职业能力的形成、以学生为中心的教学方式以及终身学习的意识和能力。

综合这些理论，高职院校教学体系改革应以培养德智体美劳全面发展的高素质技术技能人才为目标，注重实践性和职业性，加强实践教学和产教融合，注重学生的综合素质培养，不断提高人才培养质量和水平。

第四章 高职院校课程体系改革

在高职院校提升学生综合素质的教学体系改革中,课程体系改革是关键环节。高职院校需要按照教育部的相关教学文件要求,规范公共基础课的课程设置与教学实施,确保内容的科学性和实用性。同时,为培养学生的创新精神和创业能力,应面向全体学生开设创新创业教育专门课程群。

此外,中华优秀传统文化是中华民族的宝贵财富,也是培养学生民族自豪感和文化自信的重要资源。因此,高职院校应将中华优秀传统文化教育系统融入课程和教材体系,如在相关课程中增加中华优秀传统文化内容比重,开设经典诵读、中华礼仪、传统技艺等中华优秀传统文化必修课,并拓宽选修课的覆盖面。

为了更好地服务社会和行业,高职院校还应把提高学生职业技能和培养职业精神高度融合。这包括积极探索有效的方式和途径,形成常态化、长效化的职业精神培育机制,重视崇尚劳动、敬业守信、创新务实等精神的培养。同时,充分利用实习、实训等环节,增强学生的安全意识、纪律意识和职业道德。

总的来说,高职院校在课程体系改革中,不仅要注重学生的知识技能传授,还要兼顾其综合素质的提升,使其更好地适应社会和行业的发展需求。

第一节　高职院校课程体系改革的主要内容

高职院校课程体系改革的主要内容包括：

1.精准定位课程

其首要任务是坚持立德树人，这也是发展中国特色社会主义教育事业的核心所在。职业教育作为国民教育体系的重要组成部分，肩负着培养德智体美劳全面发展的社会主义建设者和接班人的重要责任。[1]

2.公共基础课程改革

高等职业学校应当将思想政治理论课、体育、军事课、心理健康教育等课程列为公共基础必修课程，提高这些课程的教学质量和效果。[2] 同时，应将马克思主义理论类课程、党史国史、中华优秀传统文化、职业发展与就业指导、创新创业教育、信息技术、语文、数学、外语、健康教育、美育课程、职业素养等列为必修课或限定选修课。

3.专业课程改革

根据行业发展趋势和学生需求，调整专业设置和课程内容，以提高学生的就业竞争力。[3] 这包括拓宽选修课的覆盖面，以满足不同学生的需求和兴趣。

而这几类课程的改革又涉及如下内容：

---

[1] 刘志辉.培养德智体美劳全面发展的社会主义建设者和接班人[J].新湘评论，2021（11）：58-59.

[2] 宋佳音，程捍东.高职院校公共基础课程的改革途径探索[J].教师，2021（23）：62-63.

[3] 向汉江.高职高专院校课程体系改革的探讨[J].教育与职业，2004（31）：49-50.

1.课程结构优化

针对当前高职院校课程体系中存在的问题，如课程设置不合理、重复性内容较多等，进行课程结构的优化，减少重复性课程，增加综合性、创新性课程，以提高学生的综合素质。

2.课程内容更新

根据社会需求和行业发展趋势，及时更新课程内容，引入新知识、新技术、新方法，提高学生的实践能力和创新精神。

3.课程形式多样

采用多种课程形式，如必修课、选修课、实践课等，以满足不同学生的个性化需求，提高学生的自主学习能力和综合素质。

一、精准定位课程

在高职院校教学体系改革中，精准定位课程的意义与作用以及对学生综合素质的重要性与必要性不容忽视。

（一）精准定位课程的意义与作用

1.实现党和国家对职业教育立德树人的根本目标

职业教育是我国教育体系中的重要组成部分，其根本目标是培养德才兼备的高素质人才。立德树人是我国教育的基本方针，也是职业教育的核心任务。在职业教育中，立德树人就是注重学生的品德培养，树立正确的世界观、人生观和价值观，培养学生的社会责任感和职业道德。

为了实现立德树人的目标，高职院校需要采取一系列措施。首先，要加强学生的思想政治教育，引导学生树立正确的思想观念。其次，要加强学生的职业道德教育，培养学生的职业操守和职业精神。最后，要加强学生的心理健康教育，提高学生的心理素质和自我调节能力。

在实现立德树人目标的过程中，职业教育还需要注重实践性和创新性。实践性是职业教育的特点之一，通过设立实践课程可以提高学生的技能水平和职业素养。创新性则是职业教育的未来发展方向,通过设立创新课程可以培养学生的创新思维和创新能力。

实现党和国家对职业教育立德树人的根本目标需要在课程设置上精准定位。职业教育需要注重学生的品德培养、实践性和创新性,加强师资队伍建设,为培养德才兼备的高素质人才做出更大的贡献。

2.适应市场需求

通过精准定位课程,高职院校可以更好地适应市场需求,提高毕业生的就业竞争力。[1]通过对行业需求、企业需求和岗位需求的深入了解,高职院校可以调整和优化课程设置,确保教学内容与市场需求相匹配。

为了实现这一目标,高职院校需要积极与行业、企业进行沟通和交流,了解其需求和趋势。同时,高职院校需要不断更新教学内容和教学方法,以确保教学内容的时效性和实用性。

3.提升教学质量

精准定位课程在提高教学质量方面具有显著作用。[2]通过精准定位课程,教师可以更加明确教学目标,有针对性地开展教学,从而提高教学效果。这种定位不仅有助于教师更好地把握教学重点和难点,还能够帮助学生更好地理解和掌握知识。

首先,精准定位课程有助于教师更好地了解学生的需求和特点。在课程定位的过程中,教师需要对学生的实际情况进行深入了解,包括学生的年龄、性别、兴趣爱好、学习风格等方面。这有助于教师更好地把握学生的需求和特点,从而设置更加符合学生实际的课程。

其次,精准定位课程有助于提高教学效果。通过精准定位课程,教师可以更加有针对性地教学,避免将时间和精力浪费在一些不必要的教学内容上。同时,精准定位课程可以帮助教师更好地把握教学进度和难度,确保学生在学习过程中能够得到充分的指导和帮助。

---

[1] 姜大源.高等职业教育的定位[J].武汉职业技术学院学报,2008(2):5-8,11.
[2] 施建艇,王兴发."精准"是提高课堂教学质量的关键[J].体育师友,2020,43(1):19-20.

最后，精准定位课程还有助于学校根据市场需求及时更新教材和教学内容。在当今社会，市场需求不断变化，教材和教学内容也需要不断更新，以适应这种变化。通过精准定位课程，学校可以及时了解市场需求和变化趋势，从而及时更新教材和教学内容，确保教学内容的时效性和实用性。

因此，高职院校应该加强对精准定位课程的研究和应用，为提高教学质量做出更大的贡献。

（二）对学生综合素质的重要性与必要性

1. 适应未来职业发展

随着科技的快速发展和市场竞争的加剧，未来职业对人才的要求越来越高。精准定位课程可以帮助学生更好地了解未来职业发展的趋势和要求，从而有针对性地学习和实践，提高自身的综合素质，适应未来职业发展。

2. 提高就业竞争力

提高学生的就业竞争力是高职院校的重要任务之一。精准定位课程可以帮助学生更好地了解市场需求和岗位需求，提高自身的专业能力和实践能力，从而在就业市场中更具竞争力。

3. 培养创新精神和实践能力

创新精神和实践能力是现代人才必备的素质。精准定位课程可以为学生提供更多的实践机会和项目经验，培养学生的创新精神和实践能力，为其未来的职业发展打下坚实的基础。

综上所述，精准定位课程在高职院校教学体系改革中具有重要意义和作用，可以帮助学生更好地适应市场需求和提高就业竞争力。[1] 同时，精准定位课程有助于培养学生的创新精神和实践能力，为其未来的职业发展打下坚实的基础。因此，高职院校应该加强对课程的精准定位和优化，提高学生的综合素质和就业竞争力。

---

[1] 曹小翠，徐锐. 高职院校电商人才培养路径分析[J]. 社会科学前沿，2023（3）：1081-1087.

二、公共基础课程改革

公共基础课程改革在提升学生综合素质方面具有重要意义和必要性，这主要表现在以下几个方面：首先，它满足了时代发展的需求，通过及时更新课程内容，使学生能够适应社会变化，提高就业竞争力；其次，公共基础课程改革有助于培养学生的创新精神和实践能力，使他们在实践中学习，解决实际问题，从而提高综合素质；再次，公共基础课程改革有助于促进学生的全面发展，关注知识水平以外的思想道德、文化和身体素质等方面；最后，公共基础课程改革有助于推动教育公平，使各地区和学校的学生都能享受到优质教育资源，缩小教育差距。总之，公共基础课程改革对于提升学生综合素质具有重要意义，只有不断推进改革，才能培养更多具有创新精神和实践能力的人才，为社会进步做出更大贡献。

（一）高职院校公共基础课程设置的特点与目标

1.高职院校公共基础课程设置的特点

价值性：高职院校设置公共基础课程时，首先需要考虑国家和社会对学生素质培养的价值性。这是因为公共基础课程是培养学生综合素质和职业能力的重要途径，对于学生的未来职业发展和个人成长具有重要意义。

高职院校设置公共基础课程时，应该以国家教育方针和政策为指导，以社会需求和学生实际情况为基础，注重学生的全面发展，为学生的未来职业发展和个人成长打下坚实的基础。①

综合性：课程设置应该涵盖人文、社会、科学等各个领域，以确保学生能够获得全面的知识和技能。这些课程应该具备普适性，即适用于不同专业的学生，也要具备针对性，以满足不同专业学生的特定需求。通过这样的课程设置，学生可以获得更全面的知识和更深入的理解，为未来的职业发展打下坚实的基础。

---

① 罗冲.高职院校专业建设与公共基础课设置的关系研究[J].职教论坛，2014（18）：63-67.

全面性：课程设置应该全面而丰富，涵盖基础知识、基本技能以及基本素质等多个方面的内容。通过这样的设置，学生获得全面的教育，不仅掌握必备的知识和技能，还能够提高综合素质。在基础知识方面，学生需要掌握各种学科的基本概念、原理和理论。在基本技能方面，学生应该具备运用所学知识解决问题的能力。在基本素质方面，学生需要培养良好的道德品质、社会责任感等，以便在未来的生活和工作中更好地适应和应对各种挑战。通过这样的课程设置，帮助学生成为未来社会的有用之才。

开放性：课程设置应该具备高度的开放性，允许学生根据自己的兴趣和需求自由选择适合自己的课程。这种开放性不仅有助于培养学生的自主学习能力，还有助于促进他们的个性化发展。通过自主选择课程，学生可以更好地发掘自己的潜力和兴趣，从而在未来的学习和职业生涯中取得更好的成就。因此，课程设置应该注重学生的个体差异和需求，提供多样化的课程选择，以满足不同学生的发展需求。

2.高职院校公共基础课程设置的目标

提高学生的科学研究能力：公共基础课程中包含一些科学研究方法，通过学习可以提高学生的科学研究能力。

增强学生的科技创新意识：公共基础课程中包含一些科技创新的内容，这些内容不仅涵盖了科学技术的理论知识，还注重培养学生的实践能力和创新思维。通过学习这些课程，学生可以了解科技发展的最新动态和趋势，掌握一些基本的技能，并能够运用所学知识解决实际问题。

培养学生的综合素养：公共基础课程不仅注重学生的知识和技能传授，还注重学生思想道德、人文素养等方面的培养，以提高学生的综合素养。这些课程旨在为学生提供全面的教育，不仅涵盖了学术方面的知识，还注重学生的个人发展。

（二）高职院校公共课程体系涵盖的内容

高职院校公共课程体系设置的科学性与整体性至关重要。一个合理的公共课程体系应当涵盖以下方面：

1. 文化基础课程

学校提供了文学、历史、哲学、艺术等课程，旨在全面提升学生的人文素养和审美情趣。这些课程不仅涵盖经典文学作品、历史事件、哲学思想，还涉及各种艺术形式的介绍，让学生在学习过程中领略到人类文化的瑰宝。①

2. 社会科学课程

社会科学课程如经济学、管理学、心理学、社会学等，不仅可以帮助学生理解社会的运作规律，而且能培养他们适应社会和与不同群体合作的能力。② 这些课程涵盖广泛，从微观的经济决策到宏观的社会结构，再到个体的心理活动和行为模式。通过经济学的学习，学生可以理解市场和价格如何影响资源分配；管理学课程则聚焦于组织内部运作和如何高效领导团队；心理学课程探讨个体行为背后的动机和影响因素；社会学课程则着眼于社会结构、文化和社会变迁。

社会科学课程不仅丰富了学生对社会的认识，而且增强了他们在这个复杂社会环境中成功适应和协作的能力。

3. 自然科学课程

自然科学课程如数学、物理学、化学和生物学等，是教育体系中的重要组成部分，旨在加强学生的科学素养和逻辑思维能力。③

这些课程通常强调实验和实证研究，要求学生进行观察、实验和数据分析，从而培养他们的科学探究能力和逻辑思维能力。通过解答假设问题、设计实验和解释观察结果，学生不仅加深了对科学原理的理解，而且学会了科学推理和批判性思考。

---

① 梁基鹏.高职院校开设文化素质选修课存在的问题与解决对策[J].理论导报,2012(7): 51-52.
② 代祖良.构建高职院校人文社会科学课程体系初探[J].昆明冶金高等专科学校学报, 2002(1): 48-52.
③ 刘伟辉,陈铖.高职院校通识教育存在的问题和原因与对策[J].继续教育研究,2007 (5): 115-117.

自然科学课程对提升学生的科学素养和逻辑思维能力具有重要意义，为其未来的学习、工作以及个人发展奠定基础。

4.专业技能课程

根据各专业特点设置的课程内容，如专业软件操作、生产实践、创新实验等，直接提升了学生的专业实践技能。这些课程不仅让学生掌握了必要的理论知识，而且提供了将理论知识转化为实际能力的机会。[①] 例如，在计算机科学与技术专业中，学生可以通过学习编程语言、操作系统、数据库管理以及网页设计等软件操作课程，实践编写代码、开发应用程序、处理数据等技能。而在工程技术专业中，生产实践课程如机械加工、电子装配和化学实验等，让学生在模拟的工作环境中操作专业工具，学习并实践产品设计、制造和测试流程。这些课程有助于培养学生的实际操作能力和解决实际问题能力。

通过这些专业课程和实践活动，学生不仅能掌握专业技能，还能培养与专业相关的素质，为未来的职业发展打下坚实的基础。

5.思想政治教育

思想政治教育是高职院校公共课程体系中的重要组成部分，包括马克思主义基本原理、道德与法治、毛泽东思想、邓小平理论、"三个代表"重要思想、科学发展观和习近平新时代中国特色社会主义思想等课程。这些课程的设置旨在帮助学生树立正确的世界观、人生观和价值观。

思想政治教育课程的设置对于学生的成长和发展具有重要意义。它帮助学生树立正确的世界观、人生观和价值观，培养学生的社会责任感和使命感，使他们成为具有良好思想道德素质和社会责任感的人才。

6.体育与健康课程

开展体育与健康课程，可增强学生的体魄和抗压能力。体育与健康课程在现代教育体系中扮演着至关重要的角色。体育与健康课程不仅着重于提升

---

① 杨化玉.基于有效教学理论的高职院校专业技能课教学评价研究[D].南昌：江西科技师范大学，2014.

学生的身体素质和运动技能,还与心理健康教育紧密结合,共同作用于学生的全面成长。[1] 通过参与各种体育活动和锻炼,学生不仅增强了体魄,提升了身体健康水平[2],还学会了面对挑战、管理压力和增进心理健康。

7. 职业生涯规划与就业指导

职业生涯规划与就业指导课程致力于帮助学生深入了解就业市场动态,进而制定既符合个人兴趣与优势,又适应未来发展趋势的职业生涯规划。[3] 该课程通过一系列讲座、工作坊、实习机会和职业规划服务的提供,帮助学生进行自我探索、目标设定以及生涯决策。[4]

8. 创新与创业教育

创新与创业教育是高职院校教育中不可或缺的一部分。通过对学生进行创新和创业方面的教育,可以有效地激发学生的创新意识,提高他们的创新能力和创业精神。[5]

整体而言,高职院校公共课程体系应该以学生全面发展为中心,注重理论与实践相结合,加强课程的实用性和前瞻性,确保学生不仅能够掌握必要的理论知识,还具备丰富的实践经验和创新能力,为将来的职业发展打下坚实的基础。

三、专业课程改革

要想提升学生的综合素质,高职院校专业课程改革势在必行。改革的措

---

[1] 王玉扩,陈庆合,李会增.高职院校体育课程教学改革与发展研究[J].北京体育大学学报,2005(7):960-961,964.

[2] BIDDLE S J H, GORELY T, STENSEL D J.Health-enhancing physical activity and sedentary behaviour in children and adolescents[J].*Journal of sports sciences*,2004,22(8):679-701.

[3] 高娜娜.高职院校"95后"学生职业生涯规划与就业指导课程教学改革研究[J].无锡职业技术学院学报,2017,16(2):34-36.

[4] SAVICKAS M L.Career construction theory and practice[J].*Career development and counseling: putting theory and research to work*,2003(2):144-180.

[5] 张继东.高职院校创新创业教育改革研究[J].新课程研究,2020(23):32-33.

施包括优化课程设置、强化实践教学、推广多元化学习方式、关注学生个体发展以及加强职业素养教育等。这些措施旨在提高学生的综合素质，帮助他们更好地适应社会发展和市场需求。通过改革，学生能够更好地掌握实际操作技能和跨学科知识，还能够提高创新精神、自主学习能力和终身学习的意识。此外，学校还需要关注学生的个体差异和兴趣爱好，为他们提供个性化的学习方案和发展路径。通过加强职业素养教育，培养学生的职业意识和职业道德，提高他们的职业适应能力和就业竞争力。

（一）专业课程改革的目的

专业课程改革的目的是培养具有创新精神和实践能力的高素质技能型人才，满足社会和经济发展的需求。通过改革，学生不仅可以掌握专业知识和技能，而且具备良好的人文素养和社会责任感。高职院校的专业课程，首先要突出职业能力培养，使学生能够掌握本专业的知识和技能，能够胜任未来的岗位工作。

同时，专业课程改革注重学生综合素质的提升，如人文素养、科学素养、创新精神和实践能力等方面。通过优化课程设置、强化实践教学、推广多元化学习方式等措施，培养学生的综合素质，提高他们的社会适应能力和就业竞争力。

（二）专业课程改革的内容

1. 课程体系优化

学校可根据当前行业的发展趋势和岗位能力要求，对现有的课程设置进行全面的整合和优化，以更好地满足市场需求和学生的实际需求。

具体来说，学校需要对课程的内容、结构、教学方式等方面进行全面的优化。[1] 首先，学校需要对课程的内容进行更新和调整，以适应行业的发展趋势和岗位能力要求。其次，学校需要对课程的结构进行优化，将理论知识

---

[1] 林清夫. 浅析高职课程设置的优化与创新 [J]. 中国职业技术教育，2003（25）：50-52.

和实践技能有机地结合在一起，让学生在实践中更好地理解和应用理论知识。最后，学校需要对教学方式进行改进，采用更加灵活、多样化的教学方式，激发学生的学习兴趣和主动性。

通过整合和优化课程设置，学校可以更好地促进专业理论与实践技能的融合，提高学生的学习效果和就业竞争力。[1] 同时，学校可以为行业的发展提供人才支持，推动行业持续发展。

2.课程内容更新

及时将最新的技术、最尖端的新工艺、最符合现代职业规范的新规范，快速并有效地纳入课程内容，能够强化学生的现代职业能力，让他们在未来的职场中更具竞争力。[2] 通过不断更新课程内容，学生可以接触到最新的行业动态和职业发展趋势，从而更好地适应现代职业环境。同时，通过引入新工艺和新技术，可以提高学生的技能水平，使他们具备更强的实际操作能力，更好地满足现代企业的需求。[3] 此外，将新规范纳入课程内容，可以帮助学生树立正确的职业道德观念，使其遵守职业规范，为其未来的职业生涯奠定坚实的基础。

（三）专业课程改革的方向

为了提升学生的综合素质，高职院校专业课程改革需要明确方向。专业课程改革的方向如下：

1.产教融合

加强与行业企业的合作，使教学过程与生产实践相结合，提高学生的实

---

[1] 庞辉，徐中利.课堂优化视阈下高职学生学习动力提升研究[J].科技风，2021（22）：165-167.

[2] 黄克孝.构建高等职业教育课程体系的理论思考[J].职业技术教育，2004，25（7）：42-45.

[3] BROWN G A, BULL J, PENDLEBURY M.*Assessing student learning in higher education*[M].London：Routledge，2013：12.

际工作能力,是当前教育改革的重要方向。[1]通过与行业企业的紧密合作,学校可以更好地了解行业的发展趋势和需求,从而调整教学内容和方式,使教育更加符合实际需求。同时,通过实践教学,学生可以更好地掌握实际工作技能,提高自己的实际工作能力,为未来的职业发展打下坚实的基础。

2.工学结合

将理论学习与工程实践相结合,是培养学生技术应用能力和工程实践能力的关键途径。[2]理论学习为学生提供了扎实的基础知识,工程实践则让学生将所学知识应用于实际项目中,从而加深对理论知识的理解和掌握。[3]

通过理论学习,学生可以了解各种技术和工具的基本原理和应用范围,为后续的工程实践打下基础。通过理论学习,还可以培养学生的逻辑思维和问题解决能力,使其能够更好地理解和应用所学知识。

工程实践则是将理论知识应用于实际项目中的重要环节。通过工程实践,学生可以亲身感受技术的实际应用和挑战,从而更好地理解和掌握技术。通过工程实践,还可以培养学生的团队协作和沟通能力,使其能够更好地适应未来的工作环境。

将理论学习与工程实践相结合,可以让学生在实践中不断巩固和加深对理论知识的理解,也可以让学生在实践中发现和解决问题,提高技术应用能力和工程实践能力。因此,这种培养方式对于提高学生的综合素质和未来的职业发展都具有重要的意义。

3.能力本位

课程设置和教学过程以培养学生的能力为中心,这意味着在教学计划和

---

[1] YUAN H, WOODMAN R M.Innovative behavior in the workplace: the role of performance and image outcome expectations[J].*Academy of management journal*, 2010, 3(2): 323-342.

[2] 冯其红, 胡伟, 战永平.石油工程专业大学生工程实践与创新能力培养途径改革[J].实验技术与管理, 2012, 29(12): 16-19.

[3] KOLB D A.*Experiential learning: experience as the source of learning and development*[M].London: FT press, 2014: 15.

课程设计中，学生的能力培养被放在首位。这种设计理念强调了对学生实际应用能力的重视，而不仅仅是理论知识的传授。

在课程设置方面，学校会根据学生的需求和行业的发展趋势，灵活调整课程内容和结构，以确保学生能够掌握最新的知识和技能。同时，学校会注重课程的实用性和应用性，让学生在学习过程中能够接触到实际的工作场景和案例，从而更好地理解和掌握所学知识。

在教学过程方面，学校会采用多种教学方法和手段，如案例分析、小组讨论、实践操作等，以激发学生的学习兴趣和积极性。同时，学校会注重培养学生的思维能力和解决问题的能力，让学生在学习过程中能够形成自己的思考方式和解决问题的能力。

4.终身学习

培养学生具备终身学习的能力和意识，是至关重要的，因为这将为他们的未来发展奠定坚实的基础。[①] 终身学习不仅是一种能力，更是一种态度和习惯，它能够帮助学生不断适应快速变化的社会环境，保持竞争力和创造力。[②]

在当今这个信息爆炸的时代，知识更新的速度非常快，只有具备终身学习的能力和意识，才能跟上时代的步伐。因此，学校和家庭应该注重培养学生的自主学习能力，鼓励他们积极探索新知识，不断提高自己的综合素质。

此外，终身学习还能够帮助学生建立正确的人生观和价值观，培养他们的独立思考和解决问题的能力。这些能力将伴随他们一生，对于他们未来的职业发展、家庭生活都具有重要的意义。

因此，学校应该重视培养学生的终身学习能力和意识，为他们提供更多的学习机会和资源，帮助他们更好地适应未来的挑战和机遇。

---

① 刘春林.以可持续发展理念培养高职学生终身学习能力[J].无锡职业技术学院学报，2006（4）：12-13.
② KNOWLES M S, HOLTON III E F, SWANSON R A.*The adult learner：the definitive classic in adult education and human resource development*[M].London：Routledge，2015：14.

5. 开阔视野

借鉴国际先进的教育理念和教学方法，开拓学生的国际视野，是当前教育领域的重要任务之一。[①] 通过借鉴国际先进的教育理念和教学方法，学校可以更好地培养学生的综合素质和创新能力，提高他们的国际竞争力。[②]

首先，借鉴国际先进的教育理念可以让学校更好地理解教育的本质和目的。这些理念强调学生的主体地位，注重培养学生的自主学习和终身学习能力，同时注重学生的个性发展和全面素质的提升。其与我国的教育改革方向相一致，可以为教育改革提供有益的参考。

其次，借鉴国际先进的教学方法可以让学校更好地提高教学效果。这些方法注重学生的参与和体验，通过多种形式的教学手段激发学生的学习兴趣和积极性。同时，这些方法注重培养学生的实践能力和创新思维，让学生更好地适应未来的社会发展。

最后，开阔学生的国际视野可以让他们更好地了解世界和多元文化。通过参加国际交流、留学、游学等活动，学生可以接触到不同的文化、思维方式和知识体系，从而开阔自己的视野。这对于培养学生的综合素质和创新能力具有重要意义。

因此，学校应该积极探索和实践教育理念和方法，为培养具有国际视野和创新能力的人才做出更大的贡献。

---

① 彭秀芳.高等职业教育与国际教育水平接轨若干问题的思考与探索[J].教育理论与实践，2005（12）：21-23.

② KNIGHT J.Internationalization remodeled：definition, approaches, and rationales[J]. *Journal of studies in international education*，2004，8（1）：5-31.

第二节 高职院校课程体系改革的方向

要想提升学生的综合素质,高职院校课程体系改革方向必须明确。高职院校课程体系改革的方向如下:

一、以职业能力为导向

课程体系的设计应该紧密围绕职业能力的培养,以提升学生的实践能力和职业技能为核心目标。[1] 通过与各行各业的优秀企业进行深度合作,教育者可以更好地了解行业的需求和趋势,将这些实际工作场景和任务有机地融入课程内容中,使学生在学习过程中能够逐步掌握职业所需的各项能力。[2] 这样的课程体系不仅能够帮助学生在毕业后更好地适应企业需求,也能够为他们未来的职业发展奠定坚实的基础。

在课程设计过程中,教育者需要注重实践性和应用性。这意味着课程内容应该包括实际案例、项目和实践操作等,以便学生能够将所学知识应用到实际工作中。[3] 同时,教育者需要注重课程的系统性和完整性,确保学生能够全面掌握职业所需的各项能力。[4]

此外,教育者还需要注重课程的更新和改进。随着行业的发展和变化,

---

[1] 崔秀敏,李显宁. 构建以职业能力为本位的高职课程体系[J]. 中国成人教育,2008(1):100−101.

[2] BILLETT S. *Learning in the workplace: strategies for effective practice*[M]. Sydney: Allen & Unwin, 2001:12.

[3] GIJBELS D, DONCHE V RICHARDSON J T E, et al. *Learning patterns in higher education: dimensions and research perspectives*[M]. New York: Routledge, 2014:13.

[4] BIGGS J, TANG C, KENNEDY G. *Teaching for quality learning at university 5e*[M]. New York: McGraw-hill education (UK), 2022:12.

职业所需的能力也在不断变化。因此，教育者需要不断更新课程内容，以适应行业的需求和趋势。[①] 同时，教育者需要不断改进教学方法和手段，以更好地激发学生的学习兴趣和积极性。

二、强调综合素质培养

除了职业能力，课程体系还应注重学生综合素质的培养，综合素质包括但不限于沟通能力、团队协作能力、问题解决能力以及创新精神等。这些能力对于学生的未来职业发展至关重要，因此，在课程体系设计中应该注重对这些能力的培养。

为了提升学生的沟通能力，可以开设专门的沟通技巧课程，教授学生如何清晰、准确地表达自己的观点，以及如何倾听和理解他人的观点。同时，可以组织团队讨论、演讲比赛等活动，让学生在实际应用中锻炼自己的沟通能力。

为了培养学生的团队协作能力，可以开设团队建设课程，教授学生如何与他人合作、如何解决团队冲突、如何协调团队成员之间的关系等。此外，可以组织一些团队活动，让学生在实践中体验团队协作的重要性。

为了提高学生解决问题的能力，可以开设问题解决课程，教授学生如何分析问题、如何寻找解决方案、如何实施解决方案等。同时，可以组织案例分析等活动，让学生在实践中锻炼自己的问题解决能力。

为了激发学生的创新精神，可以开设创新思维课程，教授学生如何从不同角度思考问题、如何寻找新的解决方案、如何尝试新的方法等。此外，可以组织创新竞赛等活动，让学生在实践中体验创新的乐趣和价值。

通过以上措施，可以全面提升学生的综合素质，为他们的未来职业发展打下坚实的基础。

---

① BROWN G T L, HARRIS L R, HARNETT J.Teacher beliefs about feedback within an assessment for learning environment: endorsement of improved learning over student well-being[J].*Teaching and teacher education*，2012，28（7）：968-978.

三、跨学科整合

打破学科之间的壁垒,促进学科知识的整合,是当前教育领域的重要趋势。[1] 传统的学科划分方式已经无法满足现代社会对人才的需求,因此,学校需要打破学科之间的壁垒,将不同领域的知识进行整合,以培养具有全面素质和创新能力的人才。

开设跨学科课程是实现这一目标的重要途径。通过跨学科课程,学生可以接触到不同领域的知识,开阔自己的视野,培养跨学科思维能力。[2] 这种思维能力不仅有助于学生更好地理解各个学科的知识,还能够帮助学生从多个角度思考问题,提高解决问题的能力。

跨学科思维能力的培养对于学生的未来发展具有重要意义。在未来的社会中,许多问题都需要跨学科的知识来解决。因此,具备跨学科思维能力的学生将更加适应未来的社会需求,更容易在各个领域取得成功。

所以,打破学科之间的壁垒,促进学科知识的整合,开设跨学科课程,培养学生的跨学科思维能力,是当前教育领域的重要趋势。这将有助于培养具有全面素质和创新能力的人才,为未来的社会发展做出更大的贡献。

四、个性化学习

尊重学生的个体差异,提供个性化的学习路径和学习资源,是教育公平的重要体现。[3] 每个学生都有独特的兴趣、能力和学习需求,因此,教育者应该针对每个学生的特点,提供个性化的学习路径和学习资源,帮助他们充分发挥潜力。[4]

---

[1] KLEIA J T.*Creating interdisciplinary campus cultures*:*a model for strength and sustainability*[M].Hoboken:John Wiley & Sons,2010:25.

[2] REPKO A F.*Interdisciplinary research*:*process and theory*[M].Thousand Oaks:Sage Publications,2012:16.

[3] 权洁,李森.教学资源共享促进学生个性化学习的研究[J].济南职业学院学报,2018(6):22-23,32.

[4] TOMLINSON C A,ALLAN S D.*Leadership for differentiating schools & classrooms*[M].Alexandria:ASCD,2000:17.

为了满足学生不同的学习需求，教师应该采用灵活的教学模式，如在线学习、翻转课堂、项目式学习等多种形式，使学生能够根据自己的时间和节奏进行学习。同时，教师应该根据学生的实际情况，提供不同难度和深度的学习资源，使学生能够根据自己的水平和兴趣进行选择。

通过个性化的学习路径和学习资源，可以激发学生的学习兴趣和积极性。当学生感到自己被关注和理解时，他们会更加积极地投入学习中去。此外，个性化的学习路径和学习资源还可以帮助学生更好地理解和掌握知识，提高他们的学习效果和学习成绩。

五、实践教学与理论教学相结合

增加实践教学环节的比重是当前教育领域中备受关注的话题。[①] 实践教学环节不仅能够帮助学生更好地掌握知识和技能，还能够提高学生的实践能力和动手能力。

在传统的教学中，学生往往只是被动地接受知识，缺乏实践操作的机会。实践教学环节则能够让学生亲身体验知识的应用，加深对知识的理解和掌握。同时，实践教学环节能够培养学生的创新思维和实践能力，为其未来的职业发展打下坚实的基础。[②]

在增加实践教学环节的比重时，学校可以采取多种方式。首先，学校可以增加实践课程的时间和次数，让学生有更多的机会参与实践操作。其次，学校可以引入实践项目、实习、实验等，让学生在实践中掌握知识和技能。最后，学校还可以与企业合作，为学生提供更多的实践机会和资源。[③]

通过增加实践教学环节，学生可以更好地适应社会发展的需求，提高自身的竞争力和就业能力。同时，实践教学环节能够促进学校与企业的合作与

[①] 王军. 高等职业教育专业课程内容更新的思考[J]. 职业教育研究, 2022, 42（1）: 1-6.
[②] KOLB D A. *Experiential learning：experience as the source of learning and development*[M]. London: FT press, 2014: 15.
[③] SELINGO J J. *There is life after college：what parents and students should know about navigating school to prepare for the jobs of tomorrow*[M]. New York: Harper Collins Publisher, 2016: 15.

交流，为学校的发展注入新的活力和动力。因此，学校应该积极推广实践教学环节，让学生在实践中掌握知识和技能，为其未来的职业发展打下坚实的基础。

六、产教融合

加强与企业的合作，开展产教融合项目，将企业的实际项目引入课堂，使学生在真实的工作环境中学习和实践，提高学生的职业素养和就业竞争力。

产教融合将教育机构与产业界紧密联系在一起，共同培养符合市场需求的高素质人才。

通过产教融合，学生可以接触到更多的实际项目，了解行业的发展趋势和市场需求，从而更好地规划自己的职业生涯。同时，学生可以在实践中学习到更多的技能和知识，提高自己的综合素质和竞争力。

此外，产教融合还可以促进教育机构与企业的深度合作，共同探索人才培养的新模式和新途径。企业可以为教育机构提供实践机会和资源支持，帮助教育机构更好地培养符合市场需求的高素质人才。教育机构可以为企业提供人才支持和智力支持，帮助企业更好地发展。

七、国际化发展

加强国际化发展，引进国际先进教育理念和优质教育资源，提高学生的跨文化交流能力。

首先，引进国际先进教育理念是国际化发展的核心。这些理念包括以学生为中心的教学方式、注重实践和创新能力的培养、强调批判性思维和解决问题的能力等。通过将这些理念融入教育体系中，学校可以更好地培养学生的综合素质和创新能力，提高他们的国际竞争力。

其次，引进优质教育资源是国际化发展的重要保障。[1] 这包括优秀的师

---

[1] MARGINSON S.Dynamics of national and global competition in higher education[J]. *Higher education*，2006，52（1）：1-39.

资力量、先进的教学设施和丰富的课程资源等。通过与国际知名高校或教育机构合作，学校可以引进这些优质资源，为学生提供更好的学习环境和更多的学习机会。

最后，提高学生的跨文化交流能力是国际化发展的目标。通过参加国际交流项目、留学或参加国际比赛等方式，学生可以更好地了解不同文化背景下的教育体系和思维方式，从而提高自身的跨文化交流能力。[1] 同时，学校可以通过开设国际课程、推广国际语言和文化等方式，帮助学生更好地了解世界各地的文化和历史，开阔他们的国际视野。

加强国际化发展是提高我国教育质量和培养具有国际竞争力的人才的重要途径。学校应该积极引进国际先进教育理念和优质教育资源，提高学生的跨文化交流能力，为我国的教育事业做出更大的贡献。

八、终身学习

培养学生的自主学习能力和终身学习意识，使他们能够在毕业后继续更新知识和技能，适应职业生涯的持续发展。[2]

终身学习是一种积极的教育理念，它强调学生应该具备自主学习能力和终身学习意识。这种理念认为，教育并不仅仅是在学校里接受知识灌输，而是一个人不断自我提升、自我完善的过程。通过培养学生的自主学习能力和终身学习意识，他们可以更好地适应不断变化的社会和经济环境。因此，终身学习理念对于一个人的成长和发展具有重要意义。

通过以上方向的改革，高职院校课程体系可以更好地适应社会发展和行业需求，提高学生的综合素质和就业竞争力，为培养高素质技术技能人才奠定基础。

本章主要讨论了高职院校课程体系改革的内容和方向。改革方向包括以

---

[1] DEARDORFF D K.*The SAGE handbook of intercultural competence*[M].Thousand Oaks：Sage Publications，2009：15.

[2] CANDY P C.*Self-direction for lifelong learning：a comprehensive guide to theory and practice*[M].San Francisco：Jossey-Bass，1991：20.

职业能力为导向，强调综合素质培养、跨学科整合、个性化学习、实践教学与理论教学相结合、产教融合、国际化发展，以及终身学习。通过这些改革，可以提高学生的实际操作能力和解决问题的能力，培养他们的创新精神、自主学习能力和终身学习的意识。

第五章 高职院校教学方法改革

教学方法改革在提升高职学生综合素质方面扮演着至关重要的角色。通过引入生动有趣且实用的教学方式，不仅能激发学生的学习兴趣和学习动力，还能培养他们的自主学习能力和创新精神。[1] 同时，这种改革强调理论与实践相结合，有助于提高学生的实践能力和职业素养，为他们未来的职业发展奠定坚实基础。此外，教学方法改革也对教师提出了更高的要求，促使他们不断更新教学理念和提高教学技能，从而推动整个高职院校教学体系的改革与发展。因此，教学方法改革对于提升高职学生综合素质具有深远的意义。

第一节 高职院校教学现状与问题

我国职业教育发展相对滞后，现有的教学方法存在着一些不足和问题，主要有以下几类：

---

[1] CHICKERING A W, GAMSON Z F.Seven principles for good practice in undergraduate education[J].*AAHE bulletin*, 1987, 39（7）: 3-7.

一、教学方法相对单一

相对而言，我国高职院校的教学方法可能存在一定程度的单一性。传统的讲授式教学方法在高职院校中仍然占据主导地位，依赖教师的讲解和学生的被动接受。[①] 这种单一的教学方法限制了学生的主动性、创造性和实践能力的发展。

在传统教学环境下，学生常常扮演着听众的角色，而非积极的参与者，他们在知识构建的过程中鲜有参与机会。传统的讲授法往往忽略了师生间的交流互动，导致学生缺乏及时有效的反馈，进而影响其学习动力和自我调节能力的发展。此外，被动地接受知识会限制学生的提问、质疑和独立思考，这对培养他们的批判性和创造性思维极为不利。由于讲授法通常按照统一的进度进行，难以满足每个学生不同的兴趣，因此也难以实现个性化教学。总的来说，讲授法存在诸多弊端，需要寻求更加有效且符合现代教育理念的教学策略。

而造成这种状况的原因有很多，主要包括以下几个：

（一）历史传统

许多高职院校是由中专或技校升级改制而来的，其教学方法相对传统。这种传统的教学方法往往注重知识的传授，而忽视了学生实践能力和职业素养的培养。

然而，随着社会的快速发展和技术的不断进步，这种传统的教学方法已经无法满足现代教育的需求。因此，高职院校需要不断进行教育改革和创新，以适应时代的发展。

（二）教育资源不够丰富

高职院校与研究型大学在教育资源上存在一定的差距，这主要表现在师资力量和教学设施两个方面：

一方面，高职院校的师资力量相对较弱。由于历史因素，高职院校在招

---

① 康文珍. 在专业课教学中突出学生的主体地位[J]. 江西教育，2013（9）：63.

聘高水平教师方面存在一定的困难，导致其师资力量与研究型大学相比存在一定的差距。此外，高职院校的师资培训和进修机会也相对较少，这进一步限制了其师资力量的提升。

另一方面，高职院校的教学设施也相对落后。由于资金和资源有限，高职院校在教学设施的更新和升级方面存在一定的困难。这导致其教学设施无法满足一些先进教学方法的需求，从而限制了教学方法的多样化和创新。

（三）考核评价体系存在问题

当前，一些高职院校的考核评价体系可能存在一些问题。其中最突出的问题是过于注重理论知识，而忽视了对实践能力和创新能力的考查。这种考核方式会导致教师在教学过程中过于注重理论知识的传授，而忽略实践环节。

（四）学生特点

高职院校的学生通常在基础学科方面相对薄弱，对于理论学习的兴趣可能不如本科院校的学生。这使得教师在教学过程中更加注重实践性的教学方法，以弥补学生在理论学习方面的不足。然而，过度强调实践性教学方法可能导致教师忽略理论教学方法的创新和理论深度的挖掘。

理论教学是高职院校教学体系的重要组成部分，它为学生提供了学科的基本概念、原理和方法，为学生的实践操作提供了理论指导。因此，教师在教学过程中应该注重理论教学方法的创新，通过引入新的教学理念、技术和手段，提高理论教学的趣味性和实效性。

同时，教师应该注重理论深度的挖掘，引导学生深入探究学科的本质和规律，培养学生的理论思维和创新能力。只有将理论与实践相结合，才能更好地提升学生的综合素质，为他们的未来发展打下坚实的基础。

因此，在高职院校的教学过程中，教师需要平衡实践教学和理论教学，既要注重实践性的教学方法，也要注重理论教学方法的创新和理论深度的挖掘，以全面提升学生的综合素质。[①]

二、实践教学环节存在不足

高职院校的教学目标是培养应用型人才，因此实践教学环节至关重要。实践教学是高职院校教学体系的重要组成部分，是提高学生实践能力和职业素养的重要途径。然而，目前高职院校的实践教学环节存在不足，如实验设备陈旧、实验课程设置不合理、实践基地建设不足等，这些问题严重影响了学生的实践能力和职业素养的提升。

（一）实验设备陈旧

许多学校的实验设备已经使用了多年，甚至有些设备已经超过了使用年限。这些老旧的设备不仅影响了实验的效果，还可能对学生的安全造成威胁。[②] 因此，高职院校需要加大对实验设备的投入，及时更新和升级实验设备，确保学生能够在良好的实验环境中进行实践操作。

（二）实验课程设置不合理

一些学校的实验课程设置过于简单，缺乏挑战性和实用性，无法满足学生的实际需求。[③] 这种状况不仅影响了学生的学习效果，还可能影响他们未来的职业发展。因此，高职院校需要加强对实验课程的优化，以提高学生的实践能力和解决问题的能力。

同时，学校应该注重实验课程的多样性和综合性，加强对实验课程的监督和管理，确保实验课程的教学质量和效果。

[①] GUSKEY T R.Professional development and teacher change[J].*Teachers and teaching*, 2002, 8（3）：381-391.

[②] 郭俊炜，阮班录，徐德乾，等.高职院校农林类专业实践教学的现状与对策[J].中国农学通报，2009, 25（23）：500-504.

[③] 吴常梅.高职院校物流实验平台建设研究[J].物流工程与管理，2019, 41（10）：168-170.

（三）实践基地建设不足

实践基地是高职院校不可或缺的一部分，是学生进行实践活动的重要场所。然而，一些学校的实践基地较少，无法满足学生的实际需求。[①] 为了解决这个问题，高职院校需要加大对实践基地的投入，加强实践基地的建设和管理，为学生提供更多的实践机会和更好的实践环境。

综上所述，高职院校的实践教学环节存在不足，需要采取措施加以改进和完善。高职院校需要加大对实验设备的投入、优化实验课程设置、加强实践基地建设等，这样有助于提高学生的实践能力和职业素养，还能为培养应用型人才做出更大的贡献。

三、信息化教学应用不足

随着信息技术的飞速发展，信息化教学已经成为高职院校教学的重要趋势。然而，当前高职院校在信息化教学应用方面仍存在一些不足，这些问题制约了信息化教学的充分发挥。

（一）信息化教学资源建设不足

尽管许多高职院校已经开始了数字化教学资源建设，但这些资源的质量和数量都远远不能满足教学的需求。[②] 这是一个普遍存在的问题，也是当前高职院校教学体系改革中的一大难题。

（二）信息化教学平台不完善

目前，一些高职院校的信息化教学平台功能单一，缺乏互动性，无法满足学生的学习需求。[③] 这主要是由于一些高职院校在建设信息化教学平台

---

① 陈乐，俞立平.高职院校实践教学基地建设若干问题探讨[J].中国科教创新导刊，2009（1）：110-111.

② 成冬梅.高职院校数字化教育资源的建设、共享现状与构建模式研究[J].中国职业技术教育，2016（2）：88-92.

③ 芦梅.大数据背景下高职院校教学质量评价体系研究[J].科教导刊，2023（10）：14-16.

时，缺乏对教学需求和学生学习特点的深入了解，导致平台功能与实际需求脱节。

首先，信息化教学平台的功能单一。一些高职院校的信息化教学平台只是简单地实现了教学资源的在线展示和下载，缺乏对学生学习过程的跟踪、评估和反馈等功能。这使得学生在学习过程中无法及时了解自己的学习进度和成果，也无法及时调整自己的学习策略和方法。

其次，信息化教学平台的互动性不足。一些高职院校的信息化教学平台缺乏有效的互动机制，学生与教师、学生与学生之间的交流和互动较少。这使得学生在学习过程中遇到问题时无法及时得到帮助和指导，也限制了学生之间的合作学习和交流。

最后，一些平台的操作复杂，教师需要花费大量时间学习和掌握。一些高职院校的信息化教学平台在设计和开发时没有充分考虑到教师的使用习惯和需求，导致教师在使用过程中需要花费大量的时间和精力去学习和掌握平台的使用方法。这不仅增加了教师的负担，也影响教师对信息化教学的使用。

总之，高职院校的信息化教学平台是提升学生综合素质的重要工具。虽然目前存在一些问题和挑战，但只要学校加强投入、增加功能、加强培训和技术支持、加强与企业的合作，就能够为学生提供更好的教学资源，为学生的未来发展打下坚实的基础。同时，学校可以提高教师采用信息化教学的积极性，推动高职院校教学体系改革和发展。

（三）教师信息化教学能力不足

虽然许多教师已经意识到了信息化教学的重要性，但由于缺乏相关的技能和知识，他们无法有效地利用信息技术手段进行教学。[1] 这成为高职院校教学体系改革中的一大难题。

提高教师的信息化教学能力是高职院校亟待解决的问题之一。通过加强

---

[1] 杨贝艺. 高职院校教师信息化能力提升路径探析 [J]. 教育现代化，2016，3（25）：87-88.

对教师的培训和技术支持、建立完善的信息化教学评价体系、加强与企业的合作等措施，可以帮助教师更好地使用信息技术手段进行教学，提高教学效果和学生的综合素质。这样也可以推动高职院校教学体系改革和发展，为培养更多高素质的应用型人才做出贡献。

总之，随着信息技术的不断发展，高职院校需要不断完善信息化教学，提高教学效果。通过加强数字化教学资源建设、完善信息化教学平台以及提高教师信息化教学能力等措施，高职院校可以充分发挥信息化教学的优势，培养出更多高素质的人才。

四、理论与实践脱节

高职院校教学方法中理论与实践脱节的问题确实存在，这主要是由于受到一些传统的教学理念和模式的影响。

因此，教师在教学过程中应该注重理论知识和实践能力的平衡。通过引入实际案例、组织实践活动等方式，帮助学生将理论知识应用到实践中去，提高他们的实践能力和职业素养。同时，教师应该注重培养学生的创新思维和团队协作精神，为他们未来的职业发展打下更坚实的基础。

而学校可以通过加强与企业的合作、增加实践教学的比重、改进教学方法和手段等措施，让学生更好地将所学知识应用到实际工作中去，提高他们的职业竞争力。

五、存在应试教育倾向

高职院校教学存在的应试教育倾向是一个值得关注的问题。应试教育倾向指的是在教学过程中过分强调考试成绩，而忽视了学生实际能力和综合素质的培养。在高职院校中，这种应试教育倾向往往表现为教师过于注重知识的灌输和考试的准备，而忽略了对学生实践能力和创新思维的培养。

应试教育倾向的存在，不仅会影响学生的学习效果和综合素质的提升，还会对他们的未来职业发展产生不良影响。因此，高职院校需要采取一系列措施来消除应试教育倾向，推动教学方法改革和创新。

高职院校教学存在应试教育倾向的原因如下：

（一）传统教育观念的影响

中国传统的应试教育模式重视考试成绩和排名，这种观念可能深植于高职院校中。在高职院校中，教师往往采用传统的讲授方式，注重知识的灌输和记忆，而忽视了学生思考能力和实践能力的培养。这种教学方法不仅不利于学生的全面发展，还可能导致学生对学习产生厌倦和抵触情绪。

（二）就业压力的迫使

高职院校的学生未来将步入就业市场，面临着激烈的竞争和巨大的就业压力。为了增加学生的就业机会，学校可能会采取应试教育的方式来提高学生的技能水平和考试成绩。[①] 在应试教育中，学生往往只是按照固定的模式和思路去解决问题，缺乏独立思考和创新的能力。这使得学生在未来的工作中难以应对新的挑战和问题，也难以在工作中发挥创造力和创新精神。

应试教育并不是高职院校培养学生的最佳方式。学校应该采取更加全面的教育方式来培养学生的综合素质和实际能力，为学生的未来发展打下坚实的基础。

（三）教育资源的分配

在中国，教育资源的分配往往是根据考试成绩来决定的。这种分配方式导致高职院校更加注重考试考核，进而对教学方法产生影响。[②]

考试成绩在教育资源分配中的重要性，使得高职院校更加关注学生的考试成绩。为了获得更多的教育资源，高职院校会更加注重考试考核，而这又会进一步影响教学方法。

[①] 张晓东.高等职业教育课程体系改革的思考 [J].职教论坛，2002（4）：4-6.

[②] 吴凤彬."慕课"背景下的高职院校教育教学改革探索 [J].教育与职业，2015（3）：44-45.

(四)评价体系问题

目前的评价体系可能存在一些问题,其中最主要的问题是只关注考试成绩,而忽略了对学生创新能力和实践能力的培养。[1] 这种评价体系迫使高职院校采取应试教育方式来提升学生的考试成绩,而不是注重培养学生的综合素质和实际能力。

首先,只关注考试成绩的评价体系会导致学生过于注重考试内容,而忽略其他重要的知识和技能。这样一来,学生可能只是机械地记忆知识点,而没有真正理解其中的含义和逻辑,更没有掌握实际应用的能力。

其次,这种评价体系也会抑制学生创新能力和实践能力的发展。因为学生没有机会接触到实际的问题和场景,没有实践的机会,也就无法培养出创新和实践的能力。

目前的评价体系存在一些问题,需要对其进行改革。学校应该注重培养学生的综合素质和实际能力,而不是只关注考试成绩。只有这样,才能培养出真正的人才,为社会做出更大的贡献。

(五)课程设置存在问题

在当今的教育领域,高职院校作为培养技术技能人才的重要基地,其课程设置对于学生的个性化学习和全面发展具有重要意义。然而,一些高职院校在课程设置上可能存在不够灵活的问题,无法完全满足学生个性化学习和发展的需求,导致教学方法单一,倾向于应试教育。

高职院校的课程设置往往受到传统教育观念和体制的影响,缺乏对市场需求和学生个性化需求的充分考虑。[2] 在课程设置上,往往注重学科知识的系统性和完整性,而忽视了学生的兴趣、特长和职业规划。这种课程设置方式容易导致教学方法单一,以教师为中心,缺乏学生的参与和互动,无法满

---

[1] 刘玉洁. 树立以能力测试为中心的现代考试观:高职专业考试改革实践与探讨 [J]. 中国科技博览, 2009 (4): 21-22.

[2] 吴建荣, 韩昆. 高职市场营销专业实践课程体系开发与实施浅析:以重庆工商职业学院为例 [J]. 成功(教育), 2009 (10): 56-57.

足学生个性化学习和发展的需求。

要想解决课程设置不够灵活等问题，高职院校需要加强市场调研和职业分析，注重实践能力和创新思维的培养，加强师资队伍建设等，为学生的个性化学习和全面发展提供更好的支持和服务。

（六）学生及家长期望

学生和家长可能更看重考试成绩和文凭，这种社会期望促使学校倾向于采取应试教育方式来提升学生的成绩和毕业文凭的含金量。

（七）教师评价机制不合理

教师的工作评价和晋升与学生的考试成绩紧密相关，这种关联可能导致教师倾向于采用应试教育的方法来教学，因为这种方法往往能够迅速提高学生的学习成绩，从而为教师带来更好的工作评价和晋升机会。

然而，这种应试教育的方法往往忽略了对学生全面素质的培养，导致学生缺乏创新思维和实践能力。因此，学校应该重新审视教师的工作评价和晋升机制，以确保其更加科学、全面和公正。

学校应该从多个方面入手，建立科学、全面、公正的教师工作评价和晋升机制，以促进教育健康发展。

（八）校企合作、工学结合

高职院校作为培养技术技能人才的重要基地，其教学水平和质量对于学生的职业发展具有重要影响。然而，在实际的教学过程中，高职院校往往面临着一些挑战，使得教学方法和内容难以完全符合企业的实际需求。

首先，高职院校与企业之间的合作往往受到多种因素的影响。虽然高职院校强调校企合作和工学结合，但在实际执行中，由于企业与学校之间的利益诉求不同，以及学校与企业之间的沟通不畅，导致合作难以深入进行。此外，一些企业对于学生的实习和实训缺乏足够的重视和支持，也使得校企合作的效果大打折扣。

其次，高职院校的教学方法和内容往往与企业的实际需求存在一定的差距。一些高职院校的教学内容过于理论化，缺乏实践性和应用性，难以满足企业的实际需求。同时，一些高职院校的教学方法过于传统，缺乏创新性和灵活性，也难以适应企业的快速发展。

高职院校的教学方法和内容需要不断适应企业的实际需求和发展趋势。只有加强与企业的合作和沟通，加强实践教学和实训基地建设，以及加强教学方法的改革和创新，才能培养出更加符合市场需求的技术技能人才。

以上因素都可能促使高职院校教学存在应试教育倾向，需要学校、教师、学生、家长以及相关部门共同努力，改革和完善教育制度，促进高职教育向更加重视实践能力和创新能力的方向转变。

六、个性化教学缺失

在高职院校教学中，个性化教学缺失是一个值得关注的问题。个性化教学是一种针对每个学生不同的学习需求和能力特点，采用不同的教学方法和手段，以最大限度地满足学生个性化需求的教学方式。然而，在高职院校中，由于各种因素的影响，个性化教学往往难以得到充分实施。

高职院校的学生来源多样，包括高中毕业生、中专生、技校生等，他们的知识基础和学习能力存在较大的差异。[1]如果采用相同的教学方法和内容，很难满足不同学生的需求，导致部分学生感到学习困难，部分学生则感到学习内容过于简单。

此外，高职院校的教学理念也可能会影响个性化教学的实施。一些教师可能更注重知识的传授和技能的训练，而忽视了学生的个体差异和学习需求。在这种情况下，个性化教学可能会被忽视，导致学生学习效果不好。

个性化教学是高职院校教学方法中不可或缺的一部分。通过建立多元化的教学模式、加强教学资源建设和更新教学理念等措施，可以有效地解决个性化教学缺失的问题，提高教学质量，改善教学效果。

本节主要讨论了高职院校教学中存在的问题，包括教学方法相对单一、

---

[1] 刘学才，涂文珍.高职院校学生数学素质调查分析与对策：以湖北职业技术学院为例[J].课程教育研究（学法教法研究），2016（25）：23-24.

实践教学环节存在不足、信息化教学应用不足、理论与实践脱节、存在应试教育倾向和个性化教学缺失等。要想解决这些问题，高职院校需要加大投入、优化资源分配、改革教育制度、加强师资队伍建设、改进评价体系等，以提高教学质量，培养更多具备实践能力和创新精神的技术技能人才。

第二节 国外先进的教学理念与方法介绍

借鉴国外先进的职业教学理念与方法对于中国高等职业教育提升学生综合素质是非常必要的。在学习和借鉴过程中坚持批判性、独立自主性和与中华优秀传统文化相结合，是高职院校必须坚持的原则。

一、德国职业教育教学理念与方法

德国职业教育具有悠久的历史和完善的体系，在国际上享有盛誉。德国职业教育的教学理念与教学方法具有鲜明的特色，主要体现在以下几个方面：

（一）教学理念

1. 以学生为中心

德国职业教育的教学理念是"以学生为中心"，这一理念强调在教学过程中，学生是学习的主体，教师则是学生学习的引导者和辅助者。这种理念注重培养学生的主体性，鼓励学生主动参与学习过程，发挥自己的主观能动性。

在德国职业教育中，教师的作用不仅仅是传授知识，更重要的是引导学生学习。教师要尊重学生的学习意愿和个性差异，根据学生的实际情况和学习需求，制订合适的教学计划。同时，教师要激发学生的学习兴趣，让学生对学习产生积极的情感态度，从而更好地掌握知识和技能。

这种"以学生为中心"的教学理念，有助于培养学生的自主学习能力和终身学习的意识。学生通过主动参与学习过程，可以更好地理解知识、掌握技能，并且能够独立思考、解决问题。这对于学生的个人发展和社会适应都具有重要的意义。

此外，德国职业教育还注重实践教学和理论教学的结合。学校通常会提供实践性的教学环节，让学生在实际操作中学习和掌握知识。这种教学方式可以帮助学生更好地理解和应用所学知识，提高其实践能力和创新思维。

总之，德国职业教育"以学生为中心"的教学理念，注重培养学生的主体性和自主学习能力，同时注重实践教学和理论教学的结合。这种教学理念对于提高学生的综合素质和社会适应能力具有重要的意义。

2.以问题为导向

德国职业教育注重以问题为导向，培养学生解决问题的能力。在德国职业教育的课堂中，教师通常会提出问题，引导学生思考，并在思考的基础上进行学习。这种教学方式可以激发学生的学习兴趣，提高学生学习的积极性。同时，教师会鼓励学生提出自己的问题和想法，让学生参与到课堂教学中来，从而培养学生的自主学习能力和创新思维。

3.以实践为抓手

德国职业教育注重实践能力的培养，这是其教育体系的一大特色。在德国的职业教育中，实践能力的培养是至关重要的，因为这有助于学生更好地适应未来的职业环境。[①]

德国职业教育采用"双元制"模式，这种模式的特点是学生在学校学习理论知识的同时，还要在企业进行实习。这种模式将理论与实践相结合，使学生能够更好地理解和应用所学的知识。

在德国的职业教育中，学生通常会在学校学习一段时间，然后去企业实

---

① 陈苡.基于德国职业教育模式的实践教学改革探索与实践[J].现代职业教育，2020（41）：34-36.

习一段时间。这种交替进行的学习方式有助于学生更好地了解职业环境，提高其实践能力。

在实习期间，学生通常会接触到实际的工作任务，并需要在指导下完成。这种实习经历有助于学生了解职业环境，提高其解决问题的能力，并增强其自信心。

此外，德国的职业教育还注重培养学生的团队合作和沟通能力。在实习期间，学生通常需要与同事、上级和客户进行沟通和合作，这有助于他们提高团队合作和沟通能力。

总的来说，德国的职业教育注重实践能力的培养，采用"双元制"模式将理论与实践相结合。这种教育方式有助于学生更好地适应未来的职业环境，提高其解决问题的能力和自信心。

4. 以创新为目标

德国职业教育注重培养学生的创新精神。[①] 德国职业教育鼓励学生进行创新性学习，并为学生创新提供平台。在教学过程中，教师要引导学生进行批判性思考，培养学生的创新思维。

德国职业教育注重培养学生的创新精神，这一理念贯穿整个教育体系中。在德国，职业教育被视为国家经济发展的重要支柱，因此，培养学生的创新精神成为职业教育的重要任务。

德国职业教育鼓励学生进行创新性学习。在教学过程中，教师注重学生的主体性，鼓励学生主动探索、发现问题、解决问题。教师会引导学生进行独立思考，培养学生的创新思维和解决问题的能力。

同时，德国职业教育为学生创新提供平台。学校会设立各种实验室、工作室，让学生有机会亲身实践，将理论知识转化为实际操作。这些平台不仅让学生有机会发挥自己的创造力，还培养了学生的团队协作能力和领导能力。

---

① 肖春芳.德国职业教育对我国高职学生综合职业能力培养的启示[J].河北职业教育，2015，11（10）：11-12.

在德国职业教育中，教师还注重引导学生进行批判性思考。学生不仅需要掌握知识，还需要学会对知识进行评估和判断。这种思考方式有助于学生更好地应对复杂多变的社会环境。

总之，德国职业教育注重培养学生的创新精神，通过鼓励学生进行创新性学习、提供实践平台和引导学生进行批判性思考等方式，培养学生的创新思维和解决问题的能力。这种教育理念不仅有助于德国经济的发展，也为全球职业教育提供了有益的借鉴。

（二）教学方法

具体来说，德国职业教育中的一些先进教学方法包括：

1. 项目教学法

项目教学法是一种以项目为核心的教学方法，通过让学生亲身参与项目实践，学习并掌握相关的知识和技能。这种教学方法不仅注重知识的传授，更注重能力的培养，可以有效地提高学生的综合能力。[1]

首先，项目教学法可以培养学生解决问题的能力。在项目实践中，学生会遇到各种问题和挑战，需要运用所学知识和技能去解决。通过不断解决问题，学生的思维能力、分析能力和解决问题的能力都会得到锻炼和提高。

其次，项目教学法可以培养学生的协作能力。在项目实践中，学生需要与其他同学一起合作，共同完成任务。这种合作过程可以让学生学会如何与他人沟通、协调、合作，从而培养出良好的团队协作精神。

此外，项目教学法还可以培养学生的沟通能力。在项目实践中，学生需要与团队成员、教师、客户等进行沟通，以达成共识和解决问题。这种沟通过程可以让学生学会如何表达自己的观点、倾听他人的意见，从而培养出良好的沟通能力。

综上所述，项目教学法是一种非常有效的教学方法，可以培养学生的综

---

[1] BLUMENFELD P C, SOLOWAY E, MARX R W, et al.Motivating project-based learning: sustaining the doing, supporting the learning[J]. *Educational psychologist*, 1991, 26（3/4）: 369-398.

合能力。在未来的教育实践中，教育者应该更加注重项目教学法的应用，让学生在实践中学习、成长，成为具有创新精神和实践能力的人才。

2. 案例教学法

案例教学法是一种通过分析真实的案例来让学生学习知识和技能的教学方法。

在案例教学法中，教师会提供一些真实的案例，让学生进行分析和讨论。这些案例通常涉及一些实际问题或情境，学生需要运用所学的知识和技能来解决问题。通过这种方式，学生可以更好地理解和掌握所学的知识，并且能够更好地应用这些知识来解决实际问题。

案例教学法可以培养学生分析问题和解决问题的能力。在分析案例的过程中，学生需要运用自己的思维能力和判断力，对案例进行深入的分析和思考。同时，学生需要与他人进行讨论和交流，这有助于提高学生的沟通能力和团队协作能力。

此外，案例教学法还可以帮助学生更好地了解实际工作和生活中的问题。通过分析真实的案例，学生可以更好地了解实际问题和情境，并且能够更好地应用所学的知识和技能来解决问题。

因此，案例教学法是一种非常有效的教学方法，可以帮助学生更好地学习和掌握知识，并且能够提高学生分析问题和解决问题的能力。

3. 模拟教学法

模拟教学法是一种通过模拟真实的工作环境来让学生学习知识和技能的教学方法。它通过模拟实际工作场景，让学生在实际操作中学习和掌握知识与技能，从而培养学生的实践能力。[1]

模拟教学法的优点在于，它能够提供一种真实的工作环境，让学生在实际操作中学习和掌握知识与技能。这种教学方法可以帮助学生更好地理解理

---

[1] KOLB A Y, KOLB D A.Learning styles and learning spaces: enhancing experiential learning in higher education[J]. *Academy of management learning & education*, 2005, 4（2）: 193-212.

论知识，并将其应用于实际工作中。此外，模拟教学法还可以帮助学生培养解决问题的能力，提高他们的沟通技巧和团队合作能力。

在模拟教学法中，教师通常会提供一些模拟场景和任务，让学生在实际操作中学习和掌握知识与技能。这些场景和任务通常会涉及实际工作中的问题和挑战，从而帮助学生更好地了解实际工作的要求和流程。①

此外，在模拟教学法中，学生还可以通过自我探索和实践来进一步学习和掌握知识与技能。例如，学生可以自行设计一些模拟场景和任务，或者通过参加一些实践活动来提高自己的实践能力。

4.探究式教学法

探究式教学法通常以问题为导向，引导学生主动寻找答案。在这个过程中，学生需要运用自己的思维能力和创造力，通过收集资料、进行实验、观察结果等方式来解决问题。这种教学方式可以让学生更加深入地理解知识，并且能够将所学知识应用到实际生活中。

探究式教学法有助于培养学生的自主学习能力。在这个过程中，学生需要自己制订学习计划，安排学习时间，并且对自己的学习成果进行评估。这种教学方式可以让学生更加自主地掌控自己的学习过程，并且能够提高他们的自我管理和自我约束能力。

此外，探究式教学法还有助于培养学生的创新思维和批判性思维。在这个过程中，学生需要不断提出新的想法和解决方案，并且需要对不同的观点进行评估和比较。这种教学方式可以让学生更加开放地思考问题，并且能够提高他们的创新能力和批判性思维能力。

综上，探究式教学法是一种非常有效的教学方式，它不仅可以帮助学生掌握知识和技能，还可以培养他们的独立思考和解决问题的能力。因此，教育者应该在教育实践中积极推广和应用探究式教学法，为学生提供更加优质的教学体验。

---

① BARROWS H S.Problem-based learning in medicine and beyond: a brief overview[J]. *New directions for teaching and learning*，1996，1996（68）：3-12.

这些教学方法可以有效培养学生的综合素质，提高学生的学习能力和就业竞争力。

以上教学理念和方法共同构成了德国职业教育的独特体系，强调实践、与行业合作以及学生个性发展。其可以为其他国家和地区的职业教育提供借鉴和启示。通过了解这些教学理念和方法，人们可以更好地了解德国职业教育的成功之处，并探索如何将其应用到其他教育环境中。

二、美国职业教育教学理念与方法

美国职业教育的理念和教学方法不断发展，以适应快速变化的技术和经济环境。该部分通过 9 篇关于美国职业教育的文献，探讨了项目化学习、学习过程、技能缺口、差异化教学、文化响应型教育、图形组织工具、适应就业市场变化、个性化学习路径以及问题驱动学习等关键议题。

Bosshardt 强调了项目化学习在培养批判性思维和解决问题能力方面的重要性。这种学习方法通过让学生在实际情境中运用知识，促进了深层次的学习。Bransford、Brown & Cocking 则从脑科学和心理学的角度分析了学习过程，提倡提供丰富的实践经验来促进学习。Grubb 对美国工人技能缺口的探讨，为职业教育提供了方向，即如何培养学生适应职场需求的技能。

Guskey 提出了差异化教学的概念，这对于职业教育尤为重要，因为它强调满足所有学生的需求，无论他们的学习风格和能力水平如何。Hong & Kise 通过批判性回顾，强调了在职业教育中融入文化元素的重要性，以更好地满足学生的多样化需求。Kiewra 讨论了图形组织工具在教学中的应用，这些工具对于帮助学生理解和组织复杂信息非常有用。

McFarland & Vatter 关注职业教育如何适应快速变化的就业市场，提出职业教育需要不断调整，以满足市场需求。McFadyen & Leachman 探讨了在职业技术教育中设计个性化学习路径的方法，以满足学生的个性化需求。Savery 介绍了问题驱动学习，这是一种有效的学习方法，能够培养学生的实际问题解决能力。

这些文献共同描绘了美国职业教育的多维图景,强调了适应性和创新性的重要性。项目化学习、差异化教学和问题驱动学习等方法被证明是有效的,它们不仅能够提高学生的参与度,还能够培养他们在未来职场中所需的关键技能。文化响应型教育和个性化学习路径的提出,反映了对教育公平和多样性的重视。职业教育的挑战在于如何快速响应技术和社会的变化,以及如何确保学生能够获得与市场需求相匹配的技能。这些文献为职业教育的实践者和策略制定者提供了宝贵的见解和策略。

三、日本职业教育教学理念与方法

日本职业教育具有悠久的历史和鲜明的特色,在国际上享有盛誉。在日本,职业教育注重培养学生的实际技能、职业素养和社会适应能力。[1]

日本职业教育强调理论知识与实际操作相结合,通过实验、实习和项目等实践性活动,提高学生的实际应用能力。学校与企业合作,为学生提供实习机会,使他们在真实职场环境中获得实践经验。实习期间,学生能够学习职场礼仪、沟通技巧。

此外,日本职业教育还注重跨学科教学和终身学习,以适应技术和社会变革。学生能够在学业和职业规划上得到专业导师的指导,通过定期会议,帮助学生设定目标、解决问题,并提供实用的职业建议。

日本式"工匠精神"也是其职业教育的一大特色,强调对工作的热情和责任感,使学生对自己的专业充满自豪感。同时,通过社会实践和公益活动,培养学生的社会责任感和团队协作精神。

在就业方面,学校提供全方位的就业支持,包括职业咨询、模拟面试等服务,帮助学生制定职业规划,了解行业动态,提高就业竞争力。[2]

这些教学理念和方法共同构建了日本职业教育的特色,旨在培养学生面

---

[1] 孙颖,刘红,杨英英.日本职业教育质量外部评价的经验与启示:以高等专门学校为例[J].外国教育研究,2014(5):33-39.
[2] 尹金金.德、美、日职业教育校企合作制度比较研究:基于历史视角与特征的分析[J].职业技术教育,2011,32(19):86-89.

向职业领域的实际技能，并提升他们的综合素养。日本职业教育的教学理念与教学方法主要体现在以下几个方面：

（一）教学理念

1. 技能标准和职业认证

教学内容和评估标准紧密结合职业需求，确保学生掌握符合行业标准的实际技能。引入职业认证，帮助学生在特定领域获得权威认可。[1]

在现代社会，职业认证已经成为衡量个人技能水平的重要标准，因此，引入职业认证是必要的。

首先，教学内容和评估标准紧密结合职业需求，可以确保学生掌握的实际技能符合行业标准。[2] 在教育过程中，教师需要了解行业的需求和标准，然后将这些需求和标准融入教学内容中。同时，评估标准需要与行业标准相匹配，以确保学生掌握的技能是符合行业要求的。

其次，引入职业认证可以帮助学生获得权威认可。职业认证团队通常由行业专家组成，他们会对申请者的技能水平进行评估，并颁发相应的证书。这些证书可以作为学生就业的重要依据，也可以作为学生提升技能水平的重要参考。[3]

此外，职业认证还可以促进教育机构与企业的合作。教育机构可以通过与企业合作，了解企业的需求和标准，然后将这些需求和标准融入教学内容中。企业也可以与教育机构合作，共同培养符合企业需求的人才。

引入职业认证还可以提高教育的公平性和公正性。在传统的教育评估中，往往存在主观性和片面性的问题。职业认证则是由行业专家进行评估的，评估结果更加客观、公正。

---

[1] 尹金金.德、美、日职业教育校企合作制度比较研究：基于历史视角与特征的分析[J]. 职业技术教育，2011，32（19）：86-89.

[2] 蒋春洋.国际视野下的中高等职业教育衔接：模式、特征与启示[J].现代教育管理，2014（4）：100-104.

[3] 同上.

综上所述，教学内容和评估标准紧密结合职业需求，引入职业认证是必要的。这不仅可以确保学生掌握符合行业标准的实际技能，还可以帮助学生获得权威认可，促进教育机构与企业的合作，以及提高教育的公平性和公正性。

2.理论与实践相结合

理论知识是基础，但仅仅掌握理论知识是不够的，学生还需要具备实际操作的能力。因此，教学应该注重理论与实践相结合，使学生能够将所学知识应用到实际工作中。

要想实现这一目标，学校应该提供多种实践性活动，如实验、实习和项目等。这些活动可以帮助学生将所学知识应用到实际场景中，提高他们的实际应用能力。

实验是教学活动中基础的实践性活动之一。通过实验，学生可以亲手操作，验证所学的理论知识，加深对知识的理解。同时，实验可以培养学生的观察能力、分析能力和解决问题的能力。

实习是一种更加深入的实践性活动，学生可以在实习期间深入企业或机构中，了解实际工作的流程和要求。通过实习，学生可以了解到所学知识在实际工作中的应用，提高他们的实际操作能力。

项目是一种更加综合性的实践性活动，学生需要运用所学的知识和技能来完成实际项目。通过项目，学生可以锻炼自己的团队协作能力、创新能力和解决问题的能力。

教学注重理论知识与实际操作的结合是非常必要的。通过实验、实习和项目等实践性活动，可以提高学生的实际应用能力，为他们未来的职业发展打下坚实的基础。

3.学校和企业合作

学校与企业合作，为学生提供实习机会，是一项非常有益的举措。

首先，实习为学生提供了实践经验。在实习期间，学生可以亲身参与到企业的日常工作中，了解职场的工作流程和规范，掌握实际操作技能。这种实践经验不仅有助于学生巩固所学的理论知识，还能够培养他们的实际工作能力。

其次，实习有助于学生学习职场礼仪和沟通技巧。在职场中，礼仪和沟通是非常重要的。通过实习，学生可以学习到如何与同事、上级和客户进行有效的沟通和交流，掌握职场礼仪。这些对于其未来的职业发展至关重要，能够帮助学生更好地适应职场环境。

最后，实习还有助于培养学生的团队协作能力。在实习期间，学生需要与同事一起完成工作任务，这有助于他们了解到团队协作的重要性。通过与同事的合作，学生可以学会如何分工合作、协调沟通，从而更好地完成工作任务。

因此，学校应该加强与企业的合作，为学生提供更多的实习机会，帮助他们更好地适应未来的职业生活。

（二）教学方法

1. "业学合作"教学法

"业学合作"教学法是一种独特的教学方法，它强调学校与企业之间的紧密合作，共同开发课程和培养人才。这种教学方法将理论学习与实践锻炼相结合，旨在提高学生的综合素质和实践能力。

在"业学合作"教学中，学校和企业扮演着各自独特的角色。学校提供理论知识和教学环境，为学生打下坚实的理论基础。企业则提供实践机会和实习岗位，让学生在实践中学习和掌握技能。

这种教学方法的优势在于，它能够使学生在学习过程中更好地理解和应用所学知识。通过实践锻炼，学生能够更好地了解行业需求和职业发展前景，从而更好地规划自己的职业生涯。

此外，"业学合作"教学法还能够提高学生的综合素质和实践能力。在实践中，学生需要与同事、领导沟通交流，解决实际问题，这有助于提高学生的沟通能力和解决问题的能力。

总之，"业学合作"教学法是一种将理论学习与实践锻炼相结合的教学方法，它能够提高学生的综合素质和实践能力，为学生未来的职业发展打下坚实的基础。

2. "PBL"教学法

"PBL"教学法是指以问题为导向的教学方法。这种教学方法可以激发学生的学习兴趣，培养学生解决问题的能力。

在"PBL"教学法中，教师会设计一些真实、复杂的问题，让学生以小组的形式进行讨论和探究。这些问题通常涉及现实生活中的各种情况，需要学生运用所学知识进行分析和解决。这种教学方法可以帮助学生将所学知识应用于实际情境中，提高他们的实践能力和问题解决能力。

"PBL"教学法的优点在于，它可以激发学生的学习兴趣。通过解决实际问题，学生可以更加深入地了解所学知识，并感受到学习的乐趣。此外，"PBL"教学法还可以培养学生的团队合作能力和沟通能力。在小组讨论中，学生需要与同伴合作，共同解决问题，这有助于提高他们的团队合作能力和沟通能力。

为了使"PBL"教学法更加有效，教师需要精心设计问题，并给予学生充分的支持和指导。同时，教师需要鼓励学生积极参与讨论，并及时给予反馈和建议。

总之，"PBL"教学法是一种以学生为中心的教学方法，它可以激发学生的学习兴趣，培养学生解决问题的能力。在未来的教育中，教育者应该更加注重"PBL"教学法的应用，以提高学生的综合素质和实践能力。

3. "学徒制"教学法

"学徒制"教学法是一种独特的教学方法，它结合了学校理论学习和企业实践锻炼，旨在为学生提供全面的教育体验。在这种教学方法下，学生不仅要在学校学习理论知识，还要在企业接受师傅的指导，通过实践锻炼将所学知识应用于实际情境中。

首先，"学徒制"教学法强调实践的重要性。通过在企业接受师傅的指导，学生能够亲身参与实际工作，了解行业标准和操作流程。这种实践经历不仅有助于学生巩固所学知识,还能够培养他们的职业技能和职业素养。

其次,"学徒制"教学法注重理论与实践相结合。在学校的理论学习为学生提供了扎实的知识基础,企业实践锻炼则使学生能够将所学知识应用于实际情境中。这种结合有助于学生更好地理解和掌握知识,提高他们的学习效果和实践能力。

再次,"学徒制"教学法还为学生提供了与行业专家直接接触的机会。在企业实践锻炼中,学生有机会与经验丰富的师傅交流学习,从他们的经验和见解中受益。这种接触不仅有助于学生了解行业动态和趋势,还能够为他们未来的职业发展打下良好的基础。

最后,"学徒制"教学法对于提高学生的就业竞争力也非常有帮助。通过实践锻炼和与行业专家的接触,学生能够积累实际工作经验,提高自己的职业技能和职业素养。这将使他们在未来的就业市场上更具竞争力,更容易获得理想的工作机会。

总之,"学徒制"教学法是一种理论与实践相结合的教学方法,它注重实践经验、理论与实践的结合以及与行业专家的接触。这种教学方法有助于提高学生的实践能力、职业素养和就业竞争力,为他们未来的职业发展打下良好的基础。

以上这些教学方法可以有效地培养学生的综合素质,提高学生的学习能力和就业竞争力。此外,日本职业教育还注重培养学生的社会责任感。日本职业教育认为,职业教育不仅要培养学生的职业技能,还要培养学生的社会责任感。日本职业教育的教学内容和方法都强调学生的社会责任感,培养学生成为合格的社会公民。

四、国外职业教育教学理念与方法对中国高职院校的借鉴与启示

美、德、日等发达国家在职业教育领域有着深厚的积累和成功的经验,它们的教学理念与教学方法对中国高职院校的借鉴与启示主要体现在以下几个方面:

（一）教学理念

1.实践导向的教学理念

美、德、日在职业教育中都强调了理论与实践的紧密结合，注重培养学生的实际操作能力和问题解决能力。① 这一理念在职业教育中具有普遍性，对于中国高职院校来说，同样具有重要的借鉴意义。

中国的职业教育，虽然已经有了很大的发展，但仍存在一些问题。其中之一就是过于注重理论教学，而忽视实践教学。这种教学方式往往导致学生缺乏实际操作能力和问题解决能力，无法适应社会的需求。

因此，中国高职院校可以借鉴美、德、日的职业教育理念，加强实践教学环节。具体来说，学校可以设置更多的实习、实训课程，让学生在真实的环境中学习和应用知识。同时，学校可以引入一些实际项目，让学生在实践中学习和掌握技能。

2.以学生为中心的教学方法

发达国家职业教育强调个性化教学和自主学习，鼓励学生积极参与和主动探索。② 这种教学模式充分尊重了学生的个体差异，允许他们根据自己的兴趣和能力进行自主学习。这种教学方式不仅提高了学生的学习效果，还培养了他们的自主学习能力和创新精神。

中国高职院校可以借鉴这种做法，关注学生的个体差异，提供更多的自主学习机会，采用互动式教学方式。具体来说，学校可以提供多样化的课程和学习资源，让学生根据自己的兴趣和能力选择适合自己的学习内容。同时，学校可以采用互动式教学方式，鼓励学生积极参与课堂讨论和合作学习，激发他们的学习兴趣和创新精神。

---

① WATSON K.Technical and vocational education in developing countries：western paradigms and comparative methodology[J].*Comparative education*，1994，30（2）：85-97.

② DING L.Effects of student-centered philosophy on teaching resources and teaching methods in vocational education in Singapore[J]. *Academic journal of humanities & social sciences*，2023，6（12）：75-83.

通过借鉴这种教学模式，中国高职院校可以更好地满足学生的个性化需求，提高他们的学习效果和综合素质。同时，这种教学方式有助于培养学生的自主学习能力和创新精神，为他们未来的职业发展打下坚实的基础。

3. 校企合作模式

德国的"双元制"职业教育模式、美国的企业实习制度以及日本的产学合作模式，都是企业深度参与职业教育的典型代表。这些模式不仅体现了企业对职业教育的重视，也反映了企业对人才培养的积极投入。

在德国的"双元制"职业教育模式中，企业与学校共同承担教育责任，学生既在学校接受理论知识的学习，也在企业接受实践技能的培养。这种模式确保了教育内容与市场需求紧密对接，同时为企业提供了稳定的人才来源。

在美国的企业实习制度中，学生可以在企业实习期间获得实践经验，并学习到实际工作中的技能和知识。这种制度不仅为学生提供了实践机会，也为企业提供了选拔优秀人才的途径。

在日本的产学合作模式中，企业与学校紧密合作，共同制定人才培养方案，提供实习、实训和就业指导。这种模式不仅促进了学校与企业的合作，也提高了人才培养的质量和效率。

中国高职院校可以借鉴这些模式，加强与企业的合作。同时，学校可以通过与企业合作，了解市场需求和行业动态，及时调整教育内容和培养方向，确保教育内容与市场需求紧密对接。

总之，企业深度参与职业教育是提高人才培养质量和效率的重要途径。中国高职院校应该积极借鉴国际经验，加强与企业的合作，共同推动职业教育健康发展。

4. 模块化和灵活的课程体系

发达国家职业教育通常采用模块化的课程设计方式，这种设计方式具有很大的灵活性，能够根据学生的个人兴趣和职业发展需求进行定制化的课程组合。① 这种模块化的课程设计方式，不仅有助于提高学生的学习效果，还能够更好地满足学生的个性化需求。

在中国的高职教育中，虽然已经有一些学校开始尝试采用类似的课程设计方式，但从整体上来说，这种课程设计方式还没普及。因此，中国的高职院校可以借鉴发达国家的经验，进一步推广模块化的课程设计方式。

要实现这一目标，需要高职院校在课程设计上更加注重学生的个性化需求，提供更加多样化的课程模块。同时，需要高职院校加强对学生职业规划的指导，帮助学生更好地了解自己的兴趣和职业发展方向，从而更好地选择适合自己的课程模块。

此外，为了更好地推广模块化的课程设计方式，还需要加强师资队伍建设，提高教师的专业素养和教学能力。同时，需要加强对课程质量的监控和管理，确保课程的质量和效果。

总之，借鉴发达国家的经验，推广模块化的课程设计方式是中国高职院校发展的重要方向之一。只有采用更加灵活和个性化的学习路径，才能更好地满足不同学生的学习需求，提高他们的职业素养和竞争力。

5. 注重职业技能培养

国外职业教育注重培养学生的职业技能，通过实习、实训等方式将理论与实践相结合，确保学生在毕业后能够迅速适应工作环境。这种教育理念在国外已经得到了广泛的应用和认可，为学生的职业发展提供了有力的支持。

中国高职院校可以借鉴这种理念，将职业技能培养作为整体教学的中心。在课程设计方面，应该与职业标准相对接，确保学生能够掌握与市场需求相符的职业技能。同时，学校应该加强实践教学，通过实习、实训等方式提高学生的实践能力和职业素养。

借鉴国外职业教育的理念，将职业技能培养作为整体教学的中心，是中

---

① DE BRUIJN E. Modular vocational education and training in Scotland and the Netherlands: between specificity and coherence[J]. *Comparative education*, 1995, 31（1）: 83-100.

国高职院校发展的重要方向。只有不断提高学生的职业素养和竞争力,才能更好地满足市场需求和社会发展的需要。

(二)教学方法

在教学方法方面,中国高职院校可以得到以下借鉴和启示:

1.强化实践教学

发达国家在高职教育中强化实践教学的经验,值得中国高职院校学习,高职院校应增加实践教学的比重,让学生在实际操作中学习,提高学生的动手能力和解决问题的能力。

2.改革教学方法

发达国家职业教育的很多方法可以引进,高职院校可尝试采用项目教学、案例教学等教学方法,引导学生主动学习,培养学生的创新能力和团队合作能力。[①]

3.重视学生主体性

发达国家职业教育中注重学生主体性的理念可以借鉴,在教学过程中,高职院校应充分尊重学生的主体地位,激发学生的学习兴趣,引导学生主动探究。

4.注重职业道德教育

在职业教育中,应注重职业道德教育,培养学生的职业素养和职业道德。

借鉴美、德、日等国的职业教育理念和方法,对于我国高职院校提升教学质量和教学效果具有重要意义。这些国家在职业教育方面有着丰富的经验和先进的理念,可以为我国高职院校提供有益的借鉴。

首先,借鉴美、德、日等国的职业教育理念,可以帮助我国高职院校明确教育目标。这些国家注重培养学生的实践能力和创新精神,强调职业教育

---

① WU X, YE Y .*Technical and vocational education in China*[M].Singapore:Springer Singapore, 2018:11.

的实用性和应用性。我国高职院校可以借鉴这些理念，注重培养学生的实践能力和创新精神，明确教育目标，提高教育质量。

其次，借鉴美、德、日等国的职业教育方法，可以帮助我国高职院校改进教学方法和手段。这些国家采用多种教学方法和手段，如案例教学、项目教学、实践教学等，注重学生的参与和实践。我国高职院校可以借鉴这些方法，改进自身的教学方法和手段，提高教学效果。

再次，借鉴美、德、日等国的职业教育经验，可以帮助我国高职院校加强师资队伍建设。这些国家注重教师的实践经验和职业素养，强调教师的专业性和实用性。我国高职院校可以借鉴这些经验，加强师资队伍建设，提高教师的实践经验和职业素养。

最后，借鉴美、德、日等国的职业教育模式，可以帮助我国高职院校完善人才培养体系。这些国家注重人才培养的全面性和系统性，强调人才培养的多样性和个性化。我国高职院校可以借鉴这些模式，完善人才培养体系，提高人才培养质量。

总之，借鉴美、德、日等国的职业教育理念和方法，可以帮助我国高职院校提升教学质量和教学效果，更好地培养适应社会需求的高素质技能型人才。

第三节 高职院校教学方法改革的主要内容

高职院校教学方法改革是一场以新发展理念为指导，以教师、教材、教法为核心的综合性改革。[①] 它旨在树立科学的教学观，抓住教与学的基本规律，并针对当前教学中存在的问题进行全面改进。

---

① 杨小微. 学校管理创新：以促进学科教学改革与教师发展为旨归 [J]. 课程·教材·教法, 2010, 30（1）：30-36.

教法是教学的关键。好的教学方法可以激发学生的学习兴趣和主动性，提高教学效果。因此，高职院校应注重教学方法的创新，采用多样化的教学方式，如案例分析、小组讨论、实践操作等，以适应不同专业和不同层次学生的需求。[①]

高职院校教学方法改革是一项系统工程，需要教师、教材、教法三方面相互配合、相互支持。只有通过全面的改革和创新，才能提高高职院校的教学质量，培养更多高素质技能型人才，为社会发展做出更大的贡献。

通过对国外教学方法的借鉴，立足国内高职教学实际情况，采取相应的教学方法，是能够促进学生综合素质的提升的。

以下介绍目前较为前沿的几种方法：

一、项目驱动教学法

项目驱动教学法是一种以实际项目为主线，引导学生在完成项目的过程中学习和掌握知识和技能的教学方法。[②] 以下是对项目驱动教学法的详细阐述：

（一）教学理念

项目驱动教学法注重实践性和情境性，倡导学习应是主动、探索性和有意义的。它倡导"做中学"的理念，鼓励学生通过实际操作和问题解决深化对知识的理解和应用。

（二）教学过程

在项目驱动教学中，教师设计真实且与课程内容紧密相关的项目任务，任务具有挑战性和开放性。学生需在教师指导下，以小组或个人形式参与项目策划、实施和评估。

[①] 丁莉.高职院校课堂教学方法与手段的创新应用[J].现代职业教育，2016（31）：39.
[②] 马玲玲.项目驱动教学法培养学生自主学习能力研究[J].山西广播电视大学学报，2010，15（2）：54-55.

（三）角色转变

教师从传统知识传授者转变为学生学习的引导者和支持者，提供指导和反馈。学生成为学习主体，需自主探索、协作交流和创新思考，以完成项目任务。

（四）能力培养

项目驱动教学法旨在培养学生的综合能力，如专业知识应用、团队协作、沟通交流、项目管理和创新能力。通过实际项目实施，学生将理论知识与实践相结合，提升解决实际问题的能力。

（五）评价方式

项目驱动教学的评价通常是多元化的，关注项目最终成果和学生在完成项目过程中的表现与进步。评价指标可能包括项目完成度、创新性、团队合作情况、自我反思情况和学习态度等。

（六）适用范围

项目驱动教学法适用于各种学科领域，在职业教育和实践性强的课程中效果显著，如工程、设计、商业、信息技术等。

（七）优势与挑战

项目驱动教学法的优势在于能激发学生的学习兴趣和动力，提高其实践能力和创新能力，培养其职业素养和社会责任感。其挑战则在于教师需精心设计项目任务，确保学生有效参与和完成项目。

然而，在使用这种方法时也存在一些挑战，如项目设计的难度控制、学生参与度的保证、教师指导的有效性等，需要教师具备丰富的教学技巧和经验。

总的来说，项目驱动教学法是一种富有成效的教学方法，它通过让学生参与到实际项目中，有效地促进他们的深度学习和全面发展。在高职院校中采用项目驱动教学法进行教学，可以更好地实现理论与实践的结合，提升教学质量，培养出符合社会需求的高素质技术技能人才。

二、案例教学法

案例教学法是一种以实际案例为载体，引导学生积极参与、分析和讨论的教学方法。其主要特点和优势包括：

（一）实践性强

案例教学法采用真实的案例，这些案例通常来源于行业实践或实际工作情境，能够让学生在学习过程中接触到实际问题，增强课程的实践性。

（二）情境化学习

通过案例分析，学生能够在具体的情境中理解和应用理论知识，提高知识的迁移能力和问题解决能力。

（三）主动参与

案例教学法强调学生的主动参与和互动交流，鼓励学生发表观点、提出问题和进行讨论，培养他们的批判性思维和沟通能力。

（四）团队协作

在分析案例的过程中，学生通常需要组成小组进行合作，这有助于培养他们的团队协作精神和领导能力。

（五）反思与评估

案例教学法鼓励学生对案例分析过程和结果进行反思和评估，促进他们的自我评价和持续学习。

（六）职业素养培养

通过分析与行业或职业相关的案例，学生能够了解行业规范、职业道德和职业决策过程，为未来的职业发展做好准备。

（七）教学资源丰富

教师可以收集和整理来自各行各业的真实案例，形成教学资源库，满足不同专业和课程的需求。

（八）适应性广泛

案例教学法适用于多种学科领域，在管理、电子商务、法律、教育、医学、工程等实践性强的专业中效果显著。

在高职院校中采用案例教学法进行教学，能够有效地将理论知识与实践操作相结合，提升教学质量，培养学生的职业技能和综合素质。同时，这种方法有助于激发学生的学习兴趣和动力，提高他们的就业竞争力和社会适应性。为了更好地实施案例教学法，教师需要具备选择和设计恰当案例的能力，以及引导和组织学生有效讨论的技巧。此外，建立和完善案例教学的评价体系也是确保教学效果的重要环节。

三、模拟教学法

模拟教学法是教师组织学生在模拟环境中进行实践锻炼的一种方法。[①]模拟教学法可以培养学生的实践能力，但也存在模拟环境与实际工作环境不一致等缺点。

（一）主要特点和优势

1. 风险低

模拟教学法在模拟环境中进行，可以避免真实环境中可能出现的风险和损失，为学生提供安全的学习环境。

2. 实践性强

通过模拟实践，学生能够在接近实际工作的情境中应用理论知识，提升实践能力和操作技巧。

3. 灵活性高

模拟环境可以根据教学需要进行调整，灵活应对各种教学目标和场景。

---

① HARDER B N.Use of simulation in teaching and learning in health sciences: a systematic review[J]. *Journal of nursing education*, 2010, 49（1）: 23-28.

4.反馈及时

在模拟教学过程中,教师可以实时监控和评估学生的表现,及时给予反馈和指导,帮助学生改进和提高。

5.允许重复训练

模拟环境允许学生反复练习和试验,有助于巩固学习成果和提高熟练程度。

6.适应性广泛

模拟教学法适用于各种学科领域,在医学、工程、航空、应急处理等需要高度实践技能的专业中效果显著。

(二)缺点[①]

1.模拟环境与实际环境的差异

尽管模拟环境力求贴近实际,但仍然与实际存在一定的差距,这可能影响学生在实际工作中的表现和适应能力。

2.技术要求高

高质量的模拟教学往往需要先进的技术和设备支持,这可能会增加教学成本和实施难度。

3.过度依赖模拟

如果过于依赖模拟教学,可能会忽视真实环境中复杂多变的因素和不可预见的问题。

要想克服这些缺点,教师在实施模拟教学法时需要注意以下几点:一是精心设计和选择模拟情境,确保其尽可能接近实际工作环境;二是结合实际案例和经验分享,帮助学生理解和适应模拟与实际之间的差异;三是定期更新和升级模拟设备和技术,保持教学内容和方法的先进性和实用性;四是引

---

① DUNLEAVY M, DEDE C, MITCHELL R.Affordances and limitations of immersive participatory augmented reality simulations for teaching and learning[J]. *Journal of science education and technology*, 2009(18): 7-22.

导学生认识到模拟教学的局限性，鼓励他们在实际工作中积极面对和解决新问题。

总的来说，模拟教学法作为一种有效的实践教学方法，在高职院校中有着广泛的应用前景。通过合理设计和实施模拟教学，能够有效培养学生的实践能力，提高教学质量，为他们的职业发展打下坚实的基础。

四、探究式教学法

探究式教学法是一种以学生为中心，注重学生主动参与、自主探索和合作研究的教学方法。

（一）主要特点和优势

1. 自主学习

探究式教学法强调学生的自主性，鼓励学生自我驱动、自我调节和自我评估，培养独立思考和自我学习的能力。

2. 问题导向

教师提出开放性的问题，引导学生进行探究，激发他们的求知欲和好奇心。

3. 合作探究

学生通过小组合作、讨论交流和资源共享，共同解决问题和建构知识，培养团队协作和沟通能力。

4. 深度学习

探究式教学法注重对知识的理解和应用，鼓励学生深入探究问题的本质和背后的原理，促进深度学习和批判性思维的发展。

5. 创新实践

在探究过程中，学生有机会尝试新的思路和方法，培养创新精神和实践能力。

6.个性化发展

探究式教学法允许学生根据自己的兴趣和需求选择探究方向和方式，有利于个性化发展和潜能挖掘。

(二) 需要注意的问题

1.教师角色转变

教师需要从传统的知识传授者转变为学生学习的引导者和支持者，提供必要的指导和反馈，而不是直接给出答案。

2.时间管理

探究式教学法可能需要投入更多的时间和精力，教师需要合理安排教学进度和活动，以确保教学效果。

3.评价体系

传统的评价体系可能不适用于探究式教学法，需要建立更注重过程、能力和态度的评价标准和方法。

4.学生差异

不同学生在探究能力、兴趣和动机上可能存在差异，教师需要关注个体差异，提供适当的支持和帮助。

要想有效实施探究式教学法，教师可以采取以下策略：一是设计具有挑战性和开放性的问题或项目，激发学生的探究欲望；二是提供丰富的学习资源和工具，支持学生的自主学习和探究过程；三是创设有利于合作和交流的学习环境，鼓励学生分享观点和经验；四是定期反馈学生的学习进展，提供有针对性的建议和帮助；五是建立多元化的评价体系，综合评价学生的知识掌握、技能发展情况和态度表现。

总的来说，探究式教学法能够有效地培养学生的独立思考、问题解决和创新能力，促进他们的全面发展和终身学习。

五、信息化教学法

信息化教学法是一种基于现代信息技术的教学方法，它充分利用计算机、网络、多媒体等现代信息技术手段，辅助教学，提高教学效果和学生的学习效率。[①]这种教学法以学生为中心，通过创设信息化教学环境，提供丰富的学习资源和多样化的学习方式，激发学生的学习兴趣和主动性，培养学生的自主学习能力和创新精神。

在信息化教学法中，教师的作用发生了变化。教师不再是知识的灌输者，而是成为学生学习过程中的引导者和促进者。教师需要掌握一定的信息技术，能够熟练运用各种信息化教学工具和平台，为学生提供个性化的指导和帮助。同时，教师需要不断更新自己的知识和技能，以适应不断变化的信息化教学环境。[②]

信息化教学法注重学生的个体差异和个性化需求。在信息化教学中，学生可以根据自己的兴趣和能力选择适合自己的学习内容和学习方式，实现个性化学习。这种教学方式可以更好地满足学生的需求，提高学生的学习效果和学习体验。

此外，信息化教学法还注重培养学生的创新精神和实践能力。通过现代信息技术手段，学生可以更加方便地进行实践操作和实验验证，从而更好地理解和掌握知识。同时，教师可以引导学生进行探究式学习、合作学习等，培养学生的创新思维和实践能力。[③]

总之，信息化教学法是一种基于现代信息技术的教学方式，它强调学生的主体性和主动性，注重培养学生的自主学习能力和创新精神。这种教学方式不仅可以提高教学效果和学生的学习效率，还可以更好地满足学生的需求，培养学生的创新精神和实践能力。

[①] 陈毓佳，王琳玲.基于"三教"改革的高职院校信息化教学方法研究[J].教育现代化，2021（6）：97-100.

[②] 谈力群.论信息化社会与教师教育[D].武汉：华中师范大学，2001.

[③] 安富海.促进深度学习的课堂教学策略研究[J].课程·教材·教法，2014，34（11）：57-62.

六、其他现代教学法

（一）混合式教学

这是一种创新的教育模式，它结合了在线学习和课堂教学，旨在为学生提供更加灵活、高效的学习方式。在这种模式下，学生可以通过在线课程自主学习，掌握基础知识，也能在课堂中与教师和同学互动，深入探讨和解决学习中遇到的问题。

首先，在线学习为学生提供了更加灵活的学习方式。学生可以根据自己的时间和地点安排学习，避免传统课堂教学的时间和地点限制。此外，在线课程通常包含丰富的视频、音频、文本等多媒体资源，可以帮助学生更好地理解和掌握知识。

其次，课堂教学为学生提供了与教师和同学互动的机会。在课堂中，教师可以针对学生的问题进行深入的讲解和指导，帮助学生更好地理解和应用所学知识。而同学之间的互动可以促进彼此的学习和成长，形成良好的学习氛围。

将这两种方法结合起来可以提高学生的学习效果。一方面，在线学习可以让学生自主掌握基础知识，为课堂学习打下坚实的基础。另一方面，课堂教学可以为学生提供与教师和同学互动的机会，深入探讨和解决学习中遇到的问题，进一步提高学习效果。

此外，这种方法还可以培养学生的自主学习能力和终身学习习惯。通过在线学习，学生可以逐渐掌握自主学习的方法和技巧，提高自我管理和自我约束能力。终身学习习惯的培养也可以让学生更好地适应未来社会的发展和变化。

（二）行动导向教学

这种方法通过实际活动、模拟练习和角色扮演来提升学生的动手能力、团队合作和解决问题的能力，是一种备受推崇的教育方法。它不仅有助于提高学生的实践技能，还有助于培养学生的创新思维和解决问题的能力。

首先，实际活动是提升学生动手能力的有效途径。学生可以通过实际活动体验知识的应用和实践的过程。这种活动不仅有助于学生加深对知识的理解，还有助于提高学生的动手能力和解决问题的能力。例如，在科学实验中，学生可以亲手操作实验器材，观察实验现象，从而更好地理解科学原理。

其次，模拟练习是提升学生团队合作能力的有效手段。在模拟练习中，学生需要与团队成员紧密合作，共同完成任务。这种练习有助于培养学生的团队合作精神和沟通能力，提高他们在团队中的协作能力。例如，在商业模拟游戏中，学生需要扮演不同的角色，与团队成员共同制定策略、完成任务，从而提升团队合作能力。

最后，角色扮演是提升学生解决问题能力的有效方法。通过角色扮演，学生可以模拟真实场景中的问题解决过程，从而更好地理解和掌握解决问题的方法。这种活动有助于培养学生的创新思维和解决问题的能力，提高他们在面对实际问题时的应对能力。例如，在角色扮演游戏中，学生需要扮演不同的角色，面对各种挑战和问题，通过思考和行动来解决问题。

综上所述，行为导向教学是一种非常有效的教学方法。它不仅有助于提高学生的实践技能和创新思维，还有助于培养学生的团队合作精神和解决问题的能力。因此，教育者应该在教育实践中积极推广这种方法，为学生提供更多的实践机会，帮助他们更好地适应未来的社会和工作。

（三）大规模在线开放课程

随着互联网技术的不断发展，大规模在线开放课程（MOOCs）已经成为一种日益普及的教育形式。MOOCs通过在线平台提供高质量的课程资源，使得学生可以在任何时间、任何地点进行学习，从而打破了传统教育模式的限制。

首先，MOOCs为学生提供了更加灵活的学习方式。在传统的教育模式中，学生需要在固定的时间和地点进行学习，MOOCs则允许学生根据自己的时间和地点进行学习。学生可以在自己的空闲时间里观看课程视频、完成作业和参与讨论，从而更好地平衡学习和生活。

其次，MOOCs 为学生提供了更加丰富的学习资源。在传统的教育模式中，学生只能通过教材和课堂讲解获取知识，MOOCs 则提供了大量的课程资源，包括视频、音频、文本、图像等多种形式。学生可以通过多种方式获取知识，从而更好地理解和掌握课程内容。

再次，MOOCs 还为学生提供了更加广泛的学习机会。在传统的教育模式中，学生只能通过学校或培训机构进行学习，MOOCs 则提供了多种学习平台和课程选择。学生可以根据自己的兴趣和需求选择适合自己的课程，从而更好地发展自己的潜力和才能。

最后，MOOCs 还为学生提供了更加个性化的学习体验。在传统的教育模式中，学生只能被动地接受知识传授，MOOCs 则允许学生根据自己的进度和理解能力进行学习。学生可以根据自己的实际情况调整学习进度和难度，从而更好地掌握课程内容。

（四）翻转课堂

翻转课堂是一种创新的教育模式，它与传统课堂教学模式完全不同。在这种模式下，学生需要在家中通过观看教学视频自主学习新内容，而课堂时间主要用于讨论、合作学习和实践应用。这种教学方式不仅提高了学生的学习效果，还培养了学生的自主学习能力和创新思维。

首先，翻转课堂中的教学视频通常比传统课堂中的讲授更加详细和深入。学生可以在家中自由安排学习时间，随时暂停、重播或做笔记，从而更好地理解和掌握新内容。此外，教学视频还可以针对不同学生的学习需求和水平进行个性化设计，满足学生的多样化需求。

其次，翻转课堂中的课堂时间主要用于讨论、合作学习和实践应用。这种教学方式可以激发学生的学习兴趣和动力，培养学生的合作精神和沟通能力。在讨论中，学生可以分享自己的观点和见解，从而加深对问题的理解和认识。在合作学习中，学生可以互相帮助、共同进步，提高学习效果。在实践应用中，学生可以将所学知识应用到实际情境中，从而更好地掌握和应用所学内容。

随着教育技术的不断发展和进步，现代教学方法在高职院校中的应用越来越广泛。这些方法旨在提高学生的参与度，培养学生的批判性思维和解决实际问题的能力，适应技术发展，提供灵活的学习环境。

首先，现代教学方法强调学生的参与和主动性。例如，项目式学习、案例教学、小组讨论等教学方法，可以让学生更加积极地参与到学习中来，提高他们的学习兴趣和动力。同时，这些方法可以培养学生的团队合作和沟通能力，为他们未来的职业发展打下坚实的基础。

其次，现代教学方法注重培养学生的批判性思维和解决实际问题的能力。通过问题解决、案例分析、模拟演练等教学方法，可以让学生更加深入地了解问题的本质和解决方法，提高他们的思维能力和实践能力。

最后，现代教学方法还可以适应技术发展，提供灵活的学习环境。例如，在线学习、移动学习等教学方法，可以让学生随时随地进行学习，提高他们的学习效率和灵活性。

高职院校可以根据自己的专业特色和学生的需求，选择适合自己的现代教学方法，并结合传统的教学手段，形成综合的教学模式。例如，在计算机专业中，可以采用项目式学习和在线学习相结合的方式，让学生在实践中学习和掌握计算机技能；在管理专业中，可以采用案例教学和小组讨论相结合的方式，让学生在分析和解决问题中提高自己的管理能力。

第四节　正确科学地对待传统教学方法

在现代职业教育体系中，高职院校承担着培养高素质技能型人才的重要使命。要想完成这一使命，高职院校必须正确科学地对待传统教学方法。传统教学方法不能直接抛弃或者禁止，而需要科学合理地进行分析以保持其有效性和传承性，并且结合现代教学技术和理念，进行教育改革和创新。

一、认识传统教学方法的价值

传统教学方法在现代教育中虽然受到了一些挑战,但其仍然具有独特的价值和意义。[1]传统教学方法注重知识传授和技能训练,这是其最大的优点。通过传统的教学方法,学生可以系统地学习基本知识和技能,建立扎实的学科基础。

首先,传统教学方法有助于学生掌握基本概念和原理。通过教师的讲解,学生可以深入理解学科的基本知识,并学会如何运用这些知识。这对于学生未来的学习和职业发展都非常重要。

其次,传统教学方法也有助于培养学生的思维能力和问题解决能力。在传统的教学中,教师通常会引导学生思考问题,并鼓励学生提出自己的观点和解决方案。这种教学方式可以帮助学生发展批判性思维和创造性思维,提高他们解决问题的能力。

最后,传统教学方法还可以帮助学生培养良好的学习习惯和态度。通过不断练习和巩固,学生逐渐形成自己的知识体系,并学会如何有效地学习。这对于学生的个人成长和未来的职业发展都非常重要。

因此,高职院校应该充分认识传统教学方法的价值,将其与现代教学方法相结合,发挥其优势。

二、创新传统教学方法

传统教学方法在教育领域中一直占据着重要的地位。然而,随着时代的变迁和教育需求的不断变化,传统教学方法也需要不断进行创新和改进。[2]

高职院校作为培养高素质技能型人才的重要基地,更应该注重教学方法的改革和创新。通过引入新的教学理念和技术手段,高职院校可以对传统教

---

[1] 蒋秀兰,刘金方.把握好传统教学方式与创新型教学方式结合的"度"[J].学理论,2009(20):207-208.

[2] 龙燕燕.工商管理类专业经济法课程教学方法的创新:传统教学法的反思与重构[J].黄石理工学院学报(人文社会科学版),2008(3):79-82.

学方法进行改进和创新，使其更加符合现代教育的需求。[①]

首先，高职院校可以引入项目化教学理念。项目化教学是一种以实际项目为载体，以任务为驱动的教学方法。通过引导学生参与实际项目，学生可以更好地掌握知识和技能，提高实践能力。同时，项目化教学可以培养学生的团队协作精神、创新能力和解决问题的能力。

其次，高职院校可以引入信息化教学手段。信息化教学是一种利用信息技术手段辅助教学的方法。通过多媒体技术、网络技术等手段，教师可以更加生动形象地展示教学内容，提高学生的学习兴趣和积极性。同时，信息化教学可以实现教学资源共享，方便学生进行自主学习和个性化学习。

最后，高职院校还可以引入实践化教学理念。实践化教学是一种注重实践操作的教学方法。通过引导学生参与实践项目、实验、实训等活动，学生可以更好地掌握实践技能，提高实践能力。同时，实践化教学可以培养学生的职业素养和职业道德。

总之，传统教学方法虽然有其优点，但也需要不断进行创新和改进。高职院校可以通过引入新的教学理念和技术手段，对传统教学方法进行改进和创新，使其更加符合现代教育的需求。这将有助于提高教学质量和培养高素质技能型人才。

三、注重实践和应用

传统教学方法往往过于注重理论知识的传授，而忽视实践和应用。这种教学方式往往导致学生难以真正理解和掌握知识，更难以将所学知识应用到实际工作中。[②] 因此，高职院校应该注重实践和应用，将理论知识与实践相结合，让学生在实践中学习和掌握知识。

首先，高职院校应该注重实践教学。实践教学是让学生通过实际操作、

[①] 王永莉.改进职业教育教学方法 培养创新型技术人才[J].中国科教创新导刊，2010（22）：29.

[②] WEN, JING.On the exploration and study of mathematics information teaching reform of high vocational college[J].*Advances in social sciences*，2018，7（9）：1629-1633.

实验、社会实践等方式，将理论知识转化为实践经验的重要途径。在实践教学中，学生可以通过亲身参与、动手操作，深入了解和掌握知识，提高自己的实践能力和解决问题的能力。同时，实践教学可以帮助学生更好地了解职业环境和工作要求，为未来的职业发展做好准备。

其次，高职院校应该注重理论教学与实践教学的结合。理论教学是传授知识的基础，实践教学则是将理论知识转化为实践经验的重要途径。在理论教学中，教师应该注重知识的讲解，让学生了解知识的实际应用和价值。在实践教学中，教师应该注重引导学生将理论知识应用到实践中，让学生在实践中学习和掌握知识。

最后，高职院校应该注重培养学生的实践能力和创新能力。实践能力是学生在未来职业发展中必备的能力之一，创新能力则是推动社会进步和发展的重要动力。在实践教学中，教师应该注重培养学生的实践能力和创新能力，鼓励学生尝试新的方法和思路，提高学生的综合素质和竞争力。

四、结合现代教学方法

现代教学方法如信息化教学法等具有许多优点，可以与传统教学方法相结合，以提高教学效果。高职院校可以将现代教学方法与传统教学方法相结合，形成更加完善的教学体系。

首先，现代教学方法具有许多优点。信息化教学法是一种以信息技术为支撑的教学方法，它能够将教学内容以更加生动、形象、直观的方式呈现给学生，激发学生的学习兴趣和积极性。此外，信息化教学法还可以通过在线学习、互动教学等方式，实现教学资源的共享和优化配置，提高教学效果。

其次，传统教学方法也有其优点。传统教学方法注重知识的传授和技能的训练，能够帮助学生掌握基础知识和技能。同时，传统教学方法注重培养学生的思维能力和解决问题的能力，有助于提高学生的综合素质。

此外，高职院校还可以通过加强师资队伍建设、完善教学设施等方式，为现代教学方法的引入提供更好的支持和保障。同时，学校需要注重教学评价和反馈机制的建立和完善,及时发现和解决教学中存在的问题和不足,不断提高教学质量和水平。

总之,将现代教学方法与传统教学方法相结合,形成更加完善的教学体系是高职院校提高教学效果的重要途径之一。通过引入现代教学方法、加强师资队伍建设、完善教学设施等方式,可以不断提高教学质量和水平,培养更多高素质的人才。

第五节 立足实际创新性开拓教学方法

立足中国实际情况创新性开拓教学方法是高职院校教育发展的重要方向。由于中国地域广阔,教育资源分布不均,学生群体差异大,因此需要针对实际情况,创新性地开拓符合中国国情的教学方法。

在中国的高职教育中,创新教学方法是培养高素质技能型人才的关键。对此,高职院校要做到以下几点:首先,要注重本土化教学资源的开发,结合当地的文化特色和产业优势,开发具有本土特色的课程和教材,让学生更好地了解和适应本土环境;其次,推广项目化教学,结合行业、企业的实际需求,设计具有实际意义和价值的项目,让学生在实践中掌握知识和技能,同时培养团队协作精神、创新能力和解决问题的能力;再次,注重实践教学,加强实验室、实训基地等建设,提供更多的实践机会和平台,让学生在实践中学习和掌握知识;最后,注重信息化教学,利用信息技术手段辅助教学,提高教学效果和学生的学习体验。这些措施将有助于提高高职院校的教学质量和水平,培养更多高素质的人才。

一、深入了解中国教育国情

高职院校需要深入了解中国教育国情,这是提高教学效果的关键。[①] 中国教育国情包括教育政策、教育资源、教育需求等方面的实际情况,这些因素对于高职院校的教学工作有着重要的影响。[②]

首先,教育政策是高职院校开展教学工作的基本依据。高职院校需要了解国家的教育政策,包括教育改革的方向、人才培养的目标、课程设置的要求等,以便根据政策要求调整教学计划,优化课程设置,提高人才培养质量。

其次,教育资源是高职院校开展教学工作的基础。高职院校需要了解本地区的教育资源情况,包括师资力量、实验设备、图书资料等,以便合理配置教学资源,提高教学效率。同时,高职院校需要积极争取社会资源,如企业合作项目、科研项目等,以丰富教学资源,提高教学质量。

最后,教育需求是高职院校开展教学工作的出发点和落脚点。高职院校需要了解社会对人才的需求情况,包括行业发展趋势、岗位技能要求、人才素质标准等,以便根据需求调整教学内容,优化课程结构,提高人才培养的针对性和适应性。

只有充分了解中国教育国情,高职院校才能有针对性地创新教学方法,提高教学效果。例如,针对教育资源不足的问题,高职院校可以积极推广在线教育、实践教学等多元化教学方式,以弥补传统课堂教学的不足;针对教育需求变化的问题,高职院校可以及时调整专业设置和课程结构,以适应社会发展的需要。

因此,深入了解中国教育国情是高职院校提高教学效果的重要途径。高职院校应该加强对教育国情的研究和分析,不断优化教学计划和课程设置,提高人才培养质量和社会适应性。

[①] 王晶. 高职院校教学管理模式的探索:河北省高职院校教学管理模式的探索 [D]. 石家庄:河北师范大学,2017.

[②] 刘丽芝. 中国院校式高职教育的成因研究 [J]. 教育,2016(7):53.

二、注重实践性和应用性

中国高职院校的教育目标明确，即培养高素质技能型人才。这一目标的实现，不仅依赖于理论知识的传授，更在于实践性和应用性的教学方法。因此，高职院校的教学方法应该注重实践性和应用性，让学生在实践中学习和掌握知识，提高其实际操作能力和解决问题的能力。[①]

实践教学是实现这一目标的重要途径。通过实践教学，学生可以在实际操作中学习和掌握知识，提高其实际操作能力和解决问题的能力。例如，在机械制造专业中，学生可以通过实际操作机床，了解机械制造的流程和工艺，掌握机械制造的基本技能。

除了实践教学，校企合作也是实现这一目标的重要途径。通过校企合作，学生可以在企业中实习和实践，了解企业的生产流程和工艺，掌握企业的基本技能。[②] 同时，企业可以为学生提供实践机会和就业机会，帮助学生更好地融入社会和工作岗位。

在实践性和应用性教学方法的指导下，高职院校的学生可以更好地掌握实际操作能力和解决问题的能力。同时，这些方法可以帮助学生更好地适应社会和工作岗位的需求，提高其就业竞争力和职业发展潜力。

总之，中国高职院校的教育目标是培养高素质技能型人才，因此教学方法应该注重实践性和应用性。通过引入实践教学、校企合作等方式，让学生在实践中学习和掌握知识，提高其实际操作能力和解决问题的能力。

三、引入现代信息技术

现代信息技术为教学方法的创新提供了新的可能。[③] 高职院校可以引入现代信息技术，如在线教育、虚拟现实技术等，为学生提供更加生动、形象

[①] 于海波，王霄霞.高职院校实践教学体系建设研究与实践[J].丝路视野，2018（17）：82.

[②] 宋亮.创新校企合作模式：让企业产品走进实训教学[J].软件（电子版），2020（1）：4.

[③] 张云霞.现代信息技术与地方高校教学方法创新[J].柳州职业技术学院学报，2014，14（5）：49-52.

的学习体验。①

在线教育是一种利用互联网技术实现远程教育的方式。通过在线教育，学生可以在任何时间、任何地点进行学习，不受时间和地点的限制。同时，在线教育为学生提供了更加丰富的学习资源，如视频教程、在线测试等，这些资源可以帮助学生更好地理解和掌握知识。

虚拟现实技术是一种模拟真实场景的技术。在高职院校中，教师可以利用虚拟现实技术为学生提供更加生动、形象的学习体验。例如，在机械类专业中，教师可以利用虚拟现实技术模拟机械设备的运行过程，让学生更加直观地了解机械设备的运行原理和结构。

同时，现代信息技术为个性化教学提供了新的可能。个性化教学是根据学生的个性化需求和特点进行教学的方法。通过信息技术，教师可以更加全面地了解学生的学习情况和需求，从而制订更加个性化的教学计划。例如，在英语教学中，教师可以利用智能语音识别技术对学生的口语进行评估和纠正，从而帮助学生提高口语水平。

所以，现代信息技术为教学方法的创新提供了新的可能。高职院校应该积极引入现代信息技术，为学生提供更加生动、形象的学习体验，同时应该注重个性化教学的应用，以满足学生的个性化需求。

四、强化教师培训

在高职院校中，教师是教学方法创新的关键。学校可通过定期组织教师培训、研讨会等活动，让教师了解最新的教学方法和理念，提高其教学能力。

首先，教学方法的创新是提高教学质量的重要手段。随着社会的发展和技术的进步，传统的教学方法已经无法满足现代教育的需求。因此，教师需要不断探索新的教学方法和手段，以适应学生的需求和社会的变化。

其次，培训是提高教师教学水平和创新能力的重要途径。通过培训，教师可以了解最新的教学方法和理念，掌握新的教学技能和手段，提高其教学

---

① 黄登峰. 信息技术在高职院校教学管理中的应用 [J]. 考试周刊，2014（48）：166.

能力和水平。同时，培训可以激发教师的创新意识和创新精神，促进教学方法的创新和发展。

最后，高职院校应该加强对教师的考核和评价。学校通过对教师的教学效果、教学方法、创新能力等方面进行考核和评价，激励教师不断探索新的教学方法和手段，提高其教学水平和创新能力。同时，学校可以发现教师在教学中存在的问题和不足，引导其改进和提高。

综上，教师是教学方法创新的关键。高职院校应该加强对教师的培训，提高其教学水平和创新能力。同时，学校应该加强对教师的考核和评价，激励教师不断探索新的教学方法和手段，提高其教学水平和创新能力。

由上可知，立足中国实际情况创新性开拓教学方法需要高职院校深入了解国情，借鉴国际先进经验，注重实践性和应用性，引入现代信息技术，并强化教师培训。只有这样，才能培养出更多高素质技能型人才，为社会发展做出更大的贡献。

本章主要讨论了高职院校教学方法改革与创新。随着社会经济的快速发展和科技的不断进步，高职院校在培养高素质技能型人才方面面临着巨大的挑战。为了应对这一挑战，高职院校需要对教学方法进行改革与创新，以提高教学质量和效果。本部分对高职院校教学方法改革与创新进行总结，提出一些建议和措施，如深入了解中国教育实际、注重实践性和应用性、引入现代信息技术、加强教师培训等。

第六章　高职院校教学评价体系改革

高职院校教学评价体系建设与改革对于提升学生综合素质具有重要的作用和意义。[①] 通过改革评价体系，可以促进职业院校学生综合素养的全面发展，引导他们注重实际操作和技能的学习，提高他们的实践能力和解决问题的能力。[②] 同时，改革评价体系是提升学生综合素质的重要途径，可以更好地选拔具备综合素质和职业技能的学生。[③] 此外，改革完善职业教育学生综合素质评价体系，创新德智体美劳过程性评价办法，可以引导学生坚定理想信念、厚植爱国主义情怀、加强品德修养、增长知识见识、培养奋斗精神、增强综合素质能力。这些改革措施可以更好地反映学生的全面素质和能力，引导他们注重自身素质的全面提升，为职业教育培养更多优秀人才。[④]

[①] 李旭.高职院校学生综合素质测评系统的设计与开发[D].成都：电子科技大学，2017.

[②] 朱荣欣，林喜乐.职业院校学生职业素养培养的一次综合性探索[J].中国培训，2022（2）：94-98.

[③] 徐晖.高校大学生综合素质评价体系的优化：基于提升学生素质视角[J].丝路视野，2017（2）：67.

[④] 刘丽娜.科学·发展·改革·创新 全面提升职业院校学生综合素质与能力 促进职业院校毕业生就业：中国职教学会学生工作委员会2008年年会专题论坛综述[J].职业技术，2009（1）：4-12.

第一节 高职院校教学评价体系的发展历程

高职院校教学评价体系的发展历程大致可以分为以下几个阶段：

一、初步建立阶段

高职院校在办学初期，主要关注教学基础设施的建设、教学计划的制订和实施、教学质量的监控等方面。① 此时，教学评价体系主要是以教学管理为核心，对教学工作进行初步的评价和监督。②

随着高职院校的发展，教学评价体系也逐渐完善。除了教学管理，还增加了对教师教学能力、学生学习效果、课程设置等方面的评价。这些评价不仅有助于提高教学质量，还有助于发现教学中存在的问题，为改进教学提供依据。

二、逐步完善阶段

随着高职院校的发展，教学评价体系也在不断发展和完善。在这个过程中，高职院校开始注重学生的综合素质培养，关注学生的实践能力和职业素养。③ 同时，教学评价体系更加注重教学质量和教学效果的评估，通过多种方式对教学工作进行全面、客观的评价。④

---

① 程金良. 高职院校教学质量监控研究 [D]. 济南：山东师范大学，2012.

② 白敏. 高校理论课课堂教学质量评价指标体系研究：以宝鸡文理学院为例 [D]. 南京：南京农业大学，2011.

③ 戚国华. 综合素质教育与高职学生成才研究与实践：以广东科学技术职业学院为例 [J]. 金华职业技术学院学报，2015，15（2）：5-8.

④ 董静兰，刘彦丰，李冶，等. 以课堂效果为核心的高校课堂教学质量评价体系探索 [J]. 中国电力教育，2022（12）：75-76.

这些措施有助于提高高职院校的教学质量和社会认可度，为社会培养更多优秀人才。

三、多元化发展阶段

随着高职院校的不断发展，教学评价体系也在不断演变和完善。传统的课堂教学评价已经不再是唯一的评价方式，而是逐渐被多元化的评价方式所取代。[1]

除了课堂教学评价，高职院校还增加了实践教学评价、课程设计评价、毕业设计评价等多种评价方式。[2] 这些评价方式更加注重学生的实际操作能力和解决问题的能力，以及他们在实践中所表现出的创新思维和团队协作精神。

此外，高职院校也开始引入第三方评价机构，对教学工作进行更加客观、公正的评价。[3] 这些评价机构的成员通常由行业专家、企业代表和教育专家组成，他们通过对学校的实践教学、课程设计、毕业设计等方面进行评价，为学校提供更加全面、客观的教学质量评估。

四、信息化发展阶段

随着信息技术的飞速发展，高职院校教学评价体系也正在经历一场深刻的变革。这场变革以信息化为方向，通过建立教学管理系统、教学质量监控系统等信息化平台，实现对教学工作的全面、实时监控和管理。[4] 这将有助于提高高职院校的教学质量，培养更多高素质的人才。

高职院校教学评价体系的发展历程是一个不断探索、完善和创新的过程。随着高职院校的不断发展和社会对人才需求的不断变化，教学评价体系也将不断调整和完善，以更好地适应时代发展的需要。

---

[1] 廖利涛. 课堂教学评价方式多元化的探索与尝试 [J]. 考试周刊，2015（28）：67.

[2] 李丽明. 高职院校课堂教学质量评价体系研究 [J]. 职业教育研究，2011（2）：55-57.

[3] 朱惠兰. 第三方评价：高职院校实践教学评价的新选择 [J]. 中国成人教育，2021（24）：41-46.

[4] 潘淳，缪秋菊. 以教学管理信息化推进校园建设数字化：以苏州经贸职业技术学院教学教务管理系统为例 [J]. 高职论丛，2009（Z1）：53-55.

第二节　中国高职院校教学评价体系存在的问题

经过教育部门和高职院校师生的共同努力，中国高职院校教学评价体系取得了巨大的历史性进步，但仍然存在一些问题与不足。

一、评价主体单一

当前，高职院校教学评价的主体主要局限于学校内部的教师和教学管理人员，而学生、企业、行业等外部主体参与评价的较少。这种单一的评价主体容易导致评价结果的主观性和片面性，无法全面反映教学质量和效果。[1]

首先，学校内部的教师和教学管理人员往往受到自身观念、经验、利益等因素的影响，容易产生主观性和片面性的评价。他们可能更注重教学形式、教学内容、教学管理等方面的评价，而忽视了学生的实际学习效果、企业对学生的满意度、行业对学校教育的认可度等方面的评价。

其次，学生、企业、行业等外部主体参与评价的较少，这使得教学评价结果缺乏客观性和公正性。学生是教育的直接受益者，他们能够更深入地了解教学质量和效果，但往往被忽视在评价过程中的作用。[2] 企业是人才的需求方，其对学校教育的认可度和满意度能够反映学校教育的质量和效果，但往往被排除在评价过程之外。[3] 行业是职业教育的指导方，其能够给学校教育的评价提供更宏观、更全面的视角，但往往被忽略在评价过程中的作用。

高职院校教学评价需要引入更多的评价主体，如学生、企业、行业等外

---

[1] 徐学福，江超群. 怎样评课：问题反思与对策探讨 [J]. 教育科学文摘，2008（1）：48-50.
[2] 王婷. 论学生在高职课程评价中的主体性作用 [J]. 职教论坛，2013（23）：44-46.
[3] 李红. 企业主体参与高职院校教学质量监控与评价问题研究 [J]. 内蒙古师范大学学报（教育科学版），2014，27（11）：7-9.

部主体。学校需要建立科学、公正的评价机制，以确保评价结果的客观性和公正性。只有这样，才能全面反映教学质量和效果，为高职院校的发展提供有力的支持。

二、评价标准不够明确

高职院校教学评价的标准制定是一个复杂而关键的过程，需要充分考虑不同专业、不同课程的特点和要求。然而，当前许多高职院校在评价标准方面存在一些问题，导致评价结果缺乏客观性和可比性。

首先，不同专业和课程的教学目标、教学内容、教学方法等方面存在差异，因此评价标准也应该有所不同。[1]例如，对于一些实践性较强的专业，如计算机科学与技术、机械工程等，评价标准应该更加注重学生的实践能力和解决问题的能力；而对于一些理论性较强的专业，如经济学、哲学等，评价标准则应该更加注重学生的理论素养和思维能力。

其次，评价标准应该具体、可操作。目前很多高职院校的评价标准过于笼统，缺乏具体的评价指标和标准值，导致评价结果缺乏客观性和可比性。[2]因此，在制定评价标准时，应该尽可能地细化评价指标，明确标准值，使评价结果更加客观、公正。

再次，评价标准的制定还需要考虑学生的实际情况和需求。学生是教学的主体，他们的学习成果是教学质量的直接体现。[3]因此，在制定评价标准时，应该充分考虑学生的实际情况和需求，如他们的学习基础、学习目标、学习方式等方面。

最后，评价标准的制定还需要考虑教师的实际情况和需求。教师是教学的实施者，他们的教学水平和能力是教学质量的保障。因此，在制定评价标

---

[1] 段兆兵. 课程资源的内涵与有效开发 [J]. 课程·教材·教法，2003（3）：26-30.

[2] 王志蔚. 高职院校理论课教学评价：价值缺失与标准重建 [J]. 中国职业技术教育，2020（26）：75-79.

[3] 曹清清，袁馨怡，宋丹萍. 基于学生学习成果导向的教学质量评价体系研究 [J]. 改革与开放，2019（19）：71-73,83.

准时,应该充分考虑教师的实际情况和需求,如他们的教学经验、教学方法、教学资源等方面。

综上所述,高职院校教学评价的标准制定是一个复杂而关键的过程,需要充分考虑不同专业、不同课程的特点和要求,具体、可操作的评价指标,学生的实际情况和需求以及教师的实际情况和需求。只有这样,才能确保评价结果的客观性和可比性,提高高职院校的教学质量。

三、评价方式过于简单

高职院校的教学评价方式过于简单,仅仅通过听课、检查教案等方式进行,缺乏对教学效果的深入分析和评估。这种简单的评价方式无法全面反映教学质量和学生的学习效果。

首先,听课和检查教案只是教学评价的一部分,不能完全代表整个教学过程。[1] 听课可以了解教师的教学态度和教学方法,但无法全面了解学生的学习情况和课堂互动情况。检查教案可以了解教师对教学内容的掌握程度,但无法评估教师的教学方法是否适合学生。

其次,简单的评价方式往往只关注表面现象,无法深入分析教学效果。例如,听课评价往往只关注教师的表现,而忽略了学生的参与度和课堂互动情况。这样的评价方式无法全面反映教学质量和学生的学习效果。[2]

要想更全面地反映教学质量和学生的学习效果,需要采用多种评价方式。例如,学校可以采用问卷调查、学生自评和互评等方式来了解学生的学习情况和课堂互动情况;可以采用教学反思、教学研讨等方式来深入分析教学效果,从而更好地改进教学方法和提高教学质量。

总之,高职院校的教学评价方式需要更加全面和深入,不能仅仅采用听课、检查教案等方式进行。学校需要采用多种评价方式来全面反映教学质量和学生的学习效果,从而更好地改进教学方法和提高教学质量。

---

[1] 黄秋明,王正,龚蓓.高等学校教学质量监控与评价体系研究[J].职业技术教育,2003(1):19-23.

[2] 祝瑞玲,祝瑞花.高职院校课堂教学评价方法研究[J].课程教育研究,2013(29):12.

四、缺乏对实践教学环节的评价

高职院校的教学评价是衡量其教学质量的重要手段，应该包括理论教学和实践教学评价两个方面。然而，目前很多高职院校对实践教学的评价不够重视，缺乏具体的评价指标和标准，导致实践教学的质量无法得到有效保障。

实践教学是高职院校教学的重要组成部分。实践教学是指通过实验、实习、社会实践等方式，将理论知识转化为实践技能的过程。在高职院校中，实践教学通常占据了相当大的比重，对于培养学生的实践能力和职业素养具有重要意义。

然而，目前很多高职院校对实践教学的评价存在一些问题。首先，一些高职院校缺乏具体的评价指标和标准，导致实践教学的质量无法得到有效保障。其次，一些高职院校对实践教学的评价过于简单化，仅仅通过学生的实习报告或实验报告来评价实践教学的效果，缺乏对实践过程和结果的全面评价。

为了解决这些问题，高职院校应该加强对实践教学的评价。首先，学校应该制定具体的评价指标和标准，如实践教学的目标、内容、方法、效果等。其次，学校应该采用多种评价方式，如学生自评和互评、教师评价、企业评价等，以全面了解实践教学的效果。最后，学校还应该加强对实践教学的监督和管理，确保实践教学高质量进行。[1]

总之，加强对实践教学的评价是提高教学质量的重要手段。只有制定具体的评价指标和标准，采用多种评价方式，加强对实践教学的监督和管理，才能确保实践教学高质量进行，培养出更多具有实践能力和职业素养的高素质人才。

---

[1] 俞仲文，刘守义，宋方来，等. 高等职业技术教育实践教学研究 [M]. 北京：清华大学出版社，2004：21.

五、评价结果反馈不足

高职院校的教学评价是提高其教学质量的重要手段,然而,一些高职院校的教学评价结果反馈不足,没有及时将评价结果反馈给教师和学生,也没有对评价结果进行深入分析和改进,导致教学质量的提高受到限制。

首先,教学评价结果的反馈不足,使得教师无法及时了解学生的学习情况,无法针对学生的学习问题制定相应的改进措施。同时,学生无法了解自己的学习状况,无法及时调整自己的学习方法和策略。这种信息的不对称性,不仅影响了学生的学习效果,也限制了教师教学质量的提高。

其次,没有对评价结果进行深入分析和改进,也是导致教学质量提高受到限制的原因之一。[1] 教学评价不仅是对教师教学质量的评价,更是对学生的学习效果的评价。如果只是简单地得出一个分数,而没有对评价结果进行深入分析,就无法找出教学中的问题和不足,也就无法制定相应的改进措施。

要想提高高职院校的教学质量,必须加强教学评价结果的反馈和深入分析。首先,学校要建立完善的教学评价机制,确保评价结果的客观性和公正性。其次,学校要及时将评价结果反馈给学生和教师,让他们了解自己的学习状况和教学中的问题。最后,学校要对评价结果进行深入分析,找出教学中的问题和不足,制定相应的改进措施。只有这样,才能真正提高高职院校的教学质量。

六、评价指标过于学术化

高职教育的定位是培养应用型和技术技能型人才,但现有的评价体系过于强调学术成果和理论知识,而对实践教学、职业技能和创新能力等方面的评价不足。

首先,实践教学是高职教育的重要组成部分。在实践中,学生能够更好

---

[1] 张晨.职业院校学情评价与课堂教学评价的相关性研究[J].现代营销(下旬刊),2017(8):113-115.

地掌握实际操作技能，培养解决实际问题的能力。因此，评价体系应该更加注重对实践教学的评价，包括实验、实训、课程设计、毕业设计等环节的评价。①

其次，职业技能是高职教育的重要培养目标。在评价体系中，应该更加注重对学生职业技能的评价，包括对职业资格证书的获取、职业技能竞赛的参与和获奖情况等方面的评价。

最后，创新能力是高职教育的重要培养目标。在评价体系中，应该更加注重对学生创新能力的评价，包括对创新性思维、创新性实践和创新能力成果等方面的评价。②

由于高职教育的定位是培养应用型和技术技能型人才，因此评价体系应该更加注重实践教学、职业技能和创新能力等方面的评价。通过建立多元化的评价体系，可以更好地评价学生的综合素质和能力，为培养高素质的技术技能型人才提供有力支持。

七、过度依赖量化评价

教学质量是一个复杂而多维的概念，它涉及许多方面，如教学内容、教学方法、教师素质、学生参与度等。然而，在现行的评价体系中，往往过于依赖量化指标，如学生的考试成绩、教师的论文发表数量等，而忽视了一些难以量化的因素。

教师的教学热情是一个非常重要的难以量化的因素。教师的热情可以激发学生的学习热情，提高学生的学习兴趣和动力。一个充满热情的教师可以更好地引导学生探索知识，培养学生的思维能力和创造力。如果评价体系中缺乏对教师教学热情的考虑，可能会导致一些教师缺乏创新和投入，从而影响教学质量。

---

① 魏文胜.论我国高等职业教育实践教学管理体系的完善：以湖北三峡职业技术学院为个案[D].武汉：华中师范大学，2011.
② 刘伟，邓志超.我国大学创新创业教育的现状调查与政策建议：基于8所大学的抽样分析[J].教育科学，2014，30（6）：79-84.

另外，学生的主观体验也是教学质量的重要组成部分。学生是否能够理解和掌握所学知识，是否对学习有积极的情感态度，这些都是评价教学质量的重要因素。然而，在现行的评价体系中，往往缺乏对学生主观体验的关注，导致一些学生感到被忽视或不被理解，从而影响他们的学习效果。

因此，现行的评价体系需要进行改进和完善。首先，需要增加对教师教学热情和学生主观体验的关注，将这些因素纳入评价范围。其次，需要采用多种评价方式，包括定量和定性的评价方法，以更全面地评价教学质量。最后，需要加强对评价结果的应用，根据评价结果及时调整教学内容和方法，以不断提高教学质量。①

总之，教学质量是一个复杂而多维的概念，需要采用多种评价方式来全面评价。② 现行的评价体系需要进行改进和完善，以更好地反映教学质量。

八、缺乏发展性和反馈机制

一些教学评价体系往往更多地关注对过去教学效果的评价，而缺乏对未来改进和发展的指导。③ 这种评价方式往往只关注学生的成绩和表现，而忽略了教师的教学方法、学生的学习方式和课堂氛围等因素。这种评价方式不仅无法全面反映教师的教学水平，还可能对教师的教学产生负面影响，限制了教师的专业发展和教学质量的持续提升。

有效的反馈机制是教学评价体系中不可或缺的一部分。它可以帮助教师了解自己的教学水平和需要改进的地方，从而有针对性地改进自己的教学方法和策略。④ 同时，有效的反馈机制可以帮助学生了解自己的学习状况和需要改进的地方，从而更好地掌握知识和技能。

然而，一些教学评价体系中缺乏有效的反馈机制。教师可能只得到一些

---

① 冯华.高校教师课堂教学评估系统[D].济南：山东大学，2009.
② 王兆成.实行科学管理 全面评价教学质量[J].高等农业教育，1985（4）：26-31.
③ 姚秀峰.高职院校教学评价体系关键技术的研究与实践[D].青岛：中国海洋大学，2010.
④ 高海生，胡桃元，许茂组，等.高等教育教学质量保障监控体系的构建与实践[J].教育研究，2006（10）：89-92.

简单的成绩和表现评价，而无法了解自己的教学方法和策略是否有效，需要如何改进。学生也可能只得到一些简单的成绩评价，而无法了解自己的学习状况和需要改进的地方。这种缺乏反馈机制的评价方式不仅无法帮助教师和学生改进自己的教学和学习，还可能对教师的教学产生负面影响，限制了教师的专业发展和教学质量的持续提升。[①]

因此，学校应该建立有效的反馈机制，以便更好地评价教师的教学水平和学生的学习状况。同时，学校应该注重评价方式的多样性和全面性，以便更全面地反映教师的教学水平和学生的学习状况。只有这样，才能真正提高教学质量和学生的学习效果。

九、评价过程的公正性和透明度问题

在实际操作中，教学评价可能存在一系列问题，这些问题可能影响评价结果的公正性和可信度。其中，主观性较强是一个较为普遍的问题。[②] 由于教学评价涉及对教师和学生的表现进行评估，而评估者的观点和标准可能存在差异，因此评价结果可能受到主观因素的影响。此外，评价标准不明确也是一个常见的问题。有时候，评价者可能对评价标准理解不够准确，或者评价标准过于模糊，导致评价结果不够客观。[③]

教学评价是一个复杂而重要的过程，需要学校认真对待并采取一系列措施来提高其公正性和可信度。只有这样，才能更好地促进教育教学的改进和发展。

十、忽视个性化和差异化评价

不同的学生有着不同的学习目标、学习风格、兴趣爱好以及专业背景，

---

① 吉标，王庆海.论教师的教学惰性 [J].教育发展研究，2023，7（3）：82-88.
② 陈刚，王慨.关于高职院校教学质量定量分析评价若干问题的探讨 [J].常州工学院学报，2014，27（5）：64-67.
③ 鲜永菊，徐昌彪.高校课堂教学客观化公正性评价探讨 [J].教育教学论坛，2016（31）：146-148.

这使得他们的学习需求呈现出多样化的特点。然而，当前的教学评价体系可能未能充分考虑到这些差异，导致评价结果无法准确反映个体的学习质量和学习进步情况。[①]

教学评价体系是衡量教学质量和学习效果的重要手段，它应该能够全面、客观地反映学生的学习情况和教师的教学质量。然而，当前的教学评价体系往往只注重学生的考试成绩和作业完成情况，而忽视了学生的其他学习需求和背景差异。[②] 这种单一的评价方式无法准确地反映每个学生的学习情况和学习质量，甚至可能导致一些优秀的学生被忽视，而一些表现不佳的学生却被过度关注。

技术与评价体系融合不足也是当前教学评价体系中存在的一个问题。随着信息技术的不断发展，许多高职院校引入了先进的教学技术和工具，如在线课程、虚拟实验室、智能教学系统等。[③] 然而，这些技术和工具在评价体系中的应用却并不充分。许多高职院校仍然采用传统的考试和作业评价方式，而没有充分利用这些先进的技术和工具来提高评价的准确性和效率。

要想解决这些问题，学校需要对教学评价体系进行改革和创新。首先，学校需要充分考虑到学生的背景差异和学习需求，制定更加多样化的评价标准和方法。例如，对于一些实践性强、需要团队合作的专业，学校可以采用项目评价、实践评价等方式来更加全面地反映学生的学习情况。其次，学校需要充分利用先进的信息技术来提高评价的准确性和效率。例如，学校可以利用大数据分析技术来对学生的学习情况进行全面、客观的分析和评价；学校也可以利用智能教学系统来为学生提供更加个性化的学习体验和反馈。

总之，高职院校的教学评价体系需要不断改革和创新，以适应学生背景和学习需求的多样性。只有使用更加全面、客观的评价方式和技术手段，才

[①] 唐财海. 关注学生个体差异和不同学习需求的课堂教学策略研究 [J]. 学子（理论版），2017（2）：6.

[②] 刘颖川，杨祎新. 谈学生成绩评价方法的改革对学生学习和教学质量的影响 [J]. 安徽卫生职业技术学院学报，2008（4）：93-95.

[③] 王瑛. 高职院校教学信息化发展难点及应对策略探索 [J]. 当代教育实践与教学研究，2015（8）：13-14.

能够更好地反映每个学生的学习情况，为学生的全面发展提供更加有力的支持。

虽然现代信息技术在教育领域的应用日益广泛，但教学评价体系与现代信息技术的深度融合还存在一些问题。目前，许多学校和教育机构仍然采用传统的评价方式，如考试评价等，这种方式不仅效率低下，而且难以保证评价的精准度和客观性。

现代信息技术的发展为教学评价提供了更多的可能性。[①] 例如，利用大数据技术可以对学生的学习行为、成绩等数据进行全面、深入的分析，从而更加准确地评估学生的学习情况和教师的教学效果。同时，人工智能技术的应用可以帮助教师更好地了解学生的学习需求和特点，为每个学生提供更加个性化的学习方案。

然而，目前教学评价体系与现代信息技术的深度融合还存在一些问题。[②] 首先，一些学校和教育机构缺乏对现代信息技术的认识和了解，无法充分利用这些技术手段提高评价的效率和精准度。[③] 其次，一些教师和教育工作者对于新的评价方式存在疑虑和抵触情绪，认为这些方式可能会影响评价的公正性和客观性。

对此，学校需要加强对现代信息技术的宣传和推广，加强对新的评价方式的探索和研究，以及加强对教师的培训和支持，以充分利用这些技术手段提高评价的效率和精准度。

[①] 杜栋，庞庆华.现代综合评价方法与案例精选[M].北京：清华大学出版社，2005：23.

[②] 杨善江.高职院校"双线"混融教学模式实施研究：基于教学管理的视角[J].四川职业技术学院学报，2023，33（1）：1-5.

[③] 张志祯，齐文鑫.教育评价中的信息技术应用：赋能、挑战与对策[J].中国远程教育，2021（3）：1-11，76.

第三节　高职院校教学评价体系改革目标与原则

一、高职院校教学评价体系改革目标

高职院校教学评价体系改革的目标是建立科学、公正、客观、全面的教学评价体系，以更好地评估教学质量和学生的学习效果，促进教育教学质量的提高。这一目标的实现需要从多个方面入手，包括评价体系的完善、评价标准的明确、评价方法的改进以及评价结果的反馈等。[①] 只有这样，才能真正实现高职院校教学评价体系改革的目标，提高教育教学质量。

二、高职院校教学评价体系改革的基本原则

高职院校教学评价体系改革的基本原则包括科学性、公正性、聚焦性、灵活性、目标导向、需求导向、师生可持续发展、以学生为中心、系统推进等原则。

（一）科学性原则

评价体系是教育领域中非常重要的一个方面，它基于科学的教育理论和实践经验，准确评估学生的学习成果和教学效果。一个好的评价体系能够为教育者提供有效的反馈，帮助教师了解学生的学习情况，使其及时调整教学策略，提高教学效果。同时，它能够为学生提供客观的评估，帮助学生了解自己的学习状况，激励学生不断进步。

在构建评价体系时，学校需要遵循科学的教育理论和实践经验。首先，学校需要明确评价的目标和标准，确保评价结果具有客观性和公正性。其

[①] 杨智.人才培养视域下高职院校教育教学评价方法的改革与实践[J].华东科技，2023（6）：146-148.

次，学校需要采用多种评价方式，如考试评价、课堂表现评价等，以便全面了解学生的学习情况和综合素质。最后，学校需要对评价结果进行及时的分析和反馈，以便教师和学生都能够及时了解自己的表现和需要改进的地方。

在评价学生的学习成果时，学校需要注重学生的综合素质和创新能力。除了考试成绩，学校还需要关注学生的思维能力、实践能力、团队协作能力、沟通能力等。同时，学校需要鼓励学生发挥自己的特长和兴趣，培养学生的创新意识和实践能力。

在评价教学效果时，学校需要关注教师的教学方法和教学效果。除了学生的考试成绩，学校还需要关注教师的教学态度、教学方法、课堂氛围、学生反馈等。同时，学校需要鼓励教师不断探索新的教学方法和手段，提高教学效果和质量。

总之，评价体系是教育中不可或缺的一部分。它能够帮助学校准确评估学生的学习成果，为教育者提供有效的反馈，帮助学生了解自己的学习状况，激励学生不断进步。因此，学校应该不断探索和完善评价体系，为教育事业的发展做出更大的贡献。

（二）公正性原则

评价体系公正、客观、公开，是确保评价结果真实可靠的关键。在评价过程中，主观评价和偏见往往会影响评价结果的公正性和客观性，学校需要采取一系列措施来避免这些问题的出现，如采用多种评价方法，保证评价过程公开透明，以确保评价结果真实可靠。

（三）聚焦性原则

评价体系是教育领域中一个重要的概念，它关注学生的核心能力培养，能够评价学生在多个方面的表现。在当今的教育环境中，评价体系的重要性越来越突出，因为它能够全面、客观地评估学生的学习成果，为教育者和学生提供有价值的反馈和指导。

因此，学校应该重视评价体系的建设和完善，为学生的全面发展提供更好的支持和保障。

（四）灵活性原则

评价体系是教育领域中一个非常重要的组成部分，它对于提高教育质量、促进学生学习水平和教师教学水平的提高具有重要的作用。一个好的评价体系应该具备足够的灵活性，能够适应不同的教学目标、课程类型和教学风格，同时保持对新技术和新方法的开放性和适应性。只有这样，才能更好地促进教育的发展和提高教育质量。

（五）目标导向原则

评价体系是职业教育的重要组成部分，它明确反映教育的培养目标和质量标准，确保与职业教育的目的和要求相一致。一个良好的评价体系能够为教育者提供有效的反馈，帮助教师了解学生的学习情况，使其及时调整教学策略，提高教育质量。

因此，学校应该重视评价体系的建立和完善，为职业教育的健康发展提供有力保障。

（六）需求导向原则

评价体系是教育领域中至关重要的一方面，它不仅关系到学生的成长和发展，还直接影响到社会、行业和企业的需求。一个优秀的评价体系应该能够全面、客观地评估学生的能力，确保培养出的学生具备实际工作所需的技能和知识。

同时，评价体系应该紧密结合社会、行业和企业的需求，及时调整评价标准和内容，以确保培养出的学生能够适应社会的变化和发展。

（七）师生可持续发展原则

评价体系在促进教师和学生持续发展方面发挥着至关重要的作用。它不仅为教师和学生提供了明确的目标和方向，还鼓励他们不断追求卓越，提高自己的教学和学习水平。

因此，学校应该不断完善评价体系，使其更加科学、公正、客观，为教师和学生提供更好的指导和支持。

（八）以学生为中心原则

评价体系是教育过程中的重要部分，它不仅关乎学生的学习成果，更直接关系到他们的需求和利益。一个好的评价体系应该能够全面、客观地反映学生的学习情况，同时要关注学生的个性化发展，确保他们在整个教育过程中得到充分的关注和支持。

一个好的评价体系应该以学生为中心，注重学生的个性化发展、参与和反馈，并与教育目标相一致。只有这样，才能确保学生在整个教育过程中得到充分的关注和支持，实现全面发展。

（九）系统推进原则

评价体系的改革是一项全面而系统的任务，需要学校从多个方面入手，确保各个环节都能够得到有效的整合和支持。只有这样，才能提高评价的准确性和客观性，促进评价结果的应用和反馈，推动教育教学改进和创新，为社会培养更多优秀人才。

这些原则为高职院校教学评价体系改革提供了指导方向，可确保评价体系的科学性、实用性和前瞻性。

三、与国家教育政策的一致性

教育政策是国家层面对于教育发展的规划和指导，具有宏观性和战略性。高职院校教学评价体系的改革应当遵循国家教育政策，确保改革的方向正确、目标明确。

同时，与国家教育政策保持一致性有利于高职院校教学评价体系改革的深入推进。国家教育政策通常会提供政策支持和资源保障，为高职院校教学评价体系的改革创造良好的环境和条件。因此，高职院校教学评价体系改革应当积极响应国家教育政策的号召，主动对接政策要求，充分利用政策资源，推动改革顺利进行。

因此，高职院校教学评价体系改革与国家教育政策保持一致性，是确保改革方向正确、目标明确、深入推进的重要保障。

高职院校教学评价体系改革要与国家教育政策保持一致性，可以从以下几个方面入手：

（一）深入理解国家教育政策

深入学习和理解国家教育政策是至关重要的。国家教育政策是教育领域的指导方针，它明确了教育的发展方向和目标，为高职院校教学评价体系改革提供了明确的指导。

在深入学习和理解国家教育政策的过程中，学校需要关注政策目标、政策重点和政策措施等方面。政策目标是国家教育政策的核心，它明确了教育发展的主要方向和目标。政策重点是国家教育政策的重点领域，它反映了国家对教育发展的重点要求。政策措施则是实现政策目标的具体手段和措施。

深入学习和理解国家教育政策是高职院校进行教学评价体系改革的重要前提。只有让改革与国家教育政策保持一致，才能确保教育的发展方向与国家的期望相符，为国家教育发展做出贡献。

（二）明确改革目标

根据国家教育政策的要求，高职院校教学评价体系改革的目标应该与国家教育政策的目标相一致。这些目标包括提高人才培养质量、促进学生全面发展、增强职业教育适应性等。

同时，学校应该建立科学、客观、公正的评价标准和方法，对教学质量和学生的综合素质进行全面、客观、准确的评价，及时发现问题并加以改进。只有这样，才能真正实现高职教育的目标，培养出高素质技能型人才。

（三）完善评价指标体系

完善高职院校教学评价指标体系是实现人才培养目标的重要手段。在高职教育中，教学评价指标体系的建立应该以知识技能、思维能力、问题解决能力、主动学习意愿等方面为重点，同时注重过程性评价和终结性评价的结合。过程性评价可以对学生的学习情况进行评价，为教师提供反馈，以便其及时调整教学策略。终结性评价则可以对学生的整体学习成果进行评估，为学生的职业发展提供参考。这将有助于提高高职院校的教学质量，培养更多具有创新精神和实践能力的高素质人才。

（四）加强实践环节评价

高职院校教学评价体系改革应该注重实践环节的评价，这是提高学生实践能力和职业素养的关键。实践教学和实习实训是高职教育的重要组成部分，对于培养学生的实践能力和职业素养具有不可替代的作用。

首先，要加强实践教学的评价。实践教学是高职教育的重要环节，通过实践教学，可以让学生将理论知识应用于实践中，提高实践能力和解决问题的能力。因此，学校应该建立完善的实践教学评价体系，对实践教学的质量、内容、方法等进行全面评价，确保实践教学的有效性和针对性。

其次，要加强实习实训的评价。实习实训是高职教育的重要环节，通过实习实训，可以让学生更好地了解职业环境和职业要求，提高职业素养和就业竞争力。因此，学校应该建立完善的实习实训评价体系，对实习实训的过程、成果、效果等进行全面评价，确保实习实训的有效性和针对性。

在实践环节的评价中，应该注重过程性评价和终结性评价的结合。过程性评价可以让教师及时发现学生在实践过程中存在的问题和不足，及时进行指导和帮助；终结性评价可以对学生的实践成果进行全面评价，并给出客观公正的评价结果。

总之，高职院校教学评价体系改革应该注重实践环节的评价，通过加强实践教学和实习实训的评价，提高学生的实践能力和职业素养，为学生的未来职业发展打下坚实的基础。

（五）强化教师评价

教师是高职院校教学评价体系中不可或缺的一部分。他们不仅是知识的传播者，更是学生成长道路上的引导者。因此，对教师的评价显得尤为重要。

首先，教学能力是评价教师的重要指标之一。一个优秀的教师应该具备清晰的教学目标，能够根据学生的实际情况制订合适的教学计划，并采用多种教学方法激发学生的学习兴趣和积极性。同时，教师应该具备良好的课堂掌控能力和沟通能力，能够及时有效地解决学生在学习中遇到的问题。

其次，师德师风也是评价教师的重要方面。教师应该以身作则，树立良好的榜样，关心学生，尊重学生，积极与学生沟通，建立和谐的师生关系。同时，教师应该遵守职业道德规范，严格遵守教育法律法规，不得有任何违规行为。

最后，科研能力也是评价教师的重要指标之一。教师应该具备一定的科研素养和科研能力，能够积极参与科研项目，推动学科发展。同时，教师应该具备创新意识和创新能力，能够不断探索新的教学方法和手段，提高教学效果和质量。

在评价教师的过程中，应该注重公正性和客观性。评价结果应该真实可靠，不能受到任何主观因素的影响。同时，应该注重评价的全面性和科学性，采用多种评价方法和手段，确保评价结果更加准确和客观。

总之，教师是高职院校教学评价体系的重要组成部分。学校应该加强对教师的评价，注重公正性和客观性，确保评价结果真实可靠。同时，学校应该注重提高教师的素质和能力，为学生的成长和发展提供更好的保障。

（六）推动信息化应用

随着信息技术的不断发展，高职院校教学评价体系改革也面临着新的机遇和挑战。利用信息化手段推动高职院校教学评价体系改革，不仅可以提高评价的效率和准确性，还可以为教学质量的提升提供有力支持。

因此，利用信息化手段推动高职院校教学评价体系改革是提高教学质量和效率的重要途径。通过建立信息化平台，实现教学评价数据的实时采集、分析和反馈，实现教学评价的多元化和个性化，提高教学评价的公正性和透明度以及促进教学质量的提升等措施，可以推动高职院校教学评价体系改革深入发展。

总之，高职院校教学评价体系改革要与国家教育政策保持一致性，需要从多个方面入手，包括深入理解国家教育政策、明确改革目标、完善评价指标体系、加强实践环节、强化教师评价以及推动信息化应用等。这些措施有助于确保高职院校教学评价体系改革方向正确、目标明确、深入推进。

第四节 高职院校教学评价体系改革的内容

高职院校教学评价体系改革的内容主要包括以下几个方面：评价目标、评价方式、评价指标、评价主体和评价结果反馈机制。

一、评价目标改革

传统的评价体系往往以知识掌握为主要评价目标，这种评价方式在高职教育中仍然存在。[1] 然而，现代高职教育更注重学生的能力培养和综合素质提升，因此教学评价体系改革势在必行。[2]

首先，评价目标应该转向能力培养和综合素质提升。这意味着评价不仅要关注学生的知识掌握程度，更要关注学生的实践操作能力、创新思维能力、团队协作能力等方面。这些能力对于学生的未来职业发展至关重要，因此应该成为教学评价体系的重要指标。

其次，评价方式应该多样化。传统的单一评价方式往往无法全面反映学生的能力和素质，因此需要采用多种评价方式，如实践操作评价、创新思维评价、团队协作评价等。这些评价方式可以更全面地反映学生的能力和素质，并为教师提供更准确的反馈。

最后，评价结果应该及时反馈。教学评价体系改革不仅涉及评价方式的

---

[1] BOUD D, COHEN R, SAMPSON J.Peer learning and assessment[J].*Assessment & evaluation in higher education*, 1999, 24（4）: 413-426.
[2] BIGGS J, TANG C.*Teaching for quality learning at university*[M].New York: McGraw-Hill Education, 2011: 15.

改变，更是对教学过程的全面优化。因此，评价结果应该及时反馈给教师和学生，以便他们及时调整教学和学习策略，进一步提高教学效果和学生的学习效果。

综上所述，教学评价体系改革是现代高职教育的重要任务之一。通过将评价目标转向能力培养和综合素质提升、采用多种评价方式以及及时反馈评价结果，可以更好地促进学生全面发展，提高高职教育的质量和水平。

二、评价方式改革

传统的评价体系多采用单一的考试或测验方式，这种方式往往只注重学生的知识掌握程度，而忽略了其他重要的素质和能力。[1] 然而，现代高职教育需要更加多样化的评价方式，以全面、客观地评价学生的学习成果。[2]

因此，教学评价体系改革应引入多种评价方式，如实践操作评价、项目报告评价、小组讨论评价等。实践操作评价可以反映学生的实际操作能力和解决问题的能力，项目报告评价可以反映学生的自主学习能力和创新思维，小组讨论评价可以反映学生的团队合作和沟通能力。

实践操作评价可以通过实验、实训、课程设计等方式进行，教师可以根据学生的实际操作表现和成果进行评价。在项目报告评价中，教师可以要求学生完成一个实际项目或研究报告，并根据学生的报告质量进行评价。在小组讨论评价中，教师可以要求学生分组进行讨论或辩论，并根据学生的参与度和贡献进行评价。

总之，教学评价体系改革是现代高职教育的重要任务之一，需要引入多种评价方式，以全面、客观地评价学生的学习成果，同时注重培养学生的综合素质和能力。

---

[1] RACE P.*A briefing on self, peer and group assessment*[M].York：LTSN Generic Centre, 2011：21.

[2] RUST C.The impact of assessment on student learning：how can the research literature practically help to inform the development of departmental assessment strategies and learner-centred assessment practices？[J]. *Active learning in higher education*, 2002, 3（2）：145-158.

三、评价指标改革

传统的评价体系往往以知识掌握程度为主要评价指标，然而，随着现代教育理念的不断发展，这种单一的评价方式已经无法满足现代高职教育的需求。[1]因此，教学评价体系改革势在必行，需要建立更加全面的评价指标体系。

首先，知识掌握程度仍然是评价学生学习成果的重要指标之一。在高职教育中，学生需要掌握一定的专业知识和技能，这是他们未来职业发展的基础。因此，教学评价体系应该包括对学生知识掌握程度的评价，可以通过考试、作业、课堂表现等方式进行评估。

其次，能力提升程度也是评价学生学习成果的重要指标之一。在高职教育中，学生不仅需要掌握一定的专业知识，还需要具备一定的实践能力和解决问题的能力。因此，教学评价体系应该包括对学生能力提升程度的评价，可以通过实验、实训、项目实践等方式进行评估。

最后，综合素质表现也是评价学生学习成果的重要指标之一。在高职教育中，学生不仅需要掌握一定的专业知识和能力，还需要具备一定的综合素质，如团队协作能力、沟通能力、领导力等。因此，教学评价体系应该包括对学生综合素质表现的评价，可以通过团队项目、社会实践、志愿服务等方式进行评估。

综上所述，教学评价体系改革需要建立多元化的评价指标体系，包括知识掌握程度、能力提升程度、综合素质表现等方面，以更全面地反映学生的学习成果。同时，评价方式应该多样化，如通过考试、作业、课堂表现、实验、实训、项目实践、团队项目、社会实践、志愿服务等方式进行评估。只有这样，才能更好地促进学生的全面发展，提高高职教育的质量和水平。[2]

---

[1] BLOOM B S, ENGELHART M D, FURST E J, et al.*Taxonomy of educational objectives：the classification of educational goals.Handbook 1：Cognitive domain*[M].New York：Longman.

[2] HUBA M E, FREED J E.*Learner-centered assessment on college campuses：shifting the focus from teaching to learning*[M].Boston：Allyn & Bacon, 2000：13.

四、评价主体改革

传统的评价体系多以教师为评价主体,这种评价方式往往只关注学生的知识掌握程度,而忽略了学生其他方面的发展,如实践能力、创新能力、团队协作能力等。[①] 然而,现代高职教育需要更加多元化的评价主体,以更全面地反映学生的学习成果和综合素质。

企业和社会都应该参与到教学评价中来。教学评价是一个综合性的过程,不仅涉及学校和教师的表现,还涉及学生、家长、企业和社会等多个方面的反馈。首先,企业应该参与到教学评价中来。这是因为企业是人才的需求方,其需要具备一定技能和知识的人才来支持企业的发展。通过参与教学评价,企业可以了解学校的教学质量、学生的技能水平和知识储备,以及学校对学生职业素养的培养情况。这将有助于企业更好地选拔人才,并为学校提供有针对性的反馈和建议。其次,社会也应该参与到教学评价中来。社会是教育的重要监督者,其可以通过参与教学评价来了解学校的教学质量和学生的综合素质。同时,社会可以通过参与教学评价来促进教育公平和公正,提高教育的透明度和公信力,以促进教育的改进和发展。这将有助于提高学校的教学质量,培养更多具备高素质和职业技能的人才,为社会的进步和发展做出更大的贡献。

总之,教学评价体系改革是现代高职教育的重要任务之一。通过引入多种评价主体,学校可以更好地反映学生的学习成果和综合素质,为学生的全面发展提供更好的保障。

五、评价结果反馈改革

传统的评价体系往往只注重评价结果,而忽视了对评价结果的反馈和利用。[②] 这种做法不仅无法充分发挥评价的指导作用,还可能误导学生和教师,

---

① BLACK P, WILIAM D.Assessment and classroom learning[J].*Assessment in education*:*principles*,*policy & practice*, 1998, 5(1):7-74.
② HATTIE J, TIMPERLEY H.The power of feedback[J].*review of educational research*, 2007, 77(1):81-112.

导致他们无法及时了解自己的学习状况和不足之处,无法采取有效的改进措施。

因此,教学评价体系改革应建立有效的反馈机制。具体而言,学校应该及时将评价结果反馈给学生和教师,以便他们及时了解自己的学习状况和不足之处。同时,学校应该提供具体的建议和指导,帮助学生和教师明确改进的方向和措施。

这种反馈机制不仅有助于提高学生的学习效果和教师的教学水平,还有助于促进教育公平和提升教育质量。通过及时反馈评价结果,可以让学生和教师更加明确自己的学习目标和教学任务,从而有针对性地改进自己的学习方法和教学方式。[1]同时,可以让学校和教育部门更加了解学生的学习情况和教师的教学效果,从而有针对性地制订教学计划和改进措施。

要想建立有效的反馈机制,学校需要采取一系列措施。首先,需要制定科学、合理的评价标准和方法,确保评价结果客观、公正、全面。其次,需要及时收集和分析评价数据,为反馈提供准确、可靠的信息。最后,需要建立有效的沟通渠道,让学生和教师能够及时了解评价结果和建议,并采取有效的改进措施。

因此,建立有效的反馈机制是教学评价体系改革的重要方向之一。这有助于学生和教师更加明确自己的学习目标和教学任务,也有助于学校和教育部门更加了解学生的学习情况和教师的教学效果。

总之,高职院校教学评价体系改革需要从评价目标、评价方式、评价指标、评价主体和评价结果反馈等方面进行全面改革,以适应现代高职教育的需求和发展趋势。

教学评价体系改革是现代高职教育的重要任务之一,旨在提高教育质量和培养更多具备高素质和职业技能的人才。本节从五个方面对高职院校教学评价体系改革内容进行了探讨:评价目标、评价方式、评价指标、评价主体和评价结果反馈。

---

[1] SADLER D R.Formative assessment and the design of instructional systems[J]. *Instructional science*,1989,18(2):119-144.

在评价目标方面,改革应关注学生的知识掌握程度、能力提升程度和综合素质表现。知识掌握程度是基础,能力提升程度和综合素质表现则体现了现代高职教育对学生全面发展的要求。

在评价方式方面,改革应引入多种评价方式,如实践操作评价、项目报告评价、小组讨论评价等,以全面、客观地评价学生的学习成果。同时,注重评价的过程和结果,关注学生的表现和进步。

在评价指标方面,改革应建立多元化的评价指标体系,包括知识掌握程度、能力提升程度、综合素质表现等方面,以更全面地反映学生的学习成果。同时,评价方式应多样化,如通过考试、作业、课堂表现、实验、实训、项目实践、团队项目、社会实践、志愿服务等方式进行评估。

在评价主体方面,改革应引入企业、社会等多种评价主体,以更全面地反映学生的学习成果和综合素质。

在评价结果反馈方面,改革应建立有效的反馈机制,及时将评价结果反馈给学生和教师,并提供具体的建议和指导。这有助于提高学生的学习效果和教师的教学水平,促进教育公平和提升教育质量。

总之,高职院校教学评价体系需要从多个方面进行改革,以适应现代高职教育的需求和发展趋势。通过这些改革措施,学校可以更好地促进学生的全面发展,提高高职教育的质量和水平。

第七章　高职院校教师队伍建设

在提升学生综合素质的高职院校教学体系改革中，教师队伍建设具有重要意义和作用。教师是教学体系的核心因素之一，他们的素质和能力直接影响到学生的学习效果和综合素质的提升。因此，建设一支高素质、专业化的教师队伍是提升学生综合素质的关键。教师队伍建设可以促进教学体系的改革和创新，提高教师的职业素养和教学能力，增强学校的软实力和竞争力。学校应该加强对教师的培养和管理，建立完善的激励机制和培训体系，为教师提供更多的发展机会和支持，打造一支高素质、专业化的教师队伍，为提升学生综合素质提供有力保障。

第一节　高职院校教师队伍现状分析

一、教师的数量与结构

当前，高职院校的教师数量相对充足，但教师队伍的结构仍有待进一步优化。年轻教师占据了较大的比例，而经验丰富的教师相对较少。这种结构上的不平衡，可能会对学校的教学质量和科研水平产生一定的影响。

首先，年轻教师虽然充满活力和创新精神，但他们的教学经验和科研能力不足。因此，学校需要加强对年轻教师的培养和培训，提高他们的教学水平和科研能力。同时，学校可以邀请经验丰富的教师进行指导，帮助年轻教师更快地成长。

其次，部分学科领域的教师数量不足，无法满足学校发展的需求。这可能会导致学校在某些学科领域的课程设置和教学质量受到影响。因此，学校需要加强对这些学科领域的教师招聘和培养工作，提高教师的数量和质量。

此外，高职院校还需要加强对教师队伍的培训和管理，提高教师的专业素养和职业道德水平。同时，学校需要建立健全激励机制和评价机制，激发教师的积极性和创造性，提高教师的工作效率和质量。

综上所述，高职院校的教师数量虽然已经相对充足，但教师队伍的结构仍有待进一步优化。学校需要加强对年轻教师的培养和培训，加强对部分学科领域教师的招聘和培养工作，同时加强对教师队伍的培训和管理，提高教师的专业素养和职业道德水平。只有这样，才能更好地满足学校发展的需求，提高学校的教学质量和科研水平。

二、教师的学历与职称

高职院校教师的学历以本科和硕士为主，博士学历教师相对较少。出现这一现象的原因可能包括高职院校的定位、博士人才的稀缺性以及博士学历教师对于工作环境和待遇的要求。[①]

首先，高职院校的定位主要是培养应用型人才，因此对于教师可能更注重实践经验和专业技能，而不是学术研究能力。这导致高职院校在招聘教师时更倾向于选择具有实践经验和专业技能的本科和硕士学历人才。

其次，博士学历教师在一些高职学校的人才市场上相对稀缺，因此高职院校在招聘时可能面临较大的竞争压力。为了吸引和留住优秀的博士学历教师，高职院校需要提供更好的工作环境和待遇，而这需要投入更多的资源和成本。

---

① 东方.高职院校师资队伍结构的问题及对策：以 D 高职院校为例 [J].岳阳职业技术学院学报，2018，33（3）：55-59，75.

在职称方面，高级职称教师比例相对较低，这不利于满足高职院校的发展需求。高级职称教师是高职院校教学和科研的重要力量，对于提高学校的教学质量和科研水平具有重要意义。因此，高职院校需要采取措施提高高级职称教师的比例，如加大对优秀教师的培养和引进力度，提高教师的学术水平和科研能力等。

要想改善高职院校教师的学历结构和职称结构，需要政府、学校和社会各方面的共同努力。政府可以加大对高职院校的投入和支持力度，提高教师的待遇和地位；学校可以制订更加科学合理的招聘和培养计划，提高教师的学历和职称水平；社会可以加强对高职院校的关注和支持，为教师提供更好的工作环境和发展机会。[①]

三、教师的实践教学能力

高职院校作为培养技术技能人才的重要基地，需要注重实践教学，实践教学是其教学体系中的重要环节。然而，当前部分高职院校教师的实践教学能力却有待提高。这主要表现在以下几个方面：

首先，部分教师缺乏企业实践经验。很多教师都是从学校毕业后直接进入高职院校任教，没有在企业中工作过，对企业的实际需求和行业的发展趋势了解不够深入。这就导致教师在进行实践教学时，往往只能停留在理论层面，无法结合实际需求进行有针对性的教学。[②]

其次，部分教师对行业发展的了解不够深入。随着科技的不断发展，行业也在不断变化。然而，部分教师对行业发展的关注度不够，无法及时掌握最新的技术和行业动态，导致实践教学的内容与实际需求脱节。[③]

为了提高教师的实践教学能力，高职院校采取了以下措施：

---

① 和凤英.云南省高职院校"双师型"教师培养问题研究[D].昆明：云南师范大学，2006.

② 彭宝利，付云强，雷晓忠，等.高职院校教师应深入企业调研[J].中国职业技术教育，2005（35）：35-36.

③ 覃开贤，黄毅英.高职院校计算机专业与IT培训机构联合办学模式研究[J].广西科学院学报，2012，28（2）：163-166，170.

一是加强教师的企业实践。学校可以安排教师到企业中进行实践，让其了解企业的实际需求和行业的发展趋势，从而更好地进行实践教学。

二是鼓励教师参加行业会议和培训。学校可以鼓励教师参加行业会议和培训，使其了解最新的技术和行业动态，提高自身的专业素养和实践教学能力。

三是加强与企业的合作。学校可以与相关企业建立合作关系，共同开展实践教学活动，让教师和学生更好地了解企业的实际需求和行业的发展趋势。

总之，提高教师的实践教学能力是高职院校的重要任务之一。通过加强教师的企业实践、鼓励教师参加行业会议和培训以及加强与企业的合作等措施，可以有效地提高教师的实践教学能力，使其培养出更加符合市场需求的技术技能人才。

四、教师的科研能力

高职院校教师的科研能力提升是一个亟待解决的问题。当前，部分教师缺乏科研经验，科研成果质量不高，这直接影响了学校的整体科研水平。为了提高教师的科研能力，学校采取了一系列措施[①]：

首先，学校可以加强对教师的科研培训。通过定期举办科研讲座、研讨会等活动，让教师了解最新的科研动态和趋势，提高教师的科研素养和技能。同时，学校可以邀请专家学者来校进行指导，帮助教师解决科研中遇到的问题。

其次，学校可以加大对教师科研的支持力度。学校可提供充足的科研经费和资源，鼓励教师开展科研项目，提高教师的科研积极性和成果质量。同时，学校可以建立科研奖励机制，对在科研方面取得突出成绩的教师给予表彰和奖励，激励更多的教师投身科研工作。

再次，学校还可以加强与企业的合作，为教师提供更多的实践机会。通

---

① 宋嵘嵘．高职院校青年教师科研能力培养与提升的策略探析[J]．职教论坛，2009(31)：23-26．

过与企业合作,教师可以深入了解行业发展趋势和市场需求,将理论与实践相结合,提高自身的实践能力和科研水平。[1]

最后,学校需要加强对教师科研工作的管理和监督。学校可建立完善的科研管理制度和评价体系,对教师的科研成果进行定期评估和检查,确保教师的科研工作顺利进行。

总之,提高高职院校教师的科研能力需要学校、教师和社会各方面的共同努力。只有不断提高教师的科研素养和技能,才能推动学校的整体科研水平不断提升,为社会培养更多的高素质人才。

五、教师的职业道德与素质

高职院校教师的职业道德和素质整体良好,他们中的大多数都能够认真履行职责,关注学生的成长和发展,积极投入教学工作。然而,不可否认的是,仍然存在部分教师职业素养不高的问题。

首先,部分教师缺乏敬业精神。他们可能没有充分认识到教育工作的神圣性和重要性,没有全身心地投入教学工作中。他们可能只是把教育工作当作一份工作,而不是一项事业,缺乏对教育事业的热爱和追求。这种缺乏敬业精神的表现,直接影响了教学质量和学生的学习效果。[2]

其次,部分教师缺乏服务意识。他们可能没有充分认识到自己的职责不仅是传授知识,更是为学生提供全方位的服务,包括学习、生活、心理等方面的帮助。他们可能只是关注自己的教学任务是否完成,而忽视了学生的实际需求和感受。这种缺乏服务意识的做法,不仅影响了学生的学习效果,还可能对学生的身心健康产生不良影响。

针对以上问题,高职院校应该加强教师的职业道德和素质培训,提高教

---

[1] 范明.高职院校产教融合现状分析[J].中外企业家,2020(1):178.
[2] 姚佩英,张静,肖阅宾,等.高校教师教学敬业度现状分析及提升策略[J].宁波教育学院学报,2023,25(4):81-85.

师的敬业精神和服务意识。[①] 同时，学校应该建立完善的考核机制，对教师的职业道德和素质进行全面评估，对于表现不佳的教师进行及时的教育和引导。

总之，高职院校教师的职业道德和素质整体良好，但仍有部分教师存在职业素养不高的问题。学校应该加强培训和考核，提高教师的敬业精神和服务意识，为学生的成长和发展提供更好的保障。

六、教师的培训与发展情况

近年来，高职院校对教师培训和发展的重视程度不断提高，这是值得肯定的。然而，在实际操作中，仍然存在一些问题：

首先，培训内容多以理论为主，与实践结合不够紧密。许多培训课程只是简单地介绍一些理论知识，而没有深入探讨如何将这些知识应用到实际教学中。这种培训方式不仅难以提高教师的实际教学能力，还可能使教师感到厌倦和无聊。

其次，培训方式单一，缺乏针对不同教师的个性化培训方案。不同的教师有不同的教学风格和需求，如果只是采用统一的培训方式，很难满足所有教师的需求。[②] 因此，学校应该根据教师的不同需求和特点，制定个性化的培训方案，以提高培训效果。

只有加强培训内容与实际教学的结合、采用多种培训方式、制定个性化的培训方案，才能够增强教师的实际教学能力，促进高职院校的发展。[③]

七、教师的激励机制与评价制度

教师的激励机制和评价制度是教育领域中备受关注的话题。然而，当前

[①] 杨紫强.浅淡高职学院加强教师职业道德素质的途径：建立良好的师徒关系[J].科教导刊（电子版），2016（6）：30.

[②] 赖长春.不同年龄段教师培训需求调查及培训策略研究[J].上海教育评估研究，2018，7（4）：54-58.

[③] 毛天平.基于系统理论的高职院校教师培训体系构建[J].四川理工学院学报（社会科学版），2012，27（3）：88-92.

高职院校的激励机制和评价制度存在一些问题，有待进一步完善。

首先，当前的激励机制和评价制度多以量化指标为主，这使得对教师的全面评价和激励不够充分。量化指标虽然在一定程度上能够反映教师的工作表现，但过于强调量化指标会导致一些教师过分追求分数和排名，而忽略了教育教学的本质。同时，量化指标无法反映教师的创新精神、团队协作能力、师德师风等方面的表现。

其次，评价制度透明度不够高，这影响了教师的积极性和教学质量。一些教师可能会感到自己的工作成果没有得到充分的认可和肯定，从而影响了他们的工作积极性和教学质量。同时，评价制度不透明容易导致一些不公正的现象出现，使得一些教师感到不公平。

总之，完善高职院校教师的激励机制和评价制度是提高其教育质量的重要保障。[①] 对此，学校应该从多个方面入手，以建立多元化的评价标准、提高评价制度的透明度、建立完善的激励机制等措施，激发教师的积极性和创造力，提高教育教学的质量。

第二节　高职院校教师队伍建设存在的问题与挑战

高职院校教师队伍建设存在的问题与挑战是多方面的[②]，以下是一些主要的方面，包括教师队伍建设政策与制度不完善、教师培训与发展机制不健全、教师评价与激励机制不完善、教师职业发展通道不畅。

[①] 杨朝辰，谢卫娟，刘冬梅，等．用科学发展观完善高职院校教师激励机制[J]．中国成人教育，2011（12）：28-30．

[②] 白智童．高职院校教师队伍建设政策体系研究[J]．产业与科技论坛，2022，21（10）：285-286．

一、教师队伍建设政策与制度不完善

教师队伍建设政策与制度不完善是一个复杂的问题[1]，涉及多个方面。

（一）缺乏长期规划

教师队伍建设是一项长期而艰巨的任务，需要制定明确的规划，包括明确的目标、措施和时间表。只有这样，才能确保政策制定和执行的连续性和稳定性，提高教师队伍的整体素质和水平。[2]

然而，一些地方或学校缺乏这样的规划，导致政策制定和执行缺乏连续性和稳定性。例如，一些地方或学校可能只注重短期效益，忽视了长期发展，导致教师队伍的结构和素质无法适应教育发展的需要。此外，一些地方或学校可能缺乏有效的激励机制和培训机制，无法吸引和留住优秀的教师人才。对此，学校需要加强对政策执行情况的监督和评估，以确保政策的有效性和可持续性。

（二）投入不足

教师队伍建设是一项长期而艰巨的任务，需要投入大量的人力、物力和财力。[3]然而，在实际操作中，一些地方或学校可能会因为各种因素导致投入不足，从而影响了教师队伍的建设。[4]

首先，财政困难是导致投入不足的一个重要原因。在一些经济欠发达地区，政府财政收入有限，难以满足教育领域的投入需求。此外，一些学校可能因为资金来源单一，缺乏多元化的筹资渠道，导致经费紧张，无法为教师

---

[1] 叶煜，李敏，文燕. 高职院校"双师型"教师队伍建设：政策、问题与建议 [J]. 职业教育研究，2019（10）：69-73.

[2] 窦争妍，宋长海. 高职本科院校"双师型"教师队伍建设的理论、机制与路径 [J]. 温州职业技术学院学报，2023，23（2）：58-62.

[3] 韩海姣. "双高计划"背景下高职院校教师队伍建设研究 [J]. 今日财富，2020（17）：136-137.

[4] 黄家荣. 影响中职教育教学质量的原因及对策探讨 [J]. 现代教育探索，2023，4（4）：16-18.

队伍建设提供足够的支持。

其次，资源分配不均也是导致投入不足的原因之一。在一些地区或学校，存在严重的教育资源分配不均衡现象，优质教育资源相对匮乏。这使得一些学校难以吸引和留住优秀的教师，从而影响了教师队伍的建设。

要想解决这些问题，政府需要采取一系列措施。首先，政府应该加大对教育领域的投入，确保教育经费充足和稳定。[1] 同时，政府应该建立多元化的筹资渠道，鼓励社会各界参与到教育领域中。其次，政府应该加强对教育资源的均衡分配，确保每个地区、每所学校都能获得优质的教育资源。而学校应该加强对教师的培养和培训，提高教师的专业素养和教学能力。[2]

总之，教师队伍建设需要投入大量的人力、物力和财力，只有政府、学校和社会各界共同努力，才能确保教师队伍建设的顺利进行。[3]

（三）管理和监督不到位

教师队伍的建设是教育事业发展的重要保障，而有效的管理和监督是教师队伍建设的关键。然而，在一些地方或学校，可能存在管理和监督不到位的情况，这给教师队伍的建设带来了诸多问题。[4]

首先，管理和监督不到位可能导致政策执行不力。一些学校或地方的教育政策可能非常完善，但由于管理和监督的缺失，这些政策往往无法得到有效的执行。例如，一些学校可能制订了严格的教师培训计划，但由于缺乏有效的监督和考核机制，这些计划往往流于形式，无法真正提高教师的专业素养。

其次，管理和监督不到位可能导致资源配置不合理。教育资源的配置是教师队伍建设的重要环节，包括教学设备、教材、培训机会等方面的配置。

---

[1] 唐瑞.保障高等教育公益性中的政府责任研究[D].上海：华东师范大学，2009.
[2] 潘懋元，罗丹.高校教师发展简论[J].中国大学教学，2007（1）：5-8.
[3] 冀永强，解光穆.教师教育：国内发展趋势与宁夏改革构想[J].宁夏大学学报（人文社会科学版），2012，34（5）：1-6.
[4] 田来社，陈纪伟，刘正礼.关于高职院校"双师型"师资队伍建设的思考[J].工会论坛（山东省工会管理干部学院学报），2013（3）：125-127.

然而，在一些地方或学校，由于管理和监督的缺失，这些资源往往无法得到合理的分配。① 一些优秀的教师可能因为缺乏必要的资源而无法充分发挥自己的潜力，而一些不称职的教师可能因为管理不善而继续留在教学岗位上。

所以，教师队伍的建设需要有效的管理和监督。② 只有加强管理和监督力度，才能确保教育政策得到有效的执行、教育资源得到合理的分配、教师的专业素养和教学能力得到提高。③ 只有这样，才能真正建设出一支高素质、专业化的教师队伍，为教育事业的发展提供有力保障。

二、教师培训与发展机制不健全

高职教师培训与发展机制不健全主要体现在以下几个方面：

（一）培训内容与实际需求脱节

当前的高职教师培训往往注重理论知识的传授，而缺乏实践技能的培养。④ 这与高职教育的实际需求存在较大的差距，导致教师无法在实际教学中有效地运用所学知识。⑤

（二）培训方式单一

目前的高职教师培训多采用传统的讲授方式，而忽视了其他形式的培训，如案例分析、研讨交流、实践操作等。这种单一的培训方式无法满足教师的多样化需求，也无法激发教师的参与热情。⑥

---

① 刘树道，宋公德，张玲. 关于高等学校房产资源合理化使用和科学化管理的探讨 [J]. 华南理工大学学报（社会科学版），2000（1）：132-135.
② 纪洪广，倪文，张文明，等. 学院教学管理中监督与激励双重机制的建设与实践 [J]. 中国冶金教育，2001（5）：1-6, 92.
③ 杨银付. 深化教育领域综合改革的若干思考 [J]. 教育研究，2014, 35（1）：4-19.
④ 李佳嘉. 高职院校教师体验式培训研究 [D]. 长沙：湖南师范大学，2019.
⑤ 旷丽华. 基于竞值架构视角下的高职院校教师培训效果分析 [J]. 人才资源开发，2016（6）：47-48.
⑥ 陈莉. 高校教师培训实效性欠缺的原因分析及路径选择 [J]. 中国成人教育，2016（3）：133-137.

（三）培训时间不足

高职教师往往承担着繁重的教学任务，很难抽出足够的时间参加培训。而现有的培训时间安排往往不能满足教师的实际需求，导致教师无法充分参与培训。[①]

（四）培训效果评估不足

当前的高职教师培训往往缺乏有效的评估机制，无法对培训效果进行科学的评价。[②] 这使得教师无法了解自己的学习成果，也无法为今后的教学工作提供有效的参考。[③]

因此，建立健全高职教师培训与发展机制是提高高职教育质量的重要保障。学校应该从多个方面入手，加强培训内容与实际需求的对接、丰富培训方式、合理安排培训时间以及加强培训效果评估等方面的工作，为高职教育的健康发展提供有力支持。

三、教师评价与激励机制不完善

高职教师评价与激励机制不完善主要体现在以下几个方面：

（一）评价标准不明确

对于高职教师的评价，需要明确的标准和依据。一个清晰、客观的评价标准，能够确保评价结果的公正性和客观性，避免主观偏见和误判。[④]

首先，评价标准应该基于教师的职责和任务来制定。高职教师的职责不仅是传授知识，还包括培养学生的实践技能、职业素养和创新能力。因此，评价标准应该涵盖教学、科研、社会服务等多个方面，以确保评价的全面性和准确性。

---

① 于华梅.高等职业教育"双师型"教师校本培训研究[D].兰州：兰州大学，2007.
② 陈莉.高校教师培训实效性欠缺的原因分析及路径选择[J].中国成人教育，2016（3）：133-137.
③ 闫冬.教师教育技术能力培训的有效转化策略研究[D].天津：天津师范大学，2012.
④ 贺甲宁.论高校教师教学效果评价的客观性[J].管理学家，2012（10）：480.

其次，评价标准应该具体、明确、可操作。过于模糊或抽象的标准会导致评价结果不准确和不公正。①例如，对于教学质量，可以通过学生的考试成绩、课堂参与度、作业完成情况等具体指标来衡量，而不是仅仅依赖于主观印象或个人喜好。

再次，评价标准应该注重定量和定性相结合。只有将定量和定性标准相结合，才能更全面地反映教师的实际工作表现。

最后，评价标准的制定和实施应该公开透明，让教师和学生都清楚评价的标准和依据。同时，评价结果应该及时反馈给教师本人，以便他们了解自己的工作表现和需要改进的地方。

总之，对于高职教师的评价需要有明确的标准和依据，以确保评价结果的公正性和客观性。同时，评价标准应该具体、明确、可操作，注重定量和定性相结合，并公开透明地制定和实施。只有这样，才能真正发挥评价的激励作用，促进高职教育健康发展。②

（二）评价方式单一

对高职教师的评价方式应该多元化。③高职教师是高等职业教育的重要组成部分，他们的教学、科研、社会服务等方面的工作对于高等职业教育的质量和水平有着重要的影响。因此，对高职教师的评价方式应该多元化，包括教学、科研、社会服务等多个方面。

首先，教学是高职教师的基本职责之一。评价教师的教学水平应该从多个方面进行，如教学内容的安排、教学方法的选择、课堂氛围的营造、学生评价等。同时，对于不同课程的教学，教学评价的标准应该有所不同。因此，评价方式应该具有针对性和灵活性。

其次，科研是高职教师的重要工作内容之一。评价教师的科研水平应该

---

① 宋星源.谈教学质量的模糊评价及其量化[J].广州市财贸管理干部学院学报，1997（3）：53-57.
② 魏俊领.高职院校教学质量评价实施现状与应对策略[J].职业技术教育，2014，35（23）：59-62.
③ 朱晓花.高职教师多元化评价方式研究[J].文教资料，2022（6）：165-167.

从多个方面进行,如科研项目的数量和质量、科研成果的转化和应用、学术论文的质量和数量等。同时,对于不同学科、不同研究方向的科研项目,评价标准应该有所不同。因此,评价方式应该具有科学性和客观性。

最后,提供社会服务是高职教师的重要职责之一。评价教师的社会服务水平应该从多个方面进行,如为社会提供的咨询和服务、为社会培养的人才的数量和质量等。同时,对于不同领域、不同行业的社会服务项目,评价标准应该有所不同。[1]因此,评价方式应该具有实用性和可操作性。

综上所述,对高职教师的评价方式应该多元化。如果只采用单一的评价方式,那么评价结果就可能不够全面。因此,学校应该采用多种评价方式,以更好地评价高职教师的工作水平和质量。

(三)激励机制不足

对于高职教师来说,除了评价,建立相应的激励机制同样至关重要。激励机制能够激发教师的工作热情,提高教学质量和效果。[2]

首先,可以采取多种形式进行激励。例如,学校可以设立优秀教师奖、教学成果奖等,对表现优秀的教师进行表彰和奖励。这些奖励不仅是对教师工作的肯定,也能够激励其他教师向优秀教师看齐,形成良好的教学氛围。

其次,激励机制应该与评价机制相互补充。评价机制可以客观地反映教师的教学水平和表现,激励机制则可以激励教师不断提高自己的教学水平,形成良性循环。同时,激励机制应该注重公平、公正和透明,避免出现不公平的现象,影响教师的积极性和投入度。

再次,激励机制还需要考虑教师的个体差异。不同的教师有不同的需求和期望,因此激励机制应该具有多样性和个性化,满足不同教师的需求。例如,对于年轻教师,可以提供更多的培训和发展机会;对于资深教师,可以提供更好的工作环境和福利待遇。

---

[1] 黄享辉.论高职教师参与社会服务项目对职业发展的意义[J].大科技,2020(20):31-32.

[2] 刘芳,印赞华.高校教师教学激励机制的构建[J].社会科学前沿,2018(12):1881-1886.

最后，建立激励机制需要学校领导的高度重视和大力支持。学校领导应该充分认识到激励机制的重要性，将其纳入学校管理的重要议程。同时，学校领导应该积极参与激励机制的制定和实施过程，为教师提供更好的支持和帮助。

总之，对于高职教师来说，建立相应的激励机制是提高其教学质量和效果的重要手段。通过多种形式的激励机制、与评价机制相互补充、考虑个体差异以及学校领导的高度重视和大力支持，可以激发教师的工作热情，为高职教育的发展注入新的活力。[①]

（四）反馈机制不健全

对高职教师的评价和激励是一个互动的过程，这个过程需要及时的反馈机制来确保其有效性和公正性。[②] 如果反馈机制不健全，那么教师就可能无法了解自己的工作表现和需要改进的地方，从而无法进一步提高自己的教学水平和专业素养。

首先，及时的反馈机制可以帮助教师更好地了解自己的工作表现。通过定期的评价和反馈，教师可以清楚地知道自己在教学、科研、社会服务等方面的工作表现，以及哪些方面需要改进和提高。这有助于教师有针对性地改进自己的教学方法和策略，提高教学效果和质量。

其次，及时的反馈机制还可以激励教师不断追求进步和提高。当教师了解到自己的工作表现和需要改进的地方，他们会更加努力地工作，以实现更高的教学目标。这种激励机制可以激发教师的积极性和创造力，促进他们不断探索新的教学方法和手段，提高自己的教学水平和专业素养。

最后，及时的反馈机制还可以促进教师之间的交流和合作。在评价和反馈过程中，教师之间可以相互交流、分享经验和资源，共同探讨如何改进教学方法和提高教学效果。这种交流和合作有助于形成良好的教学团队和工作环境，促进高职教育持续发展。

因此，建立健全反馈机制是高职教师评价和激励过程中的重要环节。学

---

① 王利荣.高职院校教师激励机制研究[D].石家庄：河北师范大学，2014.

② 桑杏丽.高职院校"双师型"教师队伍建设策略研究：基于教师评价激励机制视角[D].南京：南京航空航天大学，2016.

校应该建立完善的评价制度,定期对教师进行全面、客观、公正的评价,并及时给予反馈和建议。同时,学校应该加强对教师的培训和支持,帮助他们更好地掌握教学技能和方法,提高教学效果和质量。只有这样,才能真正实现高职教育可持续发展和提高教育质量的目标。

四、教师职业发展通道不畅

高职教师职业发展通道不畅是一个复杂的问题,涉及多个方面。其具体内容如下:

(一)职称评定要求与实际工作不匹配

在高职院校中,教师的职称评定通常要求发表学术论文、进行课题研究等,而这些要求与高职院校以实践教学为主的教学特点不太匹配。[1] 这导致许多教师在职称晋升方面遇到困难,进而影响了他们的职业发展。[2]

首先,发表学术论文是职称评定的重要条件之一。然而,在高职院校中,由于实践教学是主要的教学方式,教师往往更注重实践教学的设计和实施,而缺乏对学术论文的关注和投入。这使得许多教师在职称晋升方面遇到了困难。

其次,进行课题研究也是职称评定的重要条件之一。然而,在高职院校中,由于实践教学是主要的教学方式,教师往往更注重实践教学的设计和实施,而缺乏对课题研究的关注和投入。这使得许多教师在职称晋升方面遇到了困难。

所以,高职院校应该根据自身的特点和要求,调整职称评定的要求和标准,更加注重实践教学的设计和实施。同时,学校应该加强对教师的培训和支持,提高他们的学术水平和研究能力。只有这样,才能更好地促进教师的职业发展,提高高职院校的教学质量和水平。

---

[1] 俞仲文,刘守义,朱方来.高等职业技术教育实践教学研究[M].北京:清华大学出版社,2004:21.

[2] 潘懋元,罗丹.高校教师发展简论[J].中国大学教学,2007(1):5-8.

（二）缺乏专业发展空间

高职院校教师专业能力的发展是一个备受关注的话题。然而，一些教师可能面临着缺乏资源和机会的困境，这限制了他们进一步提升自己专业能力的机会。[1]

首先，学校缺乏相关培训和支持是导致教师专业能力发展受限的一个重要原因。许多高职院校可能没有为教师提供足够的培训和发展机会，这使得教师难以获得新的知识和技能。此外，学校可能没有提供足够的资金和资源来支持教师的专业发展，这使得他们难以获得更好的培训和学习机会。

其次，教师自身缺乏专业发展的意识和动力也是一个不可忽视的问题。一些教师可能没有充分认识到专业发展的重要性，或者缺乏自我提升的动力和意愿。这可能导致他们缺乏积极性和主动性，无法充分利用现有的资源和机会来提升自己的专业能力。

总之，高职院校教师的专业发展是一个长期而持续的过程[2]，需要学校和教师共同努力。只有这样，才能提高高职院校教师的专业素养。

（三）实践教学能力不足

高职院校教师的实践教学能力是他们职业能力的重要组成部分，也是培养高素质技能型人才的关键因素之一。然而，一些教师缺乏实际工作经验，或者没有接受过系统的实践教学培训，导致他们在实践教学方面能力不足。

首先，缺乏实际工作经验是影响高职院校教师实践教学能力的一个重要因素。许多教师都是从学校毕业后直接进入高职院校任教，没有在企业工作的经验。因此，他们在教授实践课程时，往往停留在理论层面，无法深入实际操作中，导致学生无法真正掌握实践技能。

其次，没有接受过系统的实践教学培训也是影响高职院校教师实践教学

---

[1] 忻艺珂.高校专业课教师课程思政能力培养提升策略研究[J].社会科学前沿，2023（10）：6086-6093.

[2] 丁金昌.科教结合是高职院校可持续发展的有效路径[J].中国高教研究，2013（3）：88-90.

能力的原因之一。[1] 虽然许多高职院校都开展了实践教学培训，但是在培训内容、方式、时间等方面存在不足，无法满足教师的实际需求。此外，一些教师可能缺乏对实践教学的认识和重视，没有积极参与培训，导致实践教学能力无法得到提高。

因此，提高高职院校教师的实践教学能力是培养高素质技能型人才的关键因素之一。学校应该加强校企合作、实践教学培训和科研项目实践等方面的支持，为教师提供更多的实践机会和资源，提高教师的实践教学能力和水平。[2]

（四）职业规划不明确

在高职教育领域，教师扮演着至关重要的角色。然而，一些高职教师可能对自己的职业规划不够明确，不知道自己未来的发展方向和目标。这种情况可能导致他们在工作中缺乏动力和方向，进而影响职业发展。因此，明确职业规划对于高职教师来说具有重要意义。

首先，明确职业规划有助于高职教师更好地了解自己的职业特点和优势。通过分析自己的兴趣、能力和经验，教师可以找到适合自己的职业发展方向，从而更好地发挥自己的优势和潜力。

其次，明确职业规划有助于高职教师制订合理的工作计划。有了明确的计划，教师可以更有针对性地开展工作，提高工作效率和质量。同时，这能够帮助教师更好地评估自己的工作成果，及时调整工作计划和目标。

再次，明确职业规划还有助于高职教师提升自身的职业素养和竞争力。在职业发展过程中，教师需要不断学习专业知识和提升自己的技能。通过明确的职业规划，教师可以有针对性地学习和提升自己的能力，从而更好地适应职业发展的需求。

最后，明确职业规划有助于高职教师更好地实现个人价值和社会价值。

---

[1] 戴士弘. 职业教育课程教学改革 [M]. 北京：清华大学出版社，2007：12.
[2] 顾秀梅，段向军. 高职院校教师实践教学能力提升路径 [J]. 云南开放大学学报，2022，24（1）：66–70.

通过明确自己的职业目标和计划，教师可以更好地实现个人价值，同时为社会做出更大的贡献。

总之，明确职业规划对于高职教师来说具有重要意义。它有助于教师更好地了解自己的职业特点和优势，制订合理的工作计划，提升自身的职业素养和竞争力，以及实现个人价值和社会价值。因此，高职教师应该重视自己的职业规划，明确自己的发展方向和目标，从而更好地推动自己的职业发展。

第三节　高职院校教师队伍建设的策略与措施

加强高职院校教师队伍建设是提升教学质量、促进学生全面发展的重要保障。为此，学校需要采取一系列策略与措施：

一、完善教师队伍建设政策与制度

完善教师队伍建设政策与制度是一个重要的任务，相关部门可采取以下措施完成：

（一）制定明确的教师队伍建设规划和政策

随着社会的发展和科技的进步，高职教育在培养高素质技能型人才方面发挥着越来越重要的作用。而高职教师作为高职教育的核心力量，其队伍建设对于提高教育质量、促进教育公平具有重要意义。[1] 因此，政府和教育部门应该制定明确的高职教师队伍建设规划和政策，为教师队伍建设提供指导和保障。

---

[1] INGERSOLL R M, STRONG M.The impact of induction and mentoring programs for beginning teachers: a critical review of the research[J]. *Review of educational research*, 2011, 81（2）: 201-233.

首先，政府和教育部门应该明确教师队伍建设的目标。这包括提高教师的教育教学能力、科研水平、实践能力和职业素养等方面。[1]同时，要明确教师队伍建设的任务和措施，如加强教师培训、完善教师评价机制、提高教师待遇等。

其次，政府和教育部门应该加大对高职教师队伍建设的投入。这包括提供必要的经费支持、完善教学设施和实验设备等。同时，要加强对高职教师的培养和引进，提高教师的整体素质和水平。

最后，政府和教育部门还应该加强对高职教师队伍建设的监督和管理。这包括建立健全教师评价机制、完善教师管理制度等。同时，要加强对高职教育的督导和评估，以确保教育质量和公平。

总之，政府和教育部门应该制定明确的高职教师队伍建设规划和政策，为教师队伍建设提供指导和保障。只有这样，才能培养出更多高素质技能型人才，为国家和社会的繁荣发展做出更大的贡献。

（二）加强教师培训和教育

要想提高教师的专业素养和教育水平，使其更好地适应教育改革和发展的需要，定期的高职教师培训和教育是至关重要的。在当今快速发展的教育领域，教师需要不断更新自己的知识和技能，以应对不断变化的教育需求和学生需求。[2]

首先，定期的高职教师培训和教育有助于提高教师的专业素养。通过参加专业培训课程和研讨会，教师可以了解最新的教育理念、教学方法和评价方式，从而更好地指导学生学习和发展。同时，教师可以学习到与自己专业相关的最新知识和技能，提高自己的专业素养和竞争力。

其次，定期的高职教师培训和教育有助于提高教师的教育水平。通过参

---

[1] FULLAN M. *The principal : three keys to maximizing impact*[M]. Hoboken : John Wiley & Sons, 2014 : 12.

[2] DARLING-HAMMOND L. Teacher education around the world : what can we learn from international practice ? [J]. *European journal of teacher education*, 2017, 40（3）: 291-309.

加教育培训课程和实践活动,教师可以学习到有效的教学方法和策略,提高自己的教学水平和能力。同时,教师可以与其他教师交流和分享经验,共同探讨教育问题和发展方向。

最后,定期的高职教师培训和教育还有助于教师更好地适应教育改革和发展的需要。随着教育改革的不断深入,教师需要不断更新自己的教育观念和教学方法,以适应新的教育需求和学生需求。通过参加教育培训课程和实践活动,教师可以了解最新的教育改革动态和趋势,掌握新的教学方法和策略,从而更好地适应教育改革和发展的需要。

因此,定期的高职教师培训和教育对于提高教师的专业素养和教育水平具有重要意义。通过参加教育培训课程和实践活动,教师可以不断更新自己的知识和技能,提高自己的专业素养和竞争力,更好地适应教育改革和发展的需要。因此,学校应该加强对高职教师的培训和教育,为其提供更多的学习和发展机会。

(三)建立科学的教师评价机制

建立科学的教师评价机制,是推动高职教育发展的重要环节。对教师的教育教学工作进行全面、客观、公正的评价,不仅可以激励教师不断提高教育教学水平,还可以促进学校整体教育质量的提升。[1]

首先,教师评价机制需要明确评价标准。评价标准应该包括教师的教育教学能力、科研能力、职业道德等多方面内容。其中,教育教学能力是评价的核心内容,应该包括教学内容、教学方法、教学效果等多个方面。科研能力也是评价的重要内容,可以反映教师的学术水平和创新能力。

其次,教师评价机制应该包含多种评价方式。除了传统的评课等方式,还可以包含学生评价、同行评价、自我评价等多种方式。这些评价方式可以相互补充,更全面地反映教师的教学水平和综合素质。

再次,评价结果应该及时反馈给教师。通过反馈,教师可以了解自己的

---

[1] STRONGE J H. *Evaluating teaching : a guide to current thinking and best practice*[M]. Thousand Oaks, CA: Corwin Press, 2005: 12.

优点和不足，从而有针对性地改进自己的教学工作。同时，学校可以根据评价结果对教师进行奖惩，激励教师不断提高教育教学水平。①

最后，教师评价机制需要不断完善和调整。随着教育改革的深入推进，评价标准和方法也应该不断更新和完善。同时，学校应该根据实际情况对教师评价机制进行调整和优化，使其更加符合学校发展的需要。

所以，建立科学的教师评价机制是推动高职教育发展的重要举措。通过全面、客观、公正的评价，可以激励教师不断提高教育教学水平，促进学校整体教育质量的提升。②

（四）完善教师激励机制

通过设立优秀教师奖、教学成果奖等奖励，激励高职教师积极投身教育事业，提高高等职业教育教学质量，这是一个非常重要的举措。③ 这些奖励不仅是对教师辛勤付出的肯定，更是对高等职业教育发展的有力支持。

首先，设立优秀教师奖可以激发教师的积极性和创造力。优秀教师的评选标准通常包括教学水平、科研能力、师德师风等方面，是对教师全面素质的认可。获得优秀教师奖的教师不仅会得到物质奖励，更重要的是会获得荣誉和尊重，这对于他们来说是一种极大的激励。同时，优秀教师的评选过程可以促进教师之间的交流和合作，使其共同提高教学水平。

其次，设立教学成果奖可以鼓励教师积极探索新的教学方法和手段。教学成果奖通常以实际教学成果为评选标准，包括学生的考试成绩、实践成果、创新能力等方面。这种奖励可以促使教师更加注重实践教学和创新能力培养，积极探索新的教学方法和手段，提高教学效果和质量。

---

① DESIMONE L M.Improving impact studies of teachers' professional development: toward better conceptualizations and measures[J].*Educational researcher*, 2009, 38（3）: 181-199.

② GUSKEY T R.*Evaluating professional development*[M].Thousand Oaks, CA: Corwin Press, 2000: 13.

③ STRONGE J H.*Evaluating teaching: a guide to current thinking and best practice*[M]. Thousand Oaks, CA: Corwin Press, 2005: 15.

此外，这些奖励还可以促进高等职业教育的健康发展。高等职业教育是我国教育体系中的重要组成部分，对于培养高素质技能型人才具有重要意义。通过设立优秀教师奖、教学成果奖等奖励，可以鼓励更多的优秀教师投身高等职业教育事业，提高教学质量和水平，为我国的高等职业教育发展做出更大的贡献。

总之，设立优秀教师奖、教学成果奖等奖励是激励高职教师积极投身教育事业、提高高等职业教育教学质量的重要举措。这些奖励不仅可以激发教师的积极性和创造力，还可以促进高等职业教育的健康发展。学校应该不断完善教师激励机制，为我国的高等职业教育发展提供更加有力的支持。

（五）加强教师职业道德建设

加强高职教师职业道德建设，提高高职教师的职业素养和道德水平，树立良好的师德师风，是当前高职教育发展的重要任务。[①]

首先，加强高职教师职业道德建设是提高教育质量的关键。教师的职业道德直接影响到学生的学习态度和行为习惯，因此，教师必须具备高度的职业道德和职业素养，以身作则，为学生树立良好的榜样。同时，教师需要不断学习专业知识和提高自己的技能，以更好地指导学生，提高教育质量。

其次，提高高职教师的职业素养和道德水平是培养高素质人才的重要保障。高职教育是培养高素质技能型人才的重要途径，而教师的职业素养和道德水平直接影响到学生的成长和发展。因此，教师必须具备高度的责任感和使命感，关注学生的全面发展，注重培养学生的实践能力和创新精神。

最后，树立良好的师德师风是高职教育可持续发展的重要保障。良好的师德师风可以营造积极向上的教育氛围，增强教师的凝聚力和向心力，提高学校的整体形象和声誉。同时，具有良好师德的教师可以为学生提供更加优质的教育服务，增强学生的归属感和荣誉感，为学校的发展注入新的动力。

因此，加强高职教师职业道德建设，提高高职教师的职业素养和道德水平，树立良好的师德师风是当前高职教育发展的重要任务。学校需要采取有

---

① CAMPBELL E.*The ethical teacher*[M].New York：McGraw-Hill Education，2003：15.

效的措施加强教师职业道德教育、完善评价机制、加强师德师风建设等方面的工作，为高职教育的可持续发展提供坚实的保障。

综上，完善教师队伍建设政策与制度需要政府、教育部门和学校共同努力，通过制定明确的教师队伍建设规划和政策、加强教师培训和教育、建立科学的教师评价机制、完善教师激励机制和加强教师职业道德建设等措施，全面提升教师的专业素养和教育水平，为教育事业的发展提供有力保障。

二、提升高职教师的教学能力与科研水平

提升高职教师的教学能力与科研水平是高职院校发展的重要任务之一。[①] 为此，学校需要采取一系列措施：

（一）加强高职教师培训

高职教师培训是非常重要的，它有助于提高教师的教育教学水平和专业素养。[②] 学校可采取以下措施加强教师培训并提高他们的相关能力：

1.制订明确的培训计划

要制订一个明确的高职教师培训计划，确定培训的目标、内容、时间和方式。这有助于确保培训的针对性和有效性。

2.现代教育技术培训

随着科技的不断发展，现代教育技术在教学中的应用越来越广泛。因此，教师需要接受现代教育技术的培训，掌握相关的技术和工具，如多媒体教学、在线教育、虚拟现实技术等。

3.教学方法培训

教师需要掌握多种教学方法，能够根据不同的教学内容和目标选择合适

---

① 徐志娟.高职院校教师教科研能力现状调研及提升策略[J].现代职业教育,2020(43)：196-197.

② 曲铁华，牛海彬.高校教师专业发展途径解析[J].现代教育科学（高教研究），2007（5）：5-9.

的方法。学校可以通过让教师观摩优秀教师的教学、参加教学研讨会等方式进行培训。

4. 课程开发能力培训

教师需要具备课程开发的能力，能够根据学生的需求和学科的发展，开发出适合学生的课程。学校可以通过让教师参加课程设计比赛、经验分享会等方式进行培训。

5. 实践经验培训

理论学习是必要的，实践经验同样重要。学校可以安排教师到实践基地或优秀教师的课堂进行观摩和学习，让他们亲身体验和实践新的教学方法和技能。

6. 持续学习

教师培训不是一次性的活动，而应该是一个持续的过程。学校可以定期组织教师参加培训、研讨会等活动，鼓励教师持续学习和进步。

7. 反馈与评估

学校可对教师培训的效果进行反馈和评估，了解教师的需求和不足，及时调整培训计划和内容，确保培训的有效性和针对性。

总之，加强教师培训是提高其教育教学水平和专业素养的重要途径。通过制订明确的培训计划、现代教育技术培训、教学方法培训、课程开发能力培训、实践经验培训、持续学习以及反馈与评估等措施，可以有效地提高教师的相关能力和素质。

（二）鼓励教师参与科研活动

鼓励高职教师参与科研活动是非常重要的，这样不仅可以提高教师的学术水平，还可以促进学校的发展和提升教育质量。[1] 以下是一些鼓励高职教师参与科研活动的措施：

---

[1] 张增，李慧杰. 高职院校教师科研能力的提高对策[J]. 南风，2014（6）：94.

1. 建立激励机制

学校可以建立激励机制，对在科研活动中表现优秀的教师给予一定的物质和精神奖励，激励他们更加积极地参与科研活动。

2. 提供科研支持

学校可以为教师提供必要的科研支持和资源，如科研经费、实验室设备、科研团队等，帮助他们更好地开展科研工作。

3. 加强科研培训

学校可以定期组织科研培训活动，提高教师的科研能力和水平，帮助他们更好地掌握科研方法和技巧。

4. 鼓励团队合作

学校可以鼓励教师之间进行团队合作，共同开展科研项目，促进相互交流和学习，提高科研效率和质量。

5. 推广科研成果

学校可以积极推广教师的科研成果，将科研成果转化为实际应用，提高学校的整体学术水平和知名度。

因此，鼓励高职教师参与科研活动需要学校从多个方面入手，为教师提供必要的支持和资源，激发他们的积极性和创造性，提高学校的整体科研水平和教育质量。

（三）引导教师合作交流

学校可引导高职教师与其他教师、专家、学生等合作交流，分享经验和知识，提升自己的教学和科研水平。这种合作交流不仅可以促进教师之间互相学习，还可以为学生提供更丰富、更深入的学习体验。

与其他教师合作交流是提升高职教师教学水平的重要途径之一。通过观摩优秀教师的教学过程，学习他们的教学方法和技巧，高职教师可以改进自己的教学方式，提高教学效果。同时，高职教师可与其他教师交流教学心得和体会，共同探讨教学中遇到的问题和困难，共同寻找解决方案，从而促进教学质量的提高。

与专家合作交流可以帮助高职教师了解行业前沿动态和最新技术，提升自己的专业素养和科研能力。专家具有丰富的实践经验和深厚的学术背景，他们的指导和建议可以帮助高职教师更好地把握研究方向和目标，提高科研水平和成果质量。

与学生合作交流是提升高职教师教学水平的重要途径之一。通过了解学生的需求和兴趣，教师可以更好地把握教学内容和教学方法，提高教学效果。同时，与学生合作交流，高职教师可以及时了解学生的学习情况和反馈意见，不断改进自己的教学方式和手段，提高教学质量。

总之，学校可引导高职教师与其他教师、专家、学生等合作交流，分享经验和知识，提升自己的教学和科研水平，从而为学生提供更优质的教育服务。

（四）引导教师创新教学方法

随着社会的不断进步和技术的不断更新，传统的教学方法已经无法满足学生的需求，对此，学校可引导教师不断探索新的教学方法和手段，以更好地满足学生的需求。

首先，高职教师可以采用多种教学方法，如案例分析、小组讨论、角色扮演等，以激发学生的学习兴趣和积极性。[1] 这些方法可以帮助学生更好地理解和掌握知识，同时可以提高学生的实践能力和团队协作能力。

其次，高职教师可以利用现代技术手段，如多媒体、网络等，来辅助教学。这些技术手段可以提供更加生动、形象的教学内容，也可以帮助学生更好地理解和掌握知识。[2] 此外，利用现代技术手段还可以实现远程教学和在线学习，为学生提供更加灵活的学习方式。

---

[1] 汤华清，何飞舟，刘铁滨，等.运用多种教学方法进行《护理学导论》教学[J].实用护理杂志，2003，19（14）：70-71.

[2] LEIDNER D E, JARVENPAA S L.The use of information technology to enhance management school education : a theoretical view[J].*MIS quarterly*，1995：265-291.

最后，高职教师需要不断关注学生的需求和反馈，及时调整教学方法和手段。① 只有真正了解学生的需求和反馈，才能更好地满足学生的需求，提高教学效果。

只有这样，才能更好地培养出符合社会需求的高素质人才。

三、加强师德师风建设，提高教师职业素养

师德师风是教师职业素养的重要组成部分，它关系到教师的形象、教学质量和学生的成长。因此，加强师德师风建设，提高教师职业素养，是提高教育教学质量、培养高素质人才的重要保障。

（一）明确师德师风要求

学校作为培养人才的摇篮，其教育质量直接关系到学生的未来。而教师作为学校教育的核心力量，其师德师风对于学生的成长和学校的发展都具有重要的影响。因此，学校应该制定明确的师德师风要求，其包括教师的职业道德、行为规范、责任意识等方面，让教师明确自己的职责和使命。②

首先，教师的职业道德是师德师风的核心。教师应该具备高尚的道德品质，以身作则，为学生树立榜样。他们应该热爱教育事业，关心学生成长，尊重学生个性，公正公平地对待每一个学生。③ 同时，教师应该具备严谨的治学态度，不断学习新知识，提高自己的专业素养，为学生提供优质的教育服务。

其次，教师的行为规范是师德师风的重要体现。教师应该遵守学校的规章制度，遵守社会公德，保持良好的仪表和言谈举止。他们应该尊重学生家长，与同事和睦相处，积极参与学校的各项活动，为学校的发展贡献自己的力量。

---

① NILSON L B.*Teaching at its best：a research-based resource for college instructors*[M]. Hoboken：John Wiley & Sons, 2016：12.
② 王玉涛, 王刚, 郭兴民. 职业院校在教师职业道德成长中的责任[J]. 天津职业院校联合学报, 2014, 16（1）：12-15, 49.
③ NODDINGS N.An ethic of caring and its implications for instructional arrangements[J]. *American journal of education*, 1988, 96（2）：215-230.

最后，教师的责任意识是形成师德师风的必要条件。教师应该明确自己的职责和使命，把学生的成长放在首位，尽心尽力地教育学生。他们应该关注学生的心理健康和成长需求，积极引导学生树立正确的价值观和人生观。[1] 同时，教师应该关注学生的学业成绩和综合素质，为学生的未来发展打下坚实的基础。

综上所述，学校应该制定明确的师德师风要求，让教师明确自己的职责和使命。只有这样，才能培养出更多优秀的人才，为社会的进步和发展做出更大的贡献。

（二）加强师德师风教育

教师的师德师风对于学生的成长和学校的发展都至关重要。[2] 因此，学校应该定期组织师德师风教育活动，以提高教师的师德意识和职业素养。[3]

首先，学校可以组织讲座、研讨会等活动，邀请优秀的教育工作者分享他们的教育经验和心得，让教师了解如何更好地履行自己的职责，提高自己的教育水平。同时，学校可以邀请社会各界人士，如企业家、社会活动家等，来给教师讲述他们的成功经验和人生哲学，让教师更好地理解社会和人生，从而更好地引导学生。

其次，学校可以组织培训活动，针对教师的实际需求，提供各种培训课程，如教育心理学、教学方法、教育技术等，以提高教师的专业素养和教育能力。此外，学校还可以组织一些实践活动，如教学观摩、教学比赛等，让教师互相学习、互相借鉴，共同提高。

最后，学校还应该建立完善的师德师风考核机制，对教师的师德师风进行定期评估和考核。对于表现优秀的教师，应该给予表彰和奖励；对于表现不佳的教师，应该及时进行提醒和帮助。同时，学校应该建立完善的反馈机

---

[1] 冉超凤，黄天贵.高职大学生心理健康与成长[M].北京：科学出版社，2005：26.
[2] 罗术章，刘芳.试析中职班主任在教学中如何渗透德育教育[J].人间，2015（36）：124.
[3] 牛颖颖，吴玉萍.艺术院校专职教师师德师风建设的对策研究[J].上海视觉，2021(1)：109-112.

制，让教师和学生都能够及时反馈对学校和教师的意见和建议，以便学校及时调整和改进。

总之，学校应该定期组织师德师风教育活动，以提高教师的师德意识和职业素养。同时，学校应该建立完善的考核机制和反馈机制，以确保教育活动的有效性和持续性。只有这样，才能培养出更多优秀的人才，为社会的发展做出更大的贡献。

（三）树立师德师风榜样

学校作为培养人才的摇篮，要注重师德师风的建设。要想营造良好的教育环境，学校应该树立一批师德师风优秀的教师典型，通过他们的示范和引领，激发其他教师的师德自觉，形成良好的师德师风氛围。

首先，优秀的教师典型是学校师德师风建设的核心。他们不仅是教育的实践者，更是教育的引领者。他们以身作则，用实际行动诠释着教育的真谛，为学生树立了良好的榜样。他们的言传身教，不仅影响着学生的成长，更影响着其他教师的教育理念和教学方法。

其次，优秀的教师典型能够激发其他教师的师德自觉。他们通过自己的教育实践，让其他教师认识到师德师风的重要性，从而自觉地加强自身的师德修养。这种自发的、内在的改变，能够使学校的师德师风建设更加深入人心。

最后，良好的师德师风氛围是学校发展的基石。充满爱心、责任心的教育环境，能够培养出更多具有社会责任感、创新精神和实践能力的人才。这种氛围的形成，需要全体教师共同努力，需要优秀的教师典型不断涌现。

因此，学校应该加强对优秀教师典型的选拔和培养，通过他们的示范和引领，推动学校师德师风建设深入开展。同时，学校应该建立健全激励机制，鼓励更多的教师向优秀教师典型学习，不断提高自身的教育水平和师德修养。只有这样，才能真正形成良好的师德师风氛围，为学校的长远发展奠定坚实的基础。

（四）强化师德师风考核

学校应该建立科学的师德师风考核机制，对教师的职业道德、行为规范等方面进行全面考核，并将考核结果与教师的薪酬、晋升等方面挂钩，激励教师自觉遵守师德规范。①

（五）建立师德师风监督机制

学校作为培养人才的重要场所，要注重师德师风的建设。为了确保教师遵守职业道德规范，学校应该建立有效的师德师风监督机制。这种机制应该包括学生、家长、社会等多方面的监督，以确保及时发现和纠正教师的违规行为。

首先，学生监督是监督机制的重要一环。学生与教师接触最为密切，能够直接观察到教师的言谈举止。因此，学校应该鼓励学生积极反映教师的问题，提供匿名举报渠道，保护学生的隐私权。同时，学校可以定期开展学生满意度调查，了解学生对教师职业道德的看法，及时发现问题并采取措施加以改进。

其次，家长监督也是监督机制的重要组成部分。家长是孩子的第一任教师，对教师的职业道德有着更高的期望和要求。学校应该建立家长与学校的沟通机制，定期向家长反馈教师的工作表现，听取家长的意见和建议。家长可以向学校反映教师的问题，学校应及时调查处理，确保问题得到妥善解决。

最后，社会监督也是监督机制的重要环节。社会公众对学校的关注度不断提高，对教师的职业道德也有更高的期望。学校应该积极回应社会关切，加强信息公开和提高透明度，接受社会监督。同时，学校可以邀请社会人士参与学校管理，对教师职业道德进行评估和监督。

在实施监督机制的过程中，学校应该注重保护教师的合法权益，避免因监督而损害教师的声誉和利益。同时，学校应该加强对教师的培训和教育，

---

① 郑爱平，张栋梁.立德树人根本任务指引下研究生导师师德建设研究：基于12所高校1496名师生的调查分析[J].研究生教育研究，2017（4）：30-35.

提高教师的职业道德水平，从根本上减少违规行为的发生。

总之，建立有效的师德师风监督机制是学校管理的重要内容。通过学生、家长、社会等多方面的监督，及时发现和纠正教师的违规行为，能够确保教师遵守职业道德规范，提高学校的整体形象和教育质量。

（六）加强教师职业培训

学校作为培养人才的摇篮，其教育质量直接关系到学生的未来。而教师作为学校教育的重要力量，其专业素养和教育教学能力对于学生的成长和发展具有至关重要的影响。因此，学校应该加强对教师的职业培训，提高教师的专业素养和教育教学能力，使其更好地履行职责和使命。

首先，加强对教师的职业培训是提高教师专业素养的重要途径。[1] 学校应该定期组织教师参加各种职业培训课程，如教育教学理论、教学方法、教育心理学等方面的培训。这些培训可以帮助教师更新教育观念，掌握新的教学方法和技巧，提高教育教学水平。同时，学校可以邀请教育专家、优秀教师等来校举办讲座、示范教学等，为教师提供更多的学习机会和交流平台。

其次，提高教师的专业素养和教育教学能力需要注重实践。学校应该为教师提供更多的实践机会，如组织教师观摩优秀教师的教学、安排教师到其他学校交流学习等。这些实践可以帮助教师更好地理解教育教学理论和方法，并将其应用到实际教学中。同时，学校可以鼓励教师开展教育教学研究，探索新的教学方法和手段，提高自身的创新能力和教育教学水平。

最后，加强对教师的职业培训和提高教师的专业素养需要学校和教师共同努力。学校应该为教师提供更多的支持和帮助，如提供教学资源、安排教学任务等。同时，教师应该积极学习和探索新的教学方法和手段，不断提高自己的专业素养和教育教学能力。只有学校和教师共同努力，才能培养出更多优秀的人才，为社会的进步和发展做出更大的贡献。

所以，加强对教师的职业培训和提高教师的专业素养是学校教育的重要任务之一。学校应该为教师提供更多的学习机会和交流平台，注重实践和应

---

[1] 曲铁华，牛海彬.高校教师专业发展途径解析[J].现代教育科学，2007（9）：5-9.

用，鼓励教师开展教育教学研究，提高教师的创新能力和教育教学水平。只有这样，教师才能更好地履行职责和使命，培养出更多优秀的人才，为社会的进步和发展做出更大的贡献。

总之，要想加强师德师风建设，提高教师职业素养，学校需要采取明确师德师风要求、加强师德师风教育、树立师德师风榜样、强化师德师风考核、建立师德师风监督机制以及加强教师职业培训等措施。这些措施的实施将有助于提升教师的职业道德和职业素养，推动高职院校发展。

四、拓宽高职教师职业发展通道，激发教师工作热情

拓宽高职教师职业发展通道，激发教师工作热情是高职院校发展的重要保障之一。其具体措施如下：

（一）提供多元化的职业发展路径

在传统的教育模式下，教师的发展路径相对单一，主要集中在教育教学领域。然而，随着社会的进步和教育需求的不断变化，教师需要具备更全面的素质和能力，如此才能更好地适应教育发展的需要。

因此，学校应该为教师提供多元化的职业发展路径，该路径包括教学、科研、社会服务、管理等多个领域。其可以满足不同教师的兴趣和能力需求，让教师根据自己的兴趣和能力选择适合自己的职业发展方向。

首先，教学是教师的基本职责，也是教师职业发展的核心领域。学校应该为教师提供各种教学培训和发展机会，如教学比赛、教学研究、教学经验分享等，以提高教师的教学水平和能力。

其次，科研是教师职业发展的重要领域之一。学校应该鼓励教师参与科研项目，提供科研支持和奖励机制，以激发教师的科研热情和创新能力。同时，学校可以与其他高校、科研机构等合作，为教师提供更多的科研机会和资源。

再次，社会服务是教师职业发展的重要领域之一。学校应该鼓励教师参与社会服务活动，如志愿服务、公益活动等，以增强教师的社会责任感和公

益意识。同时，学校可以与社区、企业等合作，为教师提供更多的社会服务机会和资源。

最后，管理是教师职业发展的重要领域之一。学校应该为教师提供管理培训和发展机会，如担任班主任、年级组长等职务，以提高教师的管理能力和领导力。同时，学校可以与企业管理团队合作，为教师提供更多的管理实践机会和资源。

综上，学校应该为教师提供多元化的职业发展路径，让教师根据自己的兴趣和能力选择适合自己的职业发展方向。这不仅可以满足不同教师的需求和发展潜力，还可以提高教师的综合素质和能力水平，为教育发展注入新的活力和动力。

（二）完善职称晋升机制

学校应该完善高职教师职称晋升机制，为教师提供良好的晋升机会和条件，使各方面优秀的教师获得晋升和认可。这不仅有助于提高教师的职业素养和教学水平，还有助于激发教师的工作积极性和创造力，为学校的发展注入新的活力。

首先，完善高职教师职称晋升机制是必要的。当前，一些高职院校的职称晋升机制存在一些问题，如晋升标准不够明确、晋升机会不均等、晋升程序不够透明等。这些问题不仅影响了教师的职业发展，也影响了学校的教学质量和科研水平。因此，学校应该完善职称晋升机制，如明确晋升标准、规范晋升程序、确保晋升机会均等。

其次，为教师提供良好的晋升机会和条件是必要的。学校应该为教师提供多种晋升机会，如通过参加教学竞赛、科研项目、学术交流等晋升。同时，学校应该为教师提供良好的工作条件，如提供必要的教学资源和科研设备，提供必要的培训和支持等。这些措施可以激发教师的工作积极性和创造力，提高教师的教学水平和科研能力。

总之，完善高职教师职称晋升机制是提高教师职业素养和教学水平的重要途径，也是激发教师工作积极性和创造力的重要手段。学校应该为教师提供良好的晋升机会和条件，这将有助于提高学校的教学质量和科研水平，为学校的发展注入新的活力。

（三）建立教学和科研奖励机制

学校应该建立教学和科研奖励机制，以表彰和奖励在高等职业教学和科研方面表现优秀的教师。这种奖励机制不仅可以激励高职教师积极参与教学和科研工作，还可以提高他们的职业素养和教学能力，进而提高学校的教学水平和科研能力。

首先，建立教学奖励机制可以激励教师提高教学质量。通过设立优秀教案奖、优秀课堂教学奖等奖励，鼓励教师创新教学方式，提高教学效果。同时，学校可以定期组织教学观摩和评估活动，让教师之间互相学习、互相促进，形成良好的教学氛围。

其次，建立科研奖励机制可以促进教师的科研能力提升。通过设立科研项目奖、优秀科研成果奖等奖励，鼓励教师积极开展科研工作，提高科研水平。同时，学校可以为教师提供科研支持和资源，如实验室、科研团队等，帮助他们更好地开展科研工作。

此外，建立教学和科研奖励机制还可以提高教师的职业素养和教学能力。通过奖励机制的引导，教师可以不断学习和提升自己的专业素养和教学能力，更好地适应高等职业教育的需求。

综上所述，建立教学和科研奖励机制对于提高高职教师的教学水平和科研能力具有重要意义。学校应该加强对奖励机制的建立和完善，为教师提供更好的职业发展平台和机会，促进高等职业教育持续发展。

（四）提供继续教育机会

学校应该为高职教师提供继续教育机会，这是提升教师专业素养、促进教育质量提高的重要途径。在当今知识更新迅速的时代，教师需要不断学习和掌握新的知识和技能，以适应教育发展的需要。

首先，学校可以为高职教师提供国内外学术交流的机会。通过参加国内外学术会议、研讨会等活动，教师可以了解最新的学术动态和研究成果，开阔视野，提高学术水平。同时，与国内外同行交流，有助于教师了解不同的教育理念和方法，为教育教学工作提供更多的思路和启示。

其次，学校可以组织高职教师进行访学。通过访学，教师可以深入了解其他高校的教学、科研和管理情况，学习先进的教育理念和教学方法，为自己的教育教学工作提供有益的借鉴和参考。同时，访学有助于教师拓展人脉资源，为未来的学术合作和交流打下基础。

最后，学校还可以鼓励高职教师参加学术会议。学术会议是学术界交流研究成果、探讨学术问题的重要平台。通过参加学术会议，教师可以了解最新的研究成果和趋势，为自己的学术研究和教育教学工作提供指导和帮助。

总之，学校为高职教师提供继续教育机会，有助于提高教师的专业素养和教育教学水平，为培养高素质人才提供有力的保障。同时，这是学校自身发展的重要途径，可以提高学校的整体竞争力和影响力。

（五）搭建社会服务平台

学校可搭建社会服务平台，为高职教师提供参与社会服务工作的机会，让他们能够充分利用自己的专业知识和技能。这一举措不仅有助于提高教师的实践能力和社会责任感，还有助于增强他们的职业成就感和满足感。

首先，搭建社会服务平台可以为高职教师提供更多的实践机会。在实践中，教师可以更好地了解社会需求，掌握行业动态，从而更好地指导学生的学习和未来的职业发展。同时，通过参与社会服务工作，教师可以不断更新自己的知识和技能，提高自己的专业素养和教学能力。

其次，搭建社会服务平台有助于增强高职教师的社会责任感。作为社会的一员，教师应该为社会做出贡献，利用自己的专业知识和技能，为社会提供更好的服务。通过参与社会服务工作，教师可以更好地了解社会的需求和问题，积极为社会做出贡献，从而增强自己的社会责任感和使命感。

最后，搭建社会服务平台还有助于增强高职教师的职业成就感和满足感。当教师通过自己的努力为社会做出贡献时，会感到自己的职业价值得到了认可和肯定，从而增强了自己的职业成就感和满足感。同时，通过参与社会服务工作，教师可以更好地了解自己的职业发展方向和目标，为自己的职业发展打下坚实的基础。

因此，学校可通过搭建社会服务平台来为高职教师提供更多的实践机会。这一举措不仅有助于提高教师的专业素养和教学能力，还有助于推动学校发展和社会进步。

（六）加强教师激励和管理

学校对于高职教师的激励和管理是至关重要的，因为高职教师是学校教育体系中的重要组成部分，他们的表现直接影响到学生的成长和学校的发展。因此，学校应该采取一系列措施来加强对高职教师的激励和管理，为高职教师提供良好的工作环境和条件，关心高职教师的成长和发展，同时加强对教师的考核和管理，激励教师积极履行职责和使命。

首先，学校应该为高职教师提供良好的工作环境和条件。这包括提供必要的办公设施、教学设备、科研经费等，以及为教师提供良好的工作环境，让教师能够安心工作、专心教学。此外，学校还应该关注教师的身心健康，提供必要的医疗保健和心理咨询服务，让教师能够保持良好的身心状态。

其次，学校应该关心高职教师的成长和发展。这包括为教师提供培训和发展机会，鼓励教师参加学术交流和研究活动，以及为教师提供必要的职业发展支持。此外，学校还应该关注教师的职业规划和发展方向，为教师提供必要的指导和帮助，让教师能够更好地实现自己的职业目标。

再次，学校应该加强对高职教师的考核和管理。这包括建立科学的考核机制和评价标准，对教师的教学质量、科研成果、社会服务等方面进行全面、客观、公正的考核和评价。此外，学校还应该加强对教师的日常管理和监督，确保教师能够履行职责和使命，为学生提供优质的教育服务。

最后，学校应该激励教师积极履行职责和使命。这包括建立激励机制和奖励制度，对表现优秀的教师给予适当的奖励和表彰，同时鼓励教师积极参与学校的各项活动和决策过程。此外，学校还应该关注教师的个人发展和需求，为教师提供必要的支持和帮助，让教师能够更好地发挥自己的作用和价值。

因此，加强对高职教师的激励和管理是学校教育体系中的重要环节。通过为高职教师提供良好的工作环境和条件、关心教师的成长和发展、加强对教师的考核和管理以及激励教师积极履行职责和使命等措施的实施，可以有效地提高高职教师的教学质量和水平，促进学校整体发展。

综上所述，拓宽高职教师职业发展通道，激发教师工作热情需要学校采取提供多元化的职业发展路径、完善职称晋升机制、建立教学和科研奖励机制、提供继续教育机会、搭建社会服务平台以及加强教师激励和管理等措施。这些措施的实施将有助于拓宽教师的职业发展通道，激发教师的工作热情和创造力，推动高职院校的发展。

高职院校教师队伍建设是提升学生综合素质的关键。本章从三个方面对高职院校教师队伍建设进行了探讨：教师队伍现状分析、教师队伍建设存在的问题与挑战、教师队伍建设的策略与措施。

教师队伍现状分析如下：当前高职院校教师数量充足，但结构有待优化；教师学历以本科和硕士为主，博士学历教师相对较少；教师实践教学能力有待提高，部分教师缺乏企业实践经验；教师科研能力有待提高，部分教师缺乏科研经验；教师职业道德与素质整体良好，但仍有部分教师存在职业素养不高的问题。

教师队伍建设存在的问题与挑战主要包括教师队伍建设政策与制度不完善、教师培训与发展机制不健全、教师评价与激励机制不完善以及教师职业发展通道不畅。教师队伍建设政策与制度不完善主要表现在缺乏长期规划、投入不足与管理和监督不到位。教师培训与发展机制不健全主要体现在培训内容与实际需求脱节、培训方式单一、培训时间不足和培训效果评估不足上。教师评价与激励机制不完善主要表现在评价标准不明确、评价方式单一、激励机制不足和反馈机制不健全上。教师职业发展通道不畅主要表现在职称评定要求与实际工作不匹配、缺乏专业发展空间、实践教学能力不足和职业规划不明确上。

教师队伍建设的策略与措施主要包括完善教师队伍建设政策与制度；提升高职教师教学能力与科研水平；加强师德师风建设，提高教师职业素养；

拓宽高职教师职业发展通道，激发教师工作热情。

　　总之，高职院校教师队伍建设需要从多个方面进行改革，以适应现代高职教育的需求和发展趋势。通过这些改革措施，教育者可以更好地促进学生的全面发展，提高高职教育的质量和水平。

第八章 高职院校校企合作模式改革

校企合作对提升高职院校学生综合素质具有显著的意义和重要作用。[1]首先，校企合作能为学生提供在企业实习的机会，使得他们可以将所学的理论知识应用于实际工作场景，从而积累宝贵的实践经验并提升职业能力。其次，通过深入企业实习，学生可以更全面地了解所学专业的行业现状、发展趋势及市场需求，为未来的职业规划提供有力的指导。再者，实习过程中的企业文化熏陶、规章制度遵守以及与同事的沟通协作，都有助于学生职业素养的形成与提升。再次，校企合作还能为学生提供更多的就业机会和资源，增强其就业竞争力。最后，企业也能为学校提供实践教学的资源和指导，促进学校教学内容和方法的改进，使教学更加贴近实际需求，从而提高教学质量。因此，校企合作不仅有助于学生综合素质的提升，也有助于推动学校教育改革与进步。

第一节 国内外高职院校校企合作现状

国内外高职院校的校企合作正在变得越来越普遍。在许多国家，政府都

---

[1] 周玲.校企合作科研项目在高职院校的重要意义[J].中小企业管理与科技（中旬刊），2014（2）：240-241.

在鼓励和推动高职院校与企业紧密合作,以提高毕业生的就业竞争力和适应市场的能力。①

在中国,许多高职院校已经建立了与企业密切合作的机制,如共同开设课程、组织实习、联合研究项目等。这种合作有助于学生获取实际工作经验,了解行业趋势,同时让企业更直接地接触到潜在的招聘对象。

在国际上,高职院校和企业之间的合作形式也各有特色。例如,在欧洲,一些高职院校与企业合作开设了学徒制课程,让学生在实际工作环境中学习;在北美,一些高职院校则与企业合作开设了实践课程,帮助学生将理论知识转化为实际技能。

总的来说,无论是国内还是国际,高职院校和企业之间的紧密合作正在为学生提供更丰富的学习体验和更广阔的就业机会。

一、国外职业院校的校企合作模式

(一)德国职业教育的校企合作模式

德国职业教育的校企合作模式主要包括以下几种②:

1. 双元制度(dual system)

学生在学校和企业之间进行交替培训。他们在学校学习理论知识,然后在企业中应用所学知识。

2. 学徒制度(apprenticeship system)

学徒在企业中接受实际培训,与导师一起工作,并定期返回学校接受理论教育。这种模式注重实际技能的培养。

3. 职业学校与企业合作(school-business cooperation)

学校与企业建立紧密合作关系,共同制订课程计划,企业提供实际项

---

① 徐成钢. 国外高职教育发展的模式、特色及对我国的启示 [J]. 学术界,2014(6):228-237,312.

② 江奇. 德国职业教育校企合作机制研究." [D]. 西安:陕西师范大学,2014.

目和实践经验,学生获得更直接的职业准备。

4. 企业内培训(in-company training)

一些大型企业开展自己的培训项目,与职业学校合作或独立进行,以确保员工具备所需技能。

5. 行业协会合作(industry association collaboration)

职业学校与行业协会紧密合作,以确保培训与行业需求保持一致,并为学生提供更广泛的行业背景。

这些模式相互补充,构成了德国职业教育成功的基石,为学生提供了实际工作经验和职业技能的全面培训。

(二)美国职业教育的校企合作模式

美国职业教育的校企合作模式主要包括以下几种[1]:

1. 实习项目(internship programs)

学生在职业教育期间有机会参与实习,通过在企业中实际工作来获得实践经验。

2. 合作学徒计划(cooperative apprenticeship programs)

学生在学校学习理论知识,然后在企业中进行实际工作,通过这种方式将理论和实践结合起来。

3. 行业合作项目(industry partnership programs)

学校与相关行业建立合作伙伴关系,共同设计课程、提供实践机会,确保培训内容符合行业需求。

4. 技术学院与行业合作(technical college-industry collaboration)

技术学院与行业紧密合作,以确保培养出符合技术行业需求的专业人才。

---

[1] 苏俊玲. 美国职业教育校企合作实践的研究[D]. 上海:华东师范大学,2008.

5. 实践导向的研究项目（practice-oriented research projects）

学校与企业合作进行实践导向的研究项目，促进知识交流和创新。

这些模式旨在为学生提供更实际的职业培训和实践经验，以满足不同行业的需求，并增加学生毕业后的就业竞争力。

（三）日本职业教育的校企合作模式

日本职业教育的校企合作模式主要包括以下几种[1]：

1. 产学合作（industry-academia collaboration）

学校与企业之间建立密切的合作关系，通过共同研究和知识交流，确保培训内容贴近行业需求。

2. 职业实习（vocational internships）

学生有机会参与企业实习，可在实际工作环境中积累经验，提升职业技能。

3. 企业内培训计划（In-company training programs）

一些大型企业提供自己的培训计划，学生在企业中接受实际培训，与导师一同工作。

4. 学徒制度（apprenticeship system）

学生在企业中进行实际工作，同时接受学校的理论教育，实现理论与实践的结合。

这些模式旨在确保学生获得实际的职业技能培训，增加其在职场上的竞争力。通过校企合作，日本职业教育致力于培养与行业需求紧密对接的人才。

（四）澳大利亚的 TAFE 模式

澳大利亚的技术与继续教育（Technical and Further Education，TAFE）

---

[1] 黄燕. 日本高职校企合作对我国高职教育的启示[J]. 南通纺织职业技术学院学报，2011, 11（2）: 102-105.

模式[①]是一种新型的现代学徒制度。这种模式的核心是"以职业能力为本位",这意味着TAFE学院的主要关注点是培养学生的实际职业能力。

在TAFE模式中,学员大部分时间是在工作场所进行工作本位的学习,只有一小部分时间在TAFE学院进行学校本位的学习。这种安排使得学生能够在实践中学习和掌握职业技能,从而更好地适应职场需求。

此外,TAFE模式还具有针对性强和实用性强等特点。专职教师需要保持与产业界的密切联系,确保教学内容与实际工作需求相匹配。同时,TAFE学院应注重与行业企业的合作,为学生提供实习和就业机会。

总之,澳大利亚的TAFE模式是一种以职业能力为本位、注重实践和与行业企业紧密合作的职业教育模式。

二、国内高职院校的校企合作模式

国内高职院校(高等职业学校)的校企合作模式随着职业教育的发展和市场需求的变化而不断演进。以下是几种常见的校企合作模式:

(一)订单式培养

企业与学校合作培养人才是一种常见的教育模式,这种模式旨在满足企业对特定人才的需求,同时为学生提供更好的就业机会。在这种模式下,企业根据自身的需要向学校提出人才培养需求,学校则按照企业的要求设置专业和课程,以确保学生所学的内容与企业的实际需求相匹配。

首先,企业向学校提出人才培养需求是非常重要的。这是因为企业了解市场和行业的需求,能够预测未来的人才需求趋势。通过与学校合作,企业可以将这些需求转化为具体的教育目标,以确保学生所学的内容与市场需求相匹配。

其次,学校按照企业的要求设置专业和课程也是非常重要的。学校需要了解企业的实际需求,并根据这些需求调整课程设置和教学方式。同时,学

[①] 陈智强. 澳大利亚TAFE模式及其对我国高职教育的启示[J]. 教育与职业,2011(36):90-91.

校需要确保所教授的内容与企业的实际需求相匹配，以避免学生所学的内容与市场需求脱节。

最后，学生毕业后直接到企业就业是这种模式的最终目标。通过这种教育模式，学生可以更好地了解企业的实际需求，并获得更好的就业机会。同时，企业可以获得更加符合实际需求的人才，从而更好地满足市场需求。

总之，企业与学校合作培养人才是一种非常有效的教育模式。它不仅可以满足企业对特定人才的需求，还可以为学生提供更好的就业机会。未来，随着市场和行业的变化，这种模式将会更加普及和重要。

（二）工学结合

学生在校期间的学习模式通常包括两部分：一部分是在学校进行理论学习，另一部分是在企业进行实习。这种理论与实践相结合的模式，有助于学生更快地适应工作岗位。

首先，在校理论学习为学生提供了扎实的知识基础，通过系统的课程学习，学生可以掌握专业的基本概念、原理和方法，了解行业的发展趋势和前沿技术。这种理论学习不仅为学生提供了知识储备，还培养了学生的思维能力和解决问题的能力。

其次，企业实习为学生提供了实践机会。在实习期间，学生可以将所学的理论知识应用到实际工作中，加深对专业的理解和认识。通过实习，学生可以了解企业的运作模式、工作流程和行业规范，提高自身的职业素养和团队协作能力。

这种理论与实践相结合的模式，有助于学生更好地将所学知识转化为实际能力。通过实习，学生可以更好地了解自己的职业兴趣和方向，为未来的职业规划提供参考。通过实习，学生可以建立人脉和资源，为未来的职业发展打下基础。

此外，这种模式还有助于学生更快地适应工作岗位。在实习期间，学生可以接触到真实的工作环境和任务，了解行业的工作要求和标准。这使得学生在毕业后能够更快地适应工作岗位，减少企业的培训成本和时间。

综上所述，学生在校期间部分时间在校学习、部分时间在企业实习的模式，有助于学生更快地适应工作岗位。这种理论与实践相结合的模式不仅为学生提供了知识储备和实践机会，还培养了学生的思维能力和解决问题的能力，为其未来的职业发展打下坚实的基础。

（三）合作共建

企业与学校合作共建实训基地、实验室或学院，是一种双赢的模式。通过这种模式，企业可以获得更稳定、更可靠的人才来源，而学校可以获得更多的实践机会和资源，提高教学质量和学生的就业竞争力。

在共建实训基地方面，企业可以提供先进的设备和技术支持，帮助学校建立更加贴近实际生产环境的实训场所。同时，企业可以派遣经验丰富的工程师或技术人员到学校授课，为学生提供更加实用的技能培训和指导。

在共建实验室或学院方面，企业可以与学校共同开发课程和教材，将企业的实际需求和最新技术融入教学中，使学生能够更好地掌握实际应用技能。同时，企业可以为学校提供实习机会和就业资源，帮助学生更好地融入社会和工作岗位。

这种合作模式还可以实现资源共享。企业可以利用学校的师资力量和教学资源，开展员工培训和技术研发等活动。学校则可以利用企业提供的设备和资金，提高教学质量和科研水平。

总之，企业与学校合作共建实训基地、实验室或学院，是一种互利共赢的模式。通过这种模式，可以促进教育资源的优化配置，提高人才培养质量，为企业和社会的发展做出更大的贡献。

（四）双元制教育

这种模式源于德国，是一种学校与企业合作的教育模式。在这种模式下，学校与企业共同承担教学任务，学生边工作边学习。

这种模式的优势在于，学校与企业之间的紧密合作可以为学生提供更多的实践机会和工作经验。学生可以在实际工作中学习和掌握技能，从而为企业的运营和发展做出贡献。此外，这种模式还可以使学生更好地了解行业趋势和市场需求,为他们未来的职业发展打下坚实的基础。

在实施这种模式时,学校和企业需要共同制定教学方案,以确保教学内容与实际工作需求相符合。同时,学校和企业需要建立良好的沟通和协调机制,以确保教学任务的顺利进行。

这种模式的成功实施需要学校和企业的共同努力和配合。学校需要提供优质的教学资源和师资力量,企业则需要提供实践机会和工作经验。

因此,这种模式是一种非常有效的教育模式,可以为学生提供更多的实践机会和工作经验,使他们更好地了解行业趋势和市场需求,为他们未来的职业发展打下坚实的基础。

(五)现代学徒制

现代学徒制是一种将传统学徒制与现代职业教育理念相结合的教育模式,旨在通过企业与学校的深度合作,共同培养具有实践能力和创新精神的高素质人才。

在现代学徒制中,企业扮演着重要的角色。[1] 其不仅为学生提供实习岗位,还参与到课程设计、教学实施和考核评价等各个环节中。企业与学校共同制定人才培养方案,以确保教学内容与实际需求紧密结合。同时,企业为学生提供实践机会,让他们在真实的岗位上锻炼技能,提高解决问题的能力。

这种教育模式不仅有助于提高学生的实践能力和就业竞争力,还有助于缓解企业的用工压力。通过现代学徒制,企业可以提前介入人才培养过程,选拔出符合自身需求的高素质人才。同时,学生可以在实习过程中了解企业文化和业务流程,为其未来的职业发展打下坚实的基础。

此外,现代学徒制还有助于推动职业教育的改革和发展。传统的职业教育往往注重理论知识的传授,而忽视实践能力的培养。现代学徒制则强调理论与实践相结合,注重培养学生的实践能力和创新精神。

---

[1] 张晴晴.现代学徒制中企业的角色定位及激励策略[J].南方企业家,2018(2):91-92.

（六）互联网+合作模式

随着互联网技术的不断发展，企业与学校之间的资源对接已经成为一个重要的趋势。[①] 通过互联网技术和平台，企业可以更好地与学校合作，实现资源共享和优势互补，推动线上和线下相结合的教学模式改革。

首先，利用互联网技术可以实现企业资源与学校教学资源的有效对接。企业拥有丰富的实践经验和先进的技术设备，学校则拥有丰富的教学资源和人才优势。通过互联网技术，企业可以将自己的实践经验和先进技术设备与学校的教学资源进行对接，从而为学生提供更加真实、生动的实践体验。同时，学校可以将自身的教学资源和人才优势与企业的实践经验和先进技术设备进行对接，从而为学生提供更加全面、深入的理论知识。

其次，利用互联网平台可以实现线上和线下相结合的教学模式改革。传统的课堂教学模式往往存在着时间和空间的限制，而线上教学模式可以打破这些限制。通过互联网平台，学生可以在任何时间、任何地点进行学习，从而更加灵活地安排自己的学习时间和学习进度。同时，线上教学模式可以为学生提供更加丰富的学习资源和更加多样化的学习方式，从而更好地激发学生的学习兴趣和积极性。

最后，利用互联网技术和平台实现企业资源与学校教学资源的有效对接，不仅可以提高学生的学习效果和实践能力，还可以促进企业和学校之间的合作和交流。通过这种合作和交流，企业和学校可以共同探索更加先进、更加实用的教学模式和技术手段，从而为教育事业发展做出更大的贡献。

因此，企业和学校应该积极实践这种新的教学模式和技术手段，为教育事业发展做出更大的贡献。

（七）国际化合作

近年来，我国职业教育领域不断加强与国外高校、企业的合作，积极引进国际先进的职业教育理念、标准和课程，以培养具有国际视野的高素质技

[①] 贺映辉."互联网+"背景下高职外贸人才"三维四融合"培养模式构建与实践[J].商情，2017（45）：240-241.

术技能人才。[1]

首先，与国外高校的合作对于提高我国职业教育的水平具有重要意义。国外高校在职业教育方面有着丰富的经验和先进的教育理念，通过与国外高校的合作，我国职业院校可以引进其优质教育资源，如教学方法、教材等。同时，我国职业院校可以借鉴国外高校在职业教育方面的成功经验，结合我国的实际情况，探索出适合我国国情的职业教育模式。

其次，与国外企业的合作对于提高我国职业教育的实践性和应用性具有重要作用。国外企业在技术研发、生产管理等方面有着丰富的经验，通过与国外企业的合作，我国职业院校可以引进其先进技术和管理经验，将这些经验融入职业教育中，提高学生的实践能力和应用水平。同时，我国职业院校可以通过与国外企业的合作，建立实践教学基地和实习基地，为学生提供更多的实践机会和就业渠道。

最后，引进国际先进的职业教育理念、标准和课程是提高我国职业教育质量和水平的关键。国际先进的职业教育理念、标准和课程可以为我国职业院校提供新的思路和方法，帮助我国职业院校更好地培养学生的综合素质和职业能力。同时，我国职业院校可以通过引进国际先进的职业教育理念、标准和课程，推动我国职业教育的改革和创新，提高我国职业教育的国际竞争力。

总之，与国外高校、企业合作，引进国际先进的职业教育理念、标准和课程，是提高我国职业教育质量和水平的重要途径。我国职业院校应该继续加强与国外高校、企业的合作，不断引进国际先进的职业教育理念、标准和课程，从而培养出具有国际视野的高素质技术技能人才。

（八）政府引导模式

政策引导是政府促进校企合作的重要手段之一。政府可以通过制定相关法规，明确企业和学校在合作中的权利和义务，规范合作行为，保障合作双

---

[1] 王威.加强国际交流与合作 促进高职教育国际化：高等职业院校"双高"建设过程中国际交流与合作的实践探索[J].辽宁高职学报，2019，21（6）：9-12.

方的合法权益。同时,政府可以通过制定优惠政策,如减免税收、提供贷款等,鼓励企业和学校开展合作。这些政策的出台,可以为企业和学校提供更多的合作机会和保障,促进双方的合作与发展。

除了政策引导,政府还可以通过资金支持来促进校企合作。政府可以设立专项资金,用于支持学校和企业开展科研项目、人才培养、实习实训等方面的工作。这些资金的投入,可以为企业和学校提供更多的资源和支持,促进双方的合作与发展。同时,政府可以设立奖励机制,对在合作中取得突出成绩的企业和学校给予奖励,以激励更多的企业和学校进行合作。

所以,政府促进校企合作是推动教育、科技和经济融合发展的重要途径。政府应该通过政策引导和资金支持等方式,促进校企合作。这样可以为企业和学校提供更多的合作机会和保障,促进科技创新和人才培养的有机结合,推动产业升级和经济转型。

这些模式并非独立存在,多数情况下是多种模式组合应用。随着技术的不断进步和市场需求的变化,校企合作模式也将持续创新和优化。

三、现有校企合作模式存在的问题与挑战

现有校企合作模式存在的问题和挑战主要体现在以下几个方面:

(一)合作层次和深度不够

高职院校与企业之间合作是提高学生实践能力和就业竞争力的重要途径,然而,部分高职院校与企业之间的合作仍然停留在较浅层次,如简单的"以工代学"和实效性不强的"放羊式"顶岗实习。这种合作方式难以实现真正意义上的校企融合,也不利于提高学生的实践能力和就业竞争力。

首先,"以工代学"方式只是让学生到企业进行简单的劳动,而没有真正参与到企业的生产、管理、技术研发等核心环节中。这种方式虽然可以让学生接触到一些实际工作,但是缺乏深度和广度,无法真正提高学生的实践能力和就业竞争力。

其次,"放羊式"顶岗实习方式虽然让学生到企业进行实习,但是缺乏

有效的管理和指导，学生往往只是完成一些简单任务，而没有真正掌握实践技能和工作经验。这种方式不仅无法提高学生的实践能力和就业竞争力，还可能因为缺乏有效的管理和指导而给学生带来安全和健康等方面的风险。

因此，高职院校与企业之间的合作需要更加深入、全面和有效，这样才能真正提高学生的实践能力和就业竞争力。相关部门应该采取更加有效的措施和方式，加强校企合作，为学生提供更好的实践机会和学习环境。

（二）缺乏有效的政策支持和长效合作机制

虽然国家出台了《中华人民共和国职业教育法》等法律法规，但在校企合作中，对双方的权利和义务缺乏必要的监督和约束，尤其是对企业的利益保护不够。这导致在校企合作中存在一些问题，如企业参与度不高、合作项目难以落地等。

要解决校企合作中存在的问题，需要政府、企业、学校等多方面的共同努力。只有采取加强监督和约束、建立专门的协调机构、加强对职业教育的投入和支持等措施，才能推动校企合作向更高水平发展。

（三）高职院校在校企合作中存在缺陷

高职院校作为培养高素质技术技能人才的重要基地，其自身实力和教学质量对于学生的培养和发展具有重要影响。然而，部分高职院校自身实力并不强，缺乏足够的资金、设备和师资力量，难以吸引行业企业与其开展深层次的合作。

首先，高职院校的设备、场地等硬件设施是开展实践教学的重要保障。然而，部分高职院校的硬件设施相对落后，无法满足实践教学的需要。这不仅影响了学生的学习效果，也限制了教师开展实践教学活动。

其次，高职院校的师资力量也是影响实践教学的重要因素。部分高职院校的教师缺乏企业工作经验，难以将理论知识与实践相结合，为学生提供实际操作指导。同时，一些教师的教学方法过于传统，缺乏创新和实践性，无法满足学生的学习需求。

综上，高职院校的实践教学水平对于学生的培养和发展具有重要影响。

政府、高职院校和企业应该共同努力,提高实践教学水平,从而培养出高素质技术技能人才。

(四)企业参与校企合作的积极性不高

企业与高职院校之间的合作教育活动是企业与学校之间的一种重要合作形式。然而,企业与学校在追求的目标和价值观上存在一定的矛盾。企业以追求利润为目的,学校则以培养人才为宗旨,这使得两者在合作过程中存在一定的冲突。

首先,企业参与合作教育活动的目的是获得人才和技术支持,以提高企业的竞争力和经济效益。因此,企业在参与合作教育活动时,首先考虑的是成本与收益情况。如果企业认为参与合作教育活动的成本过高,或者无法获得足够的收益,那么企业参与合作的积极性就不高。

其次,企业对校企合作的认识不足也是导致企业参与积极性不高的原因之一。一些企业可能认为高职院校的教学质量和科研水平不够高,或者认为高职院校的学生缺乏实践经验和技能,因此对校企合作项目持怀疑态度。

因此,需要采取一些措施来促进两者之间的合作。

(五)校企合作质量管理不足

多数高职院校校企合作的质量管理停留在末端检验阶段,缺乏过程管理和实时监控,使校企合作的质量得不到保证,实效性不强。

末端检验是质量管理的一种方法,即在产品生产完成后,对产品进行全面的检查和测试,以确保产品符合质量标准。然而,这种方法存在一些问题。首先,由于产品已经生产完成,如果发现质量问题,往往需要重新生产或者进行返工,这会增加成本和时间。其次,末端检验往往只能发现一些表面的问题,对于一些深层次的问题可能无法发现。

在高职院校校企合作中,末端检验同样存在这些问题。学校和企业往往只是在合作完成后,对合作成果进行一次性的评价,而缺乏对合作过程的管理和监控。这就导致一些问题得不到及时发现和解决,从而影响了合作的质量和实效性。

因此，加强过程管理和实时监控是提高高职院校校企合作质量和实效性的关键。学校和企业应该建立有效的沟通机制和科学的质量评价标准和方法，加强对员工的培训和管理，从而更好地保证合作的质量和实效性。

综上所述，我国高职院校校企合作模式虽然取得了很大的成就，但也面临很多的问题与挑战。

第二节 综合素养视角下的校企合作模式改革

校企合作模式改革最终目的是全面提升高职学生的综合素质。[1] 通过校企合作，学校和企业可以共同培养人才，提高人才培养质量，满足社会对人才的需求。这种模式注重实践能力的培养，让学生在实际工作环境中学习和成长，提高其综合素质和就业竞争力。同时，校企合作可以促进学校和企业的交流与合作，推动产学研结合，为经济发展和社会进步做出贡献。因此，校企合作模式改革对于高职教育的发展和人才培养质量的提高具有重要意义。

一、创新意识与创业能力的培养

高职院校校企合作模式改革可以通过多种途径来促进创新意识与创业能力的培养：

（一）共建实训基地

与企业合作共建实训中心或工厂化实训基地，让学生在真实的工作环境

---

[1] 朱冰. 基于"校企共同体"的高职学生综合素质评价体系的构建 [J]. 东方教育，2015（9）: 178.

中学习，提高实际操作能力及创新思维，是一种备受推崇的教育模式。[①] 这种模式的出现，源于现代社会对人才需求的变化，以及教育机构对人才培养方式的反思。

传统教学模式缺乏实践机会，导致学生毕业后难以适应企业环境。与企业合作共建实训中心或工厂化实训基地能让学生在实际工作环境中学习，提高实际操作能力和综合素质，还能促进教育机构与企业的深度合作，推动产学研结合和科技创新。这种模式是提高学生实际操作能力和创新思维的有效途径，应积极推广。

（二）订单式培养

随着市场竞争加剧，企业对人才的需求也在变化。为了满足这些需求，许多高职院校开始定制人才培养方案，以实现教学内容与企业的需求无缝对接。这不仅有助于学生提高就业竞争力，也使企业在招聘时更容易找到合适的人才。高职院校教育改革的重要方向之一是根据企业需求定制人才培养方案。传统教育注重理论，而现代企业更看重实践经验。因此，高职院校要加强实践教学，提高学生的实践能力。同时，高职院校需要与企业合作，了解企业需求和行业趋势，将实际案例和项目引入教学，并邀请企业专家到校授课和交流。此外，职业规划和就业指导也是关键。高职院校可通过课程帮助学生制定职业规划和发展目标，并通过招聘会、实习等方式使学生了解企业和市场。总之，根据企业需求定制人才培养方案是提高人才培养质量和就业竞争力的关键。

（三）师资互聘

聘请企业专家、技术人员担任兼职教师，将行业最新知识和技术带入课堂，这一举措对于提高教育质量和培养适应市场需求的人才具有重要意义。

首先，企业专家和技术人员通常具有丰富的实践经验和专业知识，他们

---

① 苏传芳."双主体—准员工"校企合作人才培养模式探索与实践：以安徽电子信息职业技术学院软件技术人才培养为例 [J]. 安徽电子信息职业技术学院学报，2017，16（2）：71-75.

可以将最新的行业知识和技术带入课堂，让学生接触到最新的技术和知识，从而更好地适应市场需求。

其次，通过兼职教师，学校可以更好地了解行业最新动态和市场需求，从而调整教学内容和方法，使教育更加符合实际需求。

此外，兼职教师还可以为学生提供更多的实践机会和就业指导，帮助学生更好地了解行业和市场需求，提高他们的就业竞争力。

然而，聘请兼职教师也存在一些挑战和问题。首先，学校需要投入更多的资金和精力来管理和培训兼职教师，以确保他们能够提供高质量的教学。其次，兼职教师的工作时间和工作量也需要得到合理的安排和协调。

综上所述，聘请企业专家、技术人员担任兼职教师是一种有益的举措，可以提高教育质量和培养适应市场需求的人才。在此过程中，学校需要管理兼职教师，以确保他们能够提供高质量的教学。

（四）共同研发项目

鼓励教师和学生参与企业的技术研发项目，将教学与实践相结合，培养学生的科研能力和创新精神，是当前教育领域中备受关注的话题。这种教育模式不仅可以提高学生的综合素质，还可以促进企业和学校之间的合作，推动科技创新和经济发展。

首先，鼓励教师和学生参与企业的技术研发项目，可以让他们更好地了解市场需求和行业趋势。通过与企业的合作，教师可以获得更多的实践经验和教学资源，从而更好地指导学生。同时，学生可以通过参与企业项目，了解实际工作流程和市场需求，为其未来的职业发展打下坚实的基础。

其次，将教学与实践相结合，可以提高学生的实践能力和创新精神。在传统的教育模式下，学生往往只是被动地接受知识，缺乏实践机会和创新意识。而通过参与企业的技术研发项目，学生可以在实践中学习和掌握知识，也可以通过创新思维和团队合作，解决实际问题并创造价值。

再次，培养学生的科研能力和创新精神也是非常重要的。在当今社会，科技创新能力已经成为企业的核心竞争力之一。因此，学校应该注重培养学生的科研能力和创新精神，鼓励他们积极参与科研项目和实践活动，提高他们的创新能力和解决问题的能力。

最后，鼓励教师和学生参与企业的技术研发项目，还可以促进企业和学校之间的合作。企业和学校之间的合作不仅可以促进科技创新和经济发展，还可以提高学校的办学水平和教学质量。同时，这种合作可以为学生提供更多的就业机会。

（五）创办创业孵化器

在当今这个充满创新和创业精神的时代，学校作为培养未来领袖和创业者的摇篮，应该积极响应社会的需求，为学生提供创新创业的支持和帮助。为此，学校可以创办创业孵化器，为有创业意愿的学生提供全方位的支持。

1. 提供实践平台

创业孵化器可以为学生提供一个实践平台，让他们在实践中学习和成长。学校可以邀请成功的创业者、企业家和投资人等为学生分享他们的经验和教训，让学生了解创业的艰辛和收获。同时，学校可以组织学生参观企业、参加实习和实训等活动，让学生更好地了解行业和市场，提高他们的实践能力和创业意识。

2. 提供资金支持

资金是创新创业的重要保障。学校可以设立专门的创业基金，为有潜力的创业项目提供资金支持。这些资金可以用于购买设备、支付租金、招聘员工等，帮助创业者解决资金短缺的问题。同时，学校可以引导社会资本进入校园，为创业者提供更多的融资渠道。此外，学校还可以与金融机构合作，为学生提供贷款、担保等金融服务，帮助他们更好地管理资金和规避风险。

3. 进行资源整合

学校可以整合校内外资源，为创业者提供全方位的支持。这些资源包括人力资源、技术资源、市场资源等。学校可以邀请行业专家、企业家、投资人等为创业者提供指导和建议，帮助他们更好地了解市场和行业趋势。同时，学校可以与相关企业、机构建立合作关系，为创业者提供更多的资源和支持。此外，学校还可以建立创业导师制度，为每个创业项目配备专业的导师，提供个性化的指导和帮助。

4.营造创新创业氛围

学校应该积极营造创新创业的氛围，让学生感受到创新创业的魅力和价值。学校可以通过举办创业大赛、创业讲座、创业培训等活动，提高学生的创新创业意识和能力。同时，学校可以设立专门的创新创业奖学金，表彰在创新创业方面取得优异成绩的学生和团队。此外，学校还可以建立创业社团、创业俱乐部等组织，为学生提供交流和学习的平台。

所以，学校创办创业孵化器是推动学生创新创业的重要举措。通过提供实践平台和资金支持、进行资源整合和营造创新创业氛围等措施，鼓励学生创新创业，为学生提供良好的创新创业环境，帮助他们更好地实现自己的创业梦想。同时，这有助于推动学校创新创业教育的发展，提高学校的整体教育水平和社会影响力。

5.开设创业课程

在当今商业环境中，创业能力是重要的技能。因此，教育机构将创业教育纳入课程中，以培养学生的创业能力。这种教育方式有助于提高学生的就业竞争力，并为其未来创业打下基础。商业计划书是创业过程中的重要文件，学习撰写商业计划书可以了解如何制订商业计划、评估市场机会、制定营销策略等。市场营销是创业过程中不可或缺的一环，学习市场营销课程可以了解如何进行市场调研、制定营销策略、进行品牌推广等。财务管理是创业过程中的关键环节，学习财务管理课程可以了解如何制订财务计划、管理资金、进行财务分析等。总之，将创业教育纳入课程中是非常有意义的举措，有助于提高学生的就业竞争力，为其未来的职业发展打下基础。

6.建立激励机制

学校作为培养人才的重要场所，应该积极鼓励学生开展创新实践活动和创业活动。为了实现这一目标，学校可以设立创新创业奖学金、专项基金，以激发学生的创新精神和创业热情。

首先，设立创新创业奖学金可以激励学生积极参与创新实践活动。奖学金可以针对不同专业、不同层次的学生，根据其创新成果、实践表现等进行评定。这样不仅可以鼓励学生积极参与创新实践活动，还可以促进学校形成良好的创新氛围。

其次，设立专项基金可以为学生提供创业资金支持。学校可以通过与社会企业、投资机构等合作，筹集专项基金，为学生提供创业资金支持。同时，学校可以邀请成功企业家、投资人等为学生提供创业指导、项目评估等服务，帮助学生更好地实现创业梦想。

最后，学校还可以通过举办创新创业大赛、创新创业讲座等活动，为学生提供更多的创新创业机会和资源。通过这些活动，学生可以了解市场需求、掌握创业技能、拓展人脉资源等，为他们的创新创业打下坚实的基础。

总之，学校应该积极鼓励学生开展创新实践活动和创业活动，并且通过设立创新创业奖学金、专项基金，为学生提供更多的创新创业机会和资源。这将有助于培养学生的创新精神和创业能力，为他们的未来发展打下坚实的基础。

7. 打造合作平台

搭建校企合作平台，定期举办交流会、研讨会，促进校企之间的信息交流和技术合作，为学生提供更多的实践机会，是当前教育领域中备受关注的话题。

校企合作是学校和企业之间建立的一种合作机制，旨在促进双方在人才培养、科学研究、技术创新等方面的深度合作。通过搭建校企合作平台，学校和企业可以共同制定人才培养方案，共同开展实践教学，共同研发新技术，共同推动科技成果转化。

定期举办交流会、研讨会，是校企合作平台的重要活动。这些活动可以促进学校和企业相互了解和交流，推动双方在人才培养、科学研究、技术创新等方面的合作。同时，这些活动可以为学生提供更多的实践机会，让他们更好地了解企业的需求和行业的发展趋势，提高自身的实践能力和综合素质。

在搭建校企合作平台的过程中,需要注意以下几点:首先,要明确双方的合作目标和利益诉求,确保合作是互利共赢的;其次,要建立有效的沟通机制和合作机制,确保双方的合作能够顺利进行;最后,要注重实践和应用,将理论知识与实践相结合,提高学生的实践能力和综合素质。

只有通过深入的校企合作,才能更好地培养出符合社会需求的高素质人才,推动科技创新和产业升级。

通过以上措施的实施,高职院校可以更好地结合市场需求,优化人才培养模式,提高学生的创新意识和创业能力。

二、专业技能与综合技能的平衡

要改革高职院校校企合作模式,以促进专业技能与综合技能的平衡[1],可以采取以下策略:

第一,建立多方参与机制是确保校企合作顺利进行的关键。高职院校应该邀请行业企业、教育机构、政府机构共同参与校企合作决策过程,确保各方利益和需求的平衡。通过多方参与,可以更好地整合资源,提高人才培养的质量和针对性。

第二,实施订单式培养是根据企业需求进行课程设置和教学内容改革的重要方式。通过与企业签订人才培养协议,按照企业岗位需求进行课程设置和教学内容改革,可以使学生毕业即能满足企业岗位需求,提高人才培养的针对性和实用性。

第三,共建实训基地是提高学生实践能力和专业技能的重要手段。高职院校应该与企业合作建设实训中心或生产车间,使学生在真实的工作环境中学习和实践,提升专业技能。通过实训基地的建设,可以为学生提供更多的实践机会,增强学生的实践能力和就业竞争力。

第四,实行双元制教学是将课堂教学与企业实践相结合的重要方式。通过工学交替、半工半读等方式,可以加强理论学习与实际操作的同步性,提高学生的综合素质和实践能力。

---

[1] 郝琳. 高职院校校企合作教学模式的改革与探究 [J]. 科技风,2017(1):19.

第五，强化师资队伍建设是提高教师队伍专业实践能力和教学水平的重要措施。高职院校可以派遣教师到企业挂职锻炼，引进企业高级技术和管理人才担任兼职教师，提升教师队伍的专业实践能力和教学水平。同时，学校应该加强对教师的培训和管理，以提高教师的教育教学水平和专业素养。

第六，构建开放的课程体系是打破传统学科界限的重要举措。通过构建模块化、灵活多样的课程体系，可以鼓励学生跨学科学习，从而培养出复合型人才。同时，学校应该加强对课程体系的评估和调整，以确保课程体系的科学性和实用性。

第七，推行企业项目导入是将企业的真实项目引入课堂教学的重要方式。通过将企业的真实项目引入课堂教学，学生可以在项目中应用所学知识，提高解决实际问题的能力。同时，可以增强学生的实践能力和团队协作能力。

第八，强化职业素养教育是培养学生团队合作精神、沟通技能、职业道德和创新意识的重要途径。通过校企合作共同开发职业素养课程，可以加强对学生职业素养的培养和教育。同时，应该加强对学生的职业规划和就业指导，提高学生的职业素养和就业竞争力。

第九，实施弹性学制是增强教育适应性的重要措施。根据学生的个人能力和企业发展需求，允许学生在一定范围内自主选择学习和实习的时间，可以增强教育的适应性。同时，学校应该加强对学生的管理和监督，以确保学生的学习效果和质量。

第十，加强质量评估与监控是确保人才培养质量与企业需求相匹配的重要措施。[1]通过建立校企合作质量的内部评价和外部监管体系，可以加强对校企合作过程和结果的评估和监控，确保培养的人才符合企业需求和市场标准。同时，应该加强对评估结果的反馈和应用，不断完善和改进校企合作模式和人才培养方案。

综上所述，高职院校可以通过采取一系列措施来加强校企合作，平衡理论与实践教学，培养出符合市场需求的高素质技术技能人才。

---

[1] 黄梅.供给侧改革视域下高职院校文化育人的策略[J].文化创新比较研究，2020，4（18）：36-38.

三、社会适应能力与职业素养的提升

高职院校校企合作模式改革可以通过以下方式进行，以促进学生社会适应能力、职业素养的提升[1]：

（一）构建校企合作平台

在构建校企合作平台的过程中，政府、学校和企业需要共同参与，形成三方合力。这个平台可实现资源共享和信息互通，为人才培养提供更广阔的空间和更丰富的资源。

（二）共同制定人才培养方案

学校和企业需要紧密合作，共同制定人才培养方案。通过将行业需求融入课程教学中，学校可以让教学内容与企业岗位需求紧密对接，提高人才培养的针对性和实用性。

（三）引入企业课程与师资

企业专家和技术能手可以成为学校的兼职教师，他们将带来行业的新知识和新技能，直接丰富教学内容。同时，企业可以为学校提供实践课程，帮助学生更好地理解和掌握所学知识。

（四）创新实训设施

学校需要升级实训设备，模拟企业工作环境，让学生在实践中学习和掌握技能。这将有助于提高学生的实际操作能力，使他们更好地适应企业岗位的需求。

（五）推行"1+X"证书制度

鼓励学生参加职业技能等级证书考试，促进书本知识与实际操作的融合。这将增强学生的就业竞争力，使他们更好地适应市场需求。

---

[1] 陈楚瑞，戴馥心. 校企合作背景下高职学校学生职业核心能力培育与职业素养提升策略 [J]. 肇庆学院学报，2018，39（6）：81-85.

（六）建立学生实习就业一体化机制

学校需要与行业企业合作，建立稳定的实习基地和就业网络。这将保障学生的实习和就业，为他们提供更多的实践机会和就业选择。

（七）开展校企合作科研项目

企业可以向高职院校提供研究项目，并鼓励教师和学生积极参与其中。这将实现产学研结合，推动科技创新和成果转化。

（八）开展职业指导与职业规划教育

学校需要帮助学生进行职业规划，提供职业指导服务。这将帮助学生了解行业需求，提升就业竞争力，为他们未来的职业发展打下坚实的基础。

通过上述改革措施的实施，高职院校可以加强与行业的联系，深化教学改革，提高人才培养质量，满足社会对高素质技术技能人才的需求。这将有助于推动职业教育的发展，为国家的经济社会发展做出更大的贡献。

第三节 校企合作模式改革的方向与建议

校企合作对于高职院校来说是非常重要和必需的。在当前经济社会企业不断发展进步的形势下，校企合作模式应该进行更深层次的改革。

一、政策与法规建议

针对高职院校校企合作模式存在的问题与挑战，提出以下政策与法规建议：

（一）建立稳定的合作机制

政府在推动学校和企业建立长期稳定的合作关系方面发挥着重要作用。

通过制定相关政策和法规，政府可以为学校和企业提供明确的指导和支持，促进双方的合作和交流。

首先，政府可以出台相关政策和法规，明确学校和企业在合作中的权利和义务。这有助于确保双方在合作中相互尊重、相互支持，共同推动合作项目的顺利实施。同时，政府可以通过制定相关法规，保障双方的合法权益，避免合作中出现纠纷和矛盾。

其次，政府可以通过财政补贴、税收优惠等措施，鼓励和引导学校和企业建立长期稳定的合作关系。采取这些措施可以降低双方的合作成本，提高合作项目的效益，进一步推动双方的合作和交流。

此外，政府还可以通过组织交流活动、搭建合作平台等方式，为学校和企业提供更多的合作机会和资源。这有助于促进双方之间的了解和信任，推动双方在更广泛的领域开展合作。

总之，政府在推动学校和企业建立长期稳定的合作关系方面具有重要作用。通过出台相关政策和法规，提供财政补贴、税收优惠，以及组织交流活动、搭建合作平台等方式，政府可以为学校和企业提供更多的支持和帮助，促进双方在更广泛的领域开展合作，实现互利共赢。

（二）加强创新性合作

政府可以加大对校企合作项目的支持力度，鼓励学校和企业加强技术研发和创新合作，推动技术创新和成果转化，提高项目的创新性和实用性。

政府可以采取多种措施来支持校企合作项目：首先，政府可以加大对项目的资金投入，为学校和企业提供更多的研发经费和技术支持，促进项目顺利开展；其次，政府可以制定相关政策，鼓励企业与学校开展合作，为双方提供更多的合作机会和平台，促进技术交流和人才培养；最后，政府还可以建立校企合作项目库，将优秀的项目进行汇总和推广，提高项目的知名度和影响力。

在支持校企合作项目的过程中，政府还应该注重以下几点：首先，要确保项目的质量和实用性，避免出现形式主义和浪费资源的情况；其次，要注重人才培养和交流，为学校和企业提供更多的人才支持和技术培训；最后，要加强对项目的监管和评估，确保项目的进展和成果符合预期目标。

所以，政府加大对校企合作项目的支持力度，可以促进技术创新和成果转化，提高项目的创新性和实用性，为经济社会发展注入新的动力。

（三）提高人才培养效果

政府在人才培养方面发挥着重要的作用。通过制定相关的政策和法规，政府可以引导学校和企业共同参与到人才培养计划中。学校和企业作为人才培养的两个重要主体，应该紧密合作，共同制定人才培养方案，以确保培养出的人才能够适应市场需求，具备实践操作和技术应用能力。

为了提高人才培养质量和效果，政府可以加大对教育和培训的投入，提供更多的实践机会和资源，鼓励学生参与实习、实训等活动，增强他们的实践能力和经验。此外，政府还可以建立完善的人才评价体系，对人才培养的质量进行评估和监督，及时发现问题并加以改进。

总之，政府在人才培养方面需要发挥引导作用，促进学校和企业合作，加大对人才培养的投入和监督力度，为国家的经济发展和社会进步提供有力的人才保障。

（四）加强沟通和协调

政府可以出台相关政策和法规，建立有效的管理机制和制度，加强学校和企业之间的沟通和协调工作，确保合作的顺利进行。同时，政府需要建立互信机制，解决利益分配、知识产权保护、资源利用等问题上的分歧。

政府在推动学校和企业合作方面发挥着重要作用。政府可以出台相关政策和法规，为学校和企业之间的合作提供法律保障和政策支持。例如，政府可以为学校提供资金、设备和人员支持，也可以为参与校企合作的企业提供税收减免、资金扶持等优惠政策。

此外，政府还可以建立有效的管理机制和制度，加强对学校和企业合作项目的监管，确保合作顺利进行和取得实效。例如，政府可以设立专门的管理机构或工作小组,负责协调学校和企业之间的合作,解决合作中出现的问题和矛盾。

在学校和企业合作中,互信机制的建立非常重要。学校和企业需要相互信任、尊重和理解,这样才能实现有效的合作。因此,政府可以积极推动学校和企业之间交流和沟通,加强双方的互信和合作意愿。

同时,学校和企业在合作中会遇到一些问题,如利益分配、知识产权保护、资源利用等。政府可以出台相关政策和法规,为这些问题提供解决方案和保障措施,确保学校和企业之间的合作顺利进行并取得实效。

(五) 强化政策引导和激励

政府可以采取一系列政策措施来鼓励企业积极参与校企合作,提高企业参与的积极性和主动性。

首先,政府可以通过税收优惠来降低企业的成本,提高企业的经济效益,从而鼓励企业积极参与校企合作。例如,政府可以给予参与校企合作的企业一定的税收减免,或者对校企合作项目产生的利润给予税收优惠。

其次,政府可以通过财政补贴来直接增加企业的收益,进一步提高企业参与的积极性。政府可以根据校企合作项目的规模等因素,给予企业一定的财政补贴,以此鼓励企业加大投入,提高校企合作的效果。

最后,政府还可以设立校企合作奖励制度,对表现优秀的学校和企业进行表彰和奖励。这种奖励可以包括颁布荣誉证书、发放奖金、提供政策优惠等多种形式,以此激励更多的企业和学校积极参与校企合作,推动产学研结合。

(六) 加强监督和管理

政府在推动校企合作中发挥着至关重要的作用。为了确保校企合作顺利进行,政府需要采取一系列措施来加强对校企合作项目的监督和管理。

首先,政府需要制定相关的法律法规和政策,明确校企合作的原则、目标和程序,为合作提供明确的指导和规范。同时,政府需要建立健全监督机制,对校企合作项目进行定期检查和评估,以确保合作的规范性和合法性。

其次，政府需要加强对学校和企业的协调和管理。学校和企业是合作的重要主体，政府需要建立有效的沟通机制，促进双方之间的合作和交流。同时，政府需要加强对合作项目的监督和指导，确保合作符合国家的政策和法律法规。

只有政府加强对校企合作项目的监督和管理，才能确保合作顺利进行，促进教育、经济和社会的发展。

综上所述，政府需要出台相关政策和法规，鼓励和引导学校和企业加强合作，这样可推动技术创新和成果转化，提高人才培养质量和效果，为经济发展和社会进步做出更大的贡献。

二、校企合作机制创新

校企合作机制创新是指学校与企业在合作过程中，为了更有效地培养符合社会需求和企业发展需要的人才，对传统合作模式进行改进和升级，通过建立新型的合作模式和机制来促进教育资源与企业资源的融合，实现优势互补、资源共享、互利共赢。

（一）合作内容深化

学校与企业之间的合作不应该仅仅局限于学生实习，还可以在课程设置、教材开发、师资培训、项目研究等方面深入合作。例如，学校可以邀请企业专家参与课程设计和教材开发，将企业的实际需求和案例引入课堂，使教学内容更加贴近实际。同时，学校可以与企业合作开展科研项目，共同解决企业面临的技术难题，推动科技创新和成果转化。

（二）合作方式灵活

采用订单式培养、共建实训基地、合作开发课程、联合进行师资培训等多种方式，提升合作的灵活性和针对性。例如，学校可以根据企业的需求，定制化培养人才，实现人才的精准输送。同时，学校可以与企业共建实训基地，提供实践教学的场所和设备，提高学生的实践能力和动手能力。此外，学校还可以与企业合作开发课程和进行师资培训，提高教师的专业素养和实践能力。

(三) 多方参与

除了学校与企业，还可以吸纳政府、行业协会等第三方参与，形成更加多元、开放的合作网络。例如，政府可以出台相关政策，鼓励和支持学校与企业之间的合作。行业协会可以发挥桥梁和纽带作用，为学校和企业提供更多的信息和资源支持。同时，学校可以与多个企业开展合作，实现资源共享和优势互补。

(四) 教育资源整合

通过校企合作，将企业资源有效整合到学校教育中，如设备、技术、人才等，提升教学和实践水平。例如，企业可以提供先进的设备和技术支持，帮助学校建立实践教学基地。同时，企业可以提供具有丰富实践经验的技术人员和专家，为学生提供实践指导和咨询服务。此外，企业还可以与学校共同开展科研项目和人才培养项目，推动科技创新和成果转化。

(五) 构建人才共育机制

构建学校与企业共同育人机制，共同制定人才培养方案，确保人才培养目标与市场需求一致。例如，学校可以与企业共同制订教学计划，确保教学内容与市场需求相符合。同时，学校可以与企业共同开展实践教学活动和实习实训项目，提高学生的实践能力和就业竞争力。此外，学校还可以与企业共同开展职业培训和继续教育项目，提高教师的专业素养和实践能力。

(六) 建立收益共享、风险共担的机制

建立收益共享、风险共担的机制，鼓励学校和企业在合作中共同进步、共同发展。例如，学校和企业可以共同制定收益分配方案和风险控制措施，确保双方的利益得到保障。同时，学校和企业可以共同开展市场营销和品牌推广活动，提高双方的知名度和影响力。此外，学校和企业还可以共同开展技术创新和产品研发项目，推动科技创新和成果转化。

（七）建立激励机制

为鼓励教师和企业专家参与合作，建立相应的激励机制，如评优奖励等。例如，学校可以给予参与校企合作项目的教师额外的课时费和科研经费支持。同时，企业可以给予参与校企合作项目的专家额外的薪酬和福利待遇支持。此外，政府和社会组织也可以给予参与校企合作项目的企业和个人相应的荣誉和奖励支持。

（八）搭建合作平台

搭建稳定的合作平台是促进双方有效沟通和合作的关键。例如，可以通过建立校企合作委员会或交流平台来促进双方的信息交流和资源共享。同时，可以通过举办校企合作论坛或研讨会等活动来加强双方的了解和沟通。此外，还可以通过签订长期合作协议或建立战略合作伙伴关系等方式来稳定合作关系并推动长期发展。

（九）国际化合作

鼓励学校与企业开展国际合作是提升教育国际竞争力和培养国际化人才的重要途径之一。例如，可以通过与国外知名企业和高校开展联合培养项目或交换生项目等来开阔学生的国际视野并提升高职教育的国际竞争力；可以通过引进国外先进的教学理念和方法来推动教育改革和创新；还可以通过与国外企业开展技术研发和产品创新等合作来推动科技创新和成果转化并提升企业的核心竞争力。

总之，学校与企业之间的合作是推动教育改革和发展以及提升人才培养质量的重要途径之一。相关部门应该通过有效的合作模式和方法来促进双方的合作和发展并为社会的进步和发展做出贡献。

这些机制的创新旨在实现人才培养模式的创新，从而满足社会和经济发展的需求。

三、师资与硬件建设方案

高职院校校企合作、产教融合改革中的师资与硬件建设是高职院校发展中的重要方面。^①改革的目标是提高教学质量和优化学校的硬件设施，以适应现代职业教育的需要。

第一，师资队伍建设是培养高素质人才的关键。高职院校应该积极引进企业高管、技术专家作为兼职教师，以增强师资队伍的实践教学经验。同时，设立教师企业实践制度，鼓励教师到企业挂职锻炼，提升教师的实践教学能力。此外，开展教师职业能力培训也是必要的，这有助于提升教师的专业技能和教学水平。鼓励教师参与行业标准的制定，则可以增强教师的行业影响力，为学生的就业和发展提供有力支持。

第二，硬件设施建设是保障实践教学顺利进行的基础。高职院校应该建设实训中心，配备与产业发展相适应的先进设备，以满足实践教学需求。与行业企业合作建设生产性实训基地，实现教学与生产相结合，有助于提高学生的实际操作能力。

第三，在课程设置与教材建设方面，高职院校应该依据行业标准和岗位需求，优化课程结构和内容，增加项目的实操训练；开发具有行业特色的教材和教辅材料，确保教学内容与企业需求对接；引入企业真实项目案例，开展项目化教学，可以提高学生的解决问题能力。

第四，构建教学质量监督与评估体系是确保教学质量的重要手段。高职院校应该构建教学质量监控与评估体系，定期进行教学质量评估；实施毕业生质量跟踪制度，了解学生就业情况，及时调整教学内容和方法；引入行业企业参与教育质量评价，确保培养的人才符合行业需求。

第五，国际合作与交流是提升学校教学水平的重要途径。高职院校应该与国外高水平职业院校建立合作关系，开展国际交流项目；引入国际先进的教学资源，提升学校的教学水平；推动教师参与国际学术交流活动，提升其国际化教学能力。

通过这些改革措施，高职院校可以更好地衔接产业需求，提高人才培养质量。同时，通过加强师资与硬件建设，可以吸引更多优秀人才，提升学校

---

① 蒋璐璐，胡婷."双高"建设产教融合视域中高职校企协同育人创新模式研究[J].佳木斯大学社会科学学报，2021，39（6）：191-193.

的整体实力和社会影响力。

四、教育与培训模式改革

高职院校的校企合作模式改革通常包含多种教育与培训模式，旨在加强理论与实践的结合，提高学生的实际操作能力和职业能力，同时为企业输送符合行业需求的高素质技术技能人才。[①] 教育与培训模式改革举措如下：

第一，技能竞赛促进模式是一种受到广泛关注的培养模式。通过参加国家和地方组织的技能竞赛，可以激发学生学习的积极性和提升其专业技能水平。这种模式能够培养学生的竞争意识和团队合作精神，提高其综合素质和创新能力。

第二，远程教育与在线培训是一种利用现代信息技术进行人才培养的模式。它突破了时间和空间的限制，为学生提供了远程学习和培训的机会。这种模式能够满足不同人群的学习需求，提高其学习效果和效率。

第三，国际化合作培养模式是一种与国际知名院校或企业合作的培养模式。它能够引进国际先进教学资源，培养具有国际视野和竞争力的高素质技术技能人才。这种模式能够提高学生的国际竞争力和跨文化交流能力。

综上所述，高职院校通过采取多种改革举措，可以更好地与企业需求对接，提升人才培养质量，同时为企业发展提供人才支持和智力服务。采取这些举措不仅有助于提高学生的就业率和职业竞争力，还能够推动技术创新和产业升级，促进社会的进步和发展。

高职院校校企合作模式改革旨在加强理论与实践的结合，提高学生的实际操作能力和职业能力，同时为企业输送符合行业需求的高素质技术技能人才。为了实现这一目标，高职院校采取了多种教育与培训模式改革措施，如技能竞赛促进、远程教育与在线培训以及国际化合作培养等。

为了更好地实施这些改革措施，政府、学校和企业需要共同努力。政府应出台相关政策和法规，鼓励和引导学校与企业加强合作，推动技术创新和

---

① 张德山.高职院校"校企合作、工学结合"人才培养模式的探索与实践[J].三门峡职业技术学院学报，2011，10（4）：7-10.

成果转化。学校应加强师资队伍建设，提高教学质量，与企业共同制定人才培养方案。企业应积极参与校企合作，提供实践教学资源，为学生提供实习和就业机会。

总之，高职院校校企合作模式改革对于提高人才培养质量、满足社会和经济发展需求具有重要意义。通过实施多种教育与培训模式改革举措，高职院校可以更好地培养出符合市场需求的高素质技术技能人才，为企业和社会的发展做出贡献。

第九章 高职院校实践教学体系改革

　　高职院校实践教学体系改革是一个涉及教学目标、教学内容、教学方法、师资队伍、实践教学条件和教学质量保障体系等多个方面的复杂过程。[①] 具体内容如下：第一，高职院校应明确实践教学在人才培养中的重要地位，以培养技术技能型人才为目标。第二，实践教学的内容应与市场需求紧密结合，注重培养学生的实际操作能力和职业素养。第三，高职院校应采用多种形式的教学方法，如项目教学法、案例教学法、模拟仿真法等，以提高学生的学习兴趣和实践能力。第四，高职院校应加强实践教学师资队伍建设，引进具有实践经验的教师，以提高实践教学师资力量。第五，在实践教学条件方面，高职院校应加强实验实训室、实习基地等建设，以满足实践教学需要。第六，高职院校应建立实践教学质量保障体系，包括教学检查、教学质量评估、教学反馈等环节，以保证实践教学的质量和效果。通过以上综合改革，高职院校可以不断提高人才培养的质量和水平。

---

① 武坛.当前我国高职院校实践教学问题研究[D].石家庄：河北师范大学，2015.

第一节　目前高职院校实践教学体系存在的挑战与问题

高职院校实践教学体系面临多项挑战与问题：

一、实践教育理念落后

在当今的高职教育中，一些学校仍然采用传统的教育理念，过于注重理论知识的传授，而忽视实践技能的培养。这种落后的教育理念未能意识到理论与实践相结合的重要性，导致学生缺乏实际操作能力，无法适应现代社会对人才的需求。

二、实践教学资源不足

随着科技的不断发展，现代企业对人才的需求也在不断变化。然而，一些高职院校的实践教学设备与设施更新速度慢，无法满足实践教学的要求。这不仅影响了学生的学习效果，也制约了学生实践技能的掌握。

三、实践教学师资队伍建设问题

具备实践经验和高技能水平的教师是实践教学的关键。然而，当前一些高职院校的教师队伍中，缺乏这一类教师。一部分教师理论知识较强但实践能力不足，这直接影响了实践教学的效果。

四、实践教学体系不健全

实践教学目标和内容与行业需求脱节是当前实践教学体系的一个突出问题。一些高职院校的实践教学体系缺乏系统的评价体系，无法真正促进学生实践能力的提升。同时，实践教学内容与企业需求脱节，导致学生毕业后难以快速融入工作岗位。

五、校企合作不深

校企合作是提高学生实践能力的有效途径。然而，当前一些高职院校的校企合作深度和广度不够，企业参与实践教学的动力不足。这导致实践教学内容与企业需求脱节，学生毕业后难以快速融入工作岗位。

六、考核评价体系不合理

当前的实践教学考核评价体系过于注重理论知识的考核，而对实践能力的评价不足。这种考核评价体系未能充分体现实践教学的特色和重要性，导致学生缺乏实践操作能力。

七、实践教学监管不力

缺乏有效的实践教学监管机制是当前高职院校的一个普遍现象。这可能导致实践教学过程中出现管理松散、资源浪费等问题，严重影响学生的学习效果和实践能力的提升。

八、创新能力不足

实践教学通常重视对现有知识的应用，而对创新能力的培养不足。这使得学生缺乏独立思考和解决问题的能力，无法满足社会对于高技能创新人才的需求。

综上所述，高职院校在实践教学方面存在诸多问题。为了提高学生的实践能力和适应现代社会对人才的需求，高职院校需要更新教育理念、加强实践教学资源建设、完善师资队伍建设、健全实践教学体系、深化校企合作、改革考核评价体系、加强实践教学监管以及注重创新能力的培养。只有这样，才能培养出更多具备实践能力和创新精神的高技能人才，为国家的经济发展和社会进步做出更大的贡献。

第二节　高职院校实践教学体系改革的原则

一、理论联系实际

高职院校实践教学体系改革需要遵循理论联系实际原则。[①] 这一原则强调在实践教学中要将理论知识与实践操作相结合，使学生能够更好地理解和应用所学知识，提高其解决实际问题的能力。

（一）实践教学计划与理论教学计划相衔接

在教育过程中，实践教学计划与理论教学计划是相辅相成的。实践教学计划不仅是对理论教学计划的补充，更是对学生所学理论知识进行巩固和应用的重要环节。因此，实践教学计划应与理论教学计划相衔接，确保学生在实践环节中能够巩固和应用所学的理论知识。

（二）实践教学内容与行业需求和岗位特点相结合

实践教学内容的设计应根据行业需求和岗位特点进行。随着行业的发展和变化，对人才的需求也在不断变化，因此，实践教学内容应紧跟行业发展的步伐，及时调整和更新，以培养学生的实际操作能力和职业素养为目标，使学生能够适应未来的职业发展需求。

综上所述，高职院校实践教学体系改革要遵循理论联系实际原则，注重理论知识与实践操作的结合，这样有助于提高学生的实践能力和职业素养，为培养高素质技术技能人才提供有力保障。

---

① 张晋. 高等职业教育实践教学体系构建研究 [D]. 上海：华东师范大学，2008.

二、突出职业技能培养

高职院校实践教学体系改革要突出职业技能培养原则[1],这是由高职院校的人才培养目标所决定的。高职院校以培养高素质技术技能人才为目标,实践教学作为人才培养过程中的重要环节,必须紧密围绕职业技能培养展开。具体内容如下:

第一,明确职业技能培养目标。高职院校应根据行业需求和岗位特点,明确各专业的职业技能培养目标,确保实践教学内容与人才培养目标相一致。例如,计算机专业的职业技能培养目标是熟练掌握编程语言、熟悉软件开发流程、具备项目开发能力。

第二,完善实践教学课程体系。实践教学课程体系应围绕职业技能培养目标进行设计,包括实验、实训、课程设计、社会实践、企业实习等环节,注重实用性、创新性和开放性。例如,针对市场营销专业的学生,可以设计市场调研、营销策划等实践课程,以培养学生的实际操作能力。

第三,加强实践教学师资队伍建设。高职院校应注重实践教学师资队伍建设,提高教师的实践能力和职业素养,确保实践教学高质量进行。例如,可以邀请企业专家来校授课,或者安排教师到企业进行实践锻炼,以提高教师的实践能力和职业素养。

第四,创新实践教学方法和手段。高职院校应采用多种教学方法和手段,如案例教学、项目教学、情景模拟等,激发学生的学习兴趣和主动性,提高其实践能力和职业素养。例如,针对旅游管理专业的学生,可以采用情景模拟的方式进行实践教学,让学生在模拟的旅游环境中实践,提高其实践能力。

第五,加强实践教学管理和评价。高职院校应建立完善的实践教学管理和评价机制,确保实践教学顺利进行和有效实施。例如,可以建立实践教学评价机制,对实践教学的效果进行评估和反馈,这有助于教师及时发现问题并进行改进。

---

[1] 徐文苑.示范性高职院校实训基地建设与实践教学体系改革的探索[J].中国职业技术教育,2009(8):19-21.

综上所述，突出职业技能培养是高职院校实践教学体系改革的重要方向。通过明确职业技能培养目标、完善实践教学课程体系、加强实践教学师资队伍建设、创新实践教学方法和手段以及加强实践教学管理和评价等措施，可以有效地提高实践教学的质量和效果，为学生的职业发展打下坚实的基础。

所以，高职院校实践教学体系改革要突出职业技能培养原则，注重实践教学的实用性和创新性，加强实践教学管理和评价，为培养高素质技术技能人才提供有力保障。

三、促进学生全面发展

高职院校实践教学体系改革要突出促进学生全面发展的原则[①]，这是实现人才培养目标的重要保障。在实践教学体系改革中，应注重以下几个方面：

首先，实践教学体系改革应该注重学生的综合素质培养。在实践教学中，教师不仅要注重学生的专业技能培养，更要注重学生的综合素质培养，包括思想道德素质、文化素质、心理素质等方面的培养。

思想道德素质是学生的基本素质之一。在实践教学中，教师应该注重培养学生的道德观念和社会责任感，让学生成为有道德、有责任感的人。

文化素质也是学生综合素质的重要组成部分。在实践教学中，教师应该注重培养学生的人文精神和科学素养，让学生具备广博的知识和深厚的文化底蕴。

心理素质也是学生综合素质的重要组成部分。在实践教学中，教师应该注重培养学生的自信心，让学生具备健康的心态和良好的心理素质。

其次，实践教学体系改革还应该尊重学生的个性差异，提供多样化的实践项目和活动，让学生根据自己的兴趣和特长选择适合自己的实践内容，促进学生的个性发展。

---

① 仇雅莉，王林，胡光辉. 构建高职院校实践教学质量监控体系的原则与方法 [J]. 当代教育论坛：(学科教育研究)，2008（5）：35-37.

总之，高职院校实践教学体系改革要突出促进学生全面发展的原则，注重学生的综合素质培养，尊重学生的个体差异。

第三节　高职院校实践教学体系改革的主要内容和方向

一、高职院校实践教学体系改革的内容

高职院校实践教学体系改革的内容丰富多样，涵盖了多个方面。

（一）构建新的教学体系

高职院校应根据技术发展和行业需求，构建理论与实践相结合的教学体系。这意味着要增加实训课程的比例，确保学生有足够的实习和实训时间。通过这种方式，学生可以更好地将所学知识应用于实际情境中，提高其实践能力。

（二）强化技能训练

高职院校应注重学生实际操作能力和职业技能的培养。通过模拟实训、顶岗实习等方式，学生拥有实际工作经验。这些经验有助于学生在未来更好地适应工作环境。

（三）引入行业元素

高职院校应加强与行业的合作，邀请行业专家参与课程设计和教学。这有助于将行业的新技术、新规范融入课程中，使学生能够更好地了解行业发展趋势和需求。

（四）改革教学方法

高职院校应采用项目教学、案例教学、角色扮演等灵活多样的教学方法。这些方法可以激发学生的学习兴趣，提高实践教学的实效性。通过项目教学和案例教学，学生可以在实践中学习和掌握知识，提高其解决问题的能力。

（五）完善师资队伍建设

高职院校应引进具有实践经验的专业技术人才，让其担任教师，提高教师队伍的实践教学能力。这有助于提高实践教学的质量和效果。

（六）建设实训基地

高职院校应投入资金建设实训基地，让学生在工作环境中学习和掌握知识。这可以让学生更好地适应未来的职业环境。

（七）深化课程改革

高职院校应将行业的新知识、新技术、新工艺纳入课程。这有助于促进课程内容与职业标准对接，使学生能够更好地适应行业的需求。

（八）推行"1+X"证书制度

高职院校应鼓励学生取得职业技能等级证书，增强学生的就业竞争力。通过获得相关证书，学生可以展示自己的专业技能和知识水平，提高其在就业市场中的竞争力。

（九）强化质量监控与评价

高职院校应强化实践教学的质量监控和评价。这样不仅可以确保实践教学的质量，还可以提高实践教学的水平和效果。

（十）开展国际化教学

高职院校应开展国际合作与交流，引入国际先进的教学模式和资源。这有助于提升高职院校的国际竞争力，更好地满足社会经济发展需要。通过国际化教学，学生可以接触到更广阔的知识领域和更丰富的文化背景，提高其综合素质和国际竞争力。

综上所述，高职院校实践教学体系改革旨在提高高职院校的实践教学水平，增强学生的职业能力和就业竞争力。这些改革措施有助于高职院校更好地满足社会经济发展需要，培养更多具有实践能力和创新精神的高素质人才。

二、高职院校实践教学体系改革的方向

高职院校实践教学体系改革需要根据社会和企业发展的方向进行[①]，具体内容如下：

（一）面向行业企业的合作

面向行业企业的合作，是高职院校实践教学体系改革的重要方向之一。通过与行业企业的合作，可以更好地实现实践教学与行业需求的对接，提高学生的实践能力和职业素养，促进学生的全面发展。

在实践教学体系改革中，面向行业企业的合作可以从以下几个方面入手：

1. 建立校企合作关系

高职院校应积极与行业企业建立合作关系，通过校企合作，共同制订实践教学计划，共同建设实践教学基地，共同开展实践教学活动，实现实践教学与行业需求的紧密对接。

2. 引入企业实践项目

高职院校应积极引入企业实践项目，让学生在实践中了解行业企业的实际需求和业务流程，提高学生的实践能力和职业素养。而企业可以通过实践项目了解学生的能力和潜力，为学生的职业发展提供更好的指导和支持。

---

① 王鹏跃，罗岚．以企业视角的高职院校食品加工实践教学改革分析与策略[J]．安徽农学通报，2018，24（20）：159-162．

3. 开展实践教学活动

高职院校应积极开展实践教学活动，如实验、实训、课程设计、社会实践、企业实习等，让学生在实践中掌握专业技能和知识，提高其解决实际问题的能力。同时，学校应注重实践教学的实用性和创新性，加强实践教学管理和评价，为培养高素质技术技能人才提供有力保障。

所以，实践教学体系改革要面向行业企业的合作，通过建立校企合作关系、引入企业实践项目、开展实践教学活动等措施，实现实践教学与行业需求的紧密对接，提高学生的实践能力和职业素养，促进学生的全面发展。

（二）增强实践教学的效果

增强实践教学的效果，是高职院校实践教学体系改革的重要方向之一。[①] 要想增强实践教学的效果，学校可以从以下几个方面入手：

第一，制订科学合理的实践教学计划。实践教学计划是实践教学体系的核心，应根据人才培养目标和行业需求制订科学合理的实践教学计划，明确实践教学的目标、内容、时间、方式等，确保实践教学顺利进行。

第二，加强实践教学基地建设。实践教学基地是实践教学的重要场所，应加强实践教学基地建设，提供良好的实践教学环境和条件，确保实践教学有效实施。

第三，创新实践教学方法和手段。实践教学方法和手段是影响实践教学效果的重要因素，应积极探索和实践新的实践教学方法和手段，如案例教学、项目教学、情景模拟等，激发学生的学习兴趣和主动性，提高其实践能力和职业素养。

第四，加强实践教学管理和评价。实践教学管理和评价是确保实践教学效果的重要保障，应建立完善的实践教学管理和评价机制，对实践教学进行全程监控和评价，及时发现问题和不足，并进行改进和优化。

第五，建立实践教学激励机制。为了激发教师开展实践教学的积极性和

---

① 刘明辉，叶玉枝，朱曼迪. 高职院校实践教学改革探讨 [J]. 辽宁高职学报，2014（5）：64-65.

主动性，应建立实践教学激励机制，对在实践教学中表现优秀的教师给予表彰和奖励，促进实践教学的良性发展。

因此，实践教学体系改革要增强实践教学的效果，需要采取制订科学合理的实践教学计划、加强实践教学基地建设、创新实践教学方法和手段、加强实践教学管理和评价以及建立实践教学激励机制等措施。只有这样，才能确保实践教学有效实施，提高实践教学的效果和质量，为培养高素质技术技能人才提供有力保障。

（三）深化产教融合

深化产教融合是高职院校实践教学体系改革的重要方向之一。产教融合是指职业学校根据所设专业积极开办专业产业，把产业与教学密切结合，相互支持，相互促进，把学校办成集人才培养、科学研究、科技服务于一体的产业性经营实体，形成学校与企业浑然一体的办学模式。

在高职院校实践教学体系改革中深化产教融合需要采取一系列措施：首先，需要加强与企业的合作，建立稳定的实践教学基地，为学生提供真实的生产环境和实习机会；其次，需要将实践教学与理论教学紧密结合，注重实践教学的系统性和科学性，提高学生的实践能力和创新能力；最后，还需要加强实践教学师资队伍建设，提高教师的实践能力和教学水平。

在实施过程中，需要注意以下几点：首先，需要明确产教融合的目标和意义，确保实践教学体系改革的方向正确；其次，需要加强与企业的沟通和合作，确保实践教学基地的建设和管理符合企业和学校的需求；最后，需要注重实践教学的质量和效果，及时评估和改进实践教学的方案和方法。

总之，在高职院校实践教学体系改革中深化产教融合是一个长期而复杂的过程，需要学校、企业和社会各方面共同努力。只有这样，才能培养出更多高素质的技术技能人才，为国家和社会的经济发展做出更大的贡献。

高职院校实践教学体系改革旨在培养具有实践能力和职业素养的技术技能型人才。要想实现这一目标，改革需从多个方面进行，如构建新的教学体系、强化技能训练、引入行业元素、改革教学方法、完善师资队伍建设、建设实训基地、深化课程改革、推行"1+X"证书制度、强化质量监控与评价以及开展国际化教学等。

实践教学体系改革的方向包括面向行业企业的合作、增强实践教学的效果以及深化产教融合。

总之，高职院校实践教学体系改革需从多方面入手，如教学内容、方法、师资、实践条件等，以培养出更多具备实践能力和职业素养的高素质技术技能人才，满足社会和行业的需求。

第十章 高职院校国际化教育体制改革

随着全球化的深入推进,我国经济社会发展对高素质、国际化人才的需求日益增长。高职院校作为我国培养技能型、应用型人才的重要基地,要加强国际化教育,其是提升学生综合素质、适应社会需求的重要举措。此外,我国政府也积极推动教育国际化,出台了一系列政策来支持高职院校开展国际化教育。加强国际化教育有助于提升学生综合素质,培养其跨文化沟通和创新能力,适应市场需求,提高就业和创业能力。同时,加强国际化教育还有助于提升学校竞争力,推动教育改革,借鉴国外先进的教育理念和模式,提高教育质量。未来,高职院校将进一步深化国际交流与合作,打造国际化课程体系,提升教师国际化水平,加强产学研国际合作,深入开展留学生教育,参与国际职业教育标准制定,推动我国职业教育的国际化进程。这些趋势将促使高职教育体制更加国际化,培养更多具有国际竞争力的高素质人才,为我国经济社会发展做出积极贡献。

第一节 高职院校国际化教育面临的不足

随着经济全球化深化和知识经济崛起,教育国际化已成为高职教育不可逆的趋势。① 高职院校将提升学生的综合素质作为核心任务，通过融入国际元素的课程和实践，培养学生的全球视野。② 在改革过程中，高职院校积极引进国外优质教育资源，强化与国际职业教育的交流合作，同时关注师资队伍的国际化③，通过学生交换项目增长实践经验。高职院校应建立科学的国际化质量评价体系和创新人才培养模式，如"国际化、差异化、本土化"相结合，以及利用信息技术推动课程国际化。总的来说，高职院校需多管齐下，以实现全方位、高质量的国际化教育改革，以适应全球化时代的挑战。

当前，许多高职院校在国际化教育方面取得了一定进展，如加强国际合作，引入国际课程和师资，提供学生海外交流机会，提升了学生的跨文化交流能力。但是，仍存在一些挑战，如教育资源分配不均，国际化项目质量参差不齐，部分学生参与度不高，以及如何让本土文化和国际元素融合起来等问题。此外，管理机制和质量保障体系也需要进一步完善。因此，高职院校应继续加大投入，优化国际化教育体系，培养具有国际竞争力的高素质人才。

一、国际化理念与战略执行不一致

许多高职院校在战略规划中纷纷强调教育国际化的重要性，认为这不仅可以提高学生的综合素质和国际竞争力，还可以促进学校的国际交流与合作，推动学校整体发展。然而，在实际操作中，高职院校不得不面对一个现实：理念与行动之间有一定的脱节，导致国际化战略未能得到有效贯彻，国际化项目实施力度不足。

首先，高职院校要认识到教育国际化并非一蹴而就，它需要在全校范围内形成共识，并在日常教学中得到充分体现。然而，在实际操作中，一些高职院校在推进教育国际化的过程中，往往只停留在口头上或形式上，缺乏具

---

① 王书丹.高职院校国际化人才培养模式研究[D].西安：西安建筑科技大学，2015.
② 胡忠喜.高职教育国际化探析[J].中国成人教育，2013（17）：22-25.
③ 金友鹏.高职教育应对教育国际化的策略研究[J].中国职业技术教育，2012（36）：84-86.

体的行动计划和实施措施。这种"雷声大、雨点小"的做法，不仅难以取得实质性的成果，还可能让学生和教职工对国际化战略产生怀疑。

其次，高职院校在推进教育国际化的过程中，需要充分考虑自身的实际情况和特色优势。[①]不同的学校有着不同的办学定位、学科特色和学生特点，因此，在制定国际化战略时，应该充分考虑这些因素，确保战略既符合学校的发展需求，又能有效提升学生的国际竞争力。然而，在实际操作中，一些高职院校往往盲目跟风，缺乏对自身实际情况的深入分析和思考，导致国际化战略与学校的实际情况脱节，难以取得预期的效果。

最后，高职院校在推进教育国际化的过程中，还需要加强与国际教育机构的合作与交流。通过与国外知名高校、教育机构和企业建立合作关系，可以引进先进的教育理念和教育资源，为学生提供更多的国际交流和实践机会。然而，在实际操作中，一些高职院校在寻求国际合作时往往缺乏长远的眼光和战略思维，只关注眼前的利益或表面的合作形式，导致合作效果不佳或难以持续。

二、教育资源配置不均衡

教育资源在不同地域和不同层次的高职院校间存在不均衡分布的情况。[②]一线城市和发达地区的高职院校通常能够获得更多的国际化教育资源，如外籍教师、海外合作伙伴、国际项目资金等，这些资源有助于提升教学质量和培养国际化人才。而中西部地区和基层地区可能因为地理位置、经济条件等因素，相对较难获得丰富的国际化教育资源。

---

① 贺怡冰，陈牛则.基于高职院校发展的教师素质建设路径[J].职教通讯，2017（5）：56-58
② 曾浩森，张学敏，任启琳，等.职业教育资源分布影响因素及空间均衡性研究[J].地理学报，2022，77（12）：3180-3193.

(一)地域差异

1.一线城市与发达地区

这些地区的高职院校通常能够吸引更多的投资，拥有更完善的基础设施，以及更广泛的国际合作网络。例如，它们可能有更多的机会参与国际学术交流，吸引优秀的外籍教师，以及获得国际项目的资金支持。

2.中西部地区与基层地区

相比之下，这些地区的高职院校在教育资源上可能面临更多的限制。它们可能缺乏足够的资金来改善教学设施，难以吸引和留住高水平的教师，也较少有机会参与国际合作项目。

(二)院校层次差异

1.重点院校

被列为重点的高职院校往往能获得更多的政府支持和社会资源，这使得它们的教育资源更丰富。

2.非重点与基层院校

非重点或基层高职院校可能在教育资源获取上处于不利地位，这限制了它们提升教育质量和国际化水平的能力。

(三)学科领域差异

1.热门与优势学科

某些学科由于市场需求大或与地方经济发展紧密相关，可能会获得更多的关注和投资，使其教学资源更为丰富。

2.非主流与弱势学科

相对而言，一些非主流或被认为是弱势的学科可能得不到足够的支持，导致教育资源分配不均衡。

（四）教育阶段差异

1.高等教育与基础教育

在一些地区，对高等教育的投入可能远大于对基础教育的投入，这导致高职院校与中小学在教育资源上的差距加大。

2.职业教育与普通教育

职业教育，如高职教育有时可能不如普通高等教育受重视，这在资源配置上就能体现出来。

（五）政策与资金支持

1.政策倾斜

政府在教育资源分配上可能存在一定的倾斜，这可能导致某些地区或院校获得更多的支持。

2.资金分配不均

资金是教育资源配置的重要方面，不同地区和院校在资金获取上的不均衡直接影响了教育质量。

（六）社会与文化因素

1.社会认知

社会对不同地区和院校的认知差异也会影响教育资源的流向，如对某些地区的高职院校持有偏见，可能会导致资源投入不足。

2.文化差异

不同地区的文化背景和价值观念也可能影响教育资源的分配和利用效率。

三、课程体系与国际标准对接不足

部分高职院校的课程体系与国际先进职业教育标准或行业规范对接不够紧密，课程内容、教学方法、评价体系可能未完全符合国际通用要求，这可能影响学生的国际竞争力。

（一）课程内容的国际化程度

1. 课程更新滞后

一些高职院校的课程内容可能多年未更新，与当前国际行业的最新发展和需求脱节。

2. 实践性不强

课程可能偏重理论而忽视实践，与国际职业教育强调的实践性和应用性不符。

（二）教学方法的现代化

1. 传统教学模式

许多课程仍然采用传统的"填鸭式"教学，缺乏互动和创新，这与国际上推崇的探究式、项目式教学方式有差距。

2. 技术应用不足

在教学中未能充分利用现代信息技术，如在线学习平台、虚拟仿真技术等，导致教学效果不佳。

（三）评价体系的国际接轨

1. 单一评价方式

一些高职院校的评价体系可能过于依赖期末考试和书面作业，缺乏对学生实际操作能力和创新思维的评估。

2. 国际化认证缺失

学校的专业认证和课程认证与国际标准对接不足，难以获得国际认可。

（四）学生国际竞争力的影响

1. 专业技能与国际要求不符

学生所学的专业技能可能与国际行业标准不匹配，影响其在国际就业市场的竞争力。

2. 语言能力不足

学生的外语能力，尤其是专业外语能力，可能未能达到国际交流和工作的要求。

四、师资队伍国际化水平有限

尽管有一些教师已经拥有了一定的国际化背景和教学能力，但从整体来看，教师队伍在国际化教育方面仍然存在一些明显的不足。[①] 首先，一些教师可能缺乏广泛的国际视野，这使得他们在教授学生时难以将全球视野融入课程内容。其次，教师的跨文化交际能力也可能有所欠缺，这导致其在与来自不同文化背景的学生交流时产生误解和沟通障碍。再次，教师的外语水平也是制约国际化教育质量的一个重要因素，如果教师的外语水平不够高，他们可能无法流利地与学生进行交流，也无法有效地教授外语课程。最后，对国际教育理念的理解和运用也是教师队伍需要提高的一个方面。国际化教育不仅仅是教授学生一些国际知识，更重要的是培养学生的国际视野和跨文化交际能力，这需要教师深入理解并运用国际教育理念，从而更好地引导学生成长和发展。因此，为了提高国际化教育的质量，高职院校需要加强教师队伍的国际化培训和教育，提高他们的跨文化交际能力、外语水平以及对国际教育理念的理解和运用能力。同时，高职院校需要鼓励更多的教师参加国际交流项目，拓展他们的经验，为国际化教育注入更多的活力和动力。

---

① 杨伶俐.RCEP 背景下职业院校师资队伍国际化路径探析[J].职业教育（下旬刊），2021，20（4）：11-17.

五、产学研国际合作深度不够

高职院校与海外企业的校企合作、与海外高校的学术交流、联合科研项目等可能停留在表面层次，缺乏实质性的深度合作与资源共享，影响学生获取国际实践经验。[①]

这种情况可能源于多种因素，包括文化差异、教育体制差异、资金和资源限制等。为了改善这一状况，高职院校需要更加积极地寻求与国际合作伙伴的深度合作，共同推动教育资源共享，为学生提供更多元化、更具国际视野的实践机会。

六、国际化服务与支持系统不完善

负责国际学生的招生、管理、服务以及本土学生出国交流、留学咨询等方面的支持系统可能不够健全，影响国际学生的融入体验和本土学生的海外求学意愿。[②]

在国际学生的招生、管理、服务方面，很多学校可能存在问题。由于支持系统不够健全，国际学生在融入新环境的过程中可能会面临诸多困难，如文化差异、语言障碍、学术压力等。这些问题不仅影响他们的学习和生活体验，还可能打击他们继续求学的积极性。对于本土学生而言，由于缺乏有效的支持系统，他们在选择海外求学时可能会感到迷茫和困惑，甚至可能因此而放弃海外求学的机会。因此，建立和完善支持系统是十分重要的。

七、国际化品牌塑造与宣传力度不够

部分高职院校在国际上的知名度和影响力较低，对外宣传和形象塑造工作有待加强，这可能影响其吸引国际学生和合作伙伴的能力，限制了国际化

---

① 季茜. 职业院校境外校企合作办学模式研究 [J]. 辽宁高职学报，2021，23（11）：12-15.

② 杨心. 粤东西北地区高职院校国际化现状与对策 [J]. 广东教育（职教版）2016（10）：31-33.

进程的推进。①

部分高职院校在国际舞台上尚未获得足够的知名度和影响力，这在一定程度上阻碍了其对外宣传与形象塑造工作。缺乏国际曝光度不仅影响了高职院校吸引国际学生和优秀教育资源的能力，也限制了其与国际合作伙伴的交流和合作，从而影响了整体的国际化进程。为了提升国际竞争力，这些院校需要加大对外宣传力度，提升品牌形象，并积极参与国际交流与合作。

八、政策支持与制度环境不适应

尽管国家有相关政策鼓励教育国际化，但在具体执行过程中仍面临一些问题。例如，政策配套不足、地方政策支持力度不够以及审批流程烦琐等都会影响高职院校开展国际活动的积极性和效率。为了解决这个问题，高职院校需要完善相关政策，加强地方政府的支持力度，优化审批流程，为高职院校开展国际教育提供有力保障。同时，高职院校需要加强与国际社会的交流与合作，借鉴先进经验和技术手段，推动我国教育的国际化进程不断向前发展。

九、国际化人才培养模式尚需创新

在全球化的浪潮下，高职院校面临着前所未有的挑战与机遇。为了适应这一趋势，不少高职院校都在努力构建符合市场需求的国际化人才培养模式。然而，人们也不得不承认，目前仍有部分高职院校在这一领域还处于摸索阶段。它们缺乏成熟的、具有自身特色的国际化人才培养方案②，这无疑成了它们迈向国际化的一个瓶颈。但正是这些挑战，促使高职院校加快国际化人才培养的步伐，努力探索出适合自己的国际化教育路径。

综上所述，高职院校在推进教育国际化的过程中，需要着力解决上述不

---

① 袁梦琦."双高计划"背景下高职院校国际影响力提升研究[J].现代职业教育，2023（20）：9-12.
② 买琳燕.高职院校国际化人才培养模式的内涵与构建[J].职教论坛，2014（1）：49-52.

足，通过深化教育改革、优化资源配置、提升师资力量、加强国际合作、完善服务体系、强化品牌形象、争取政策支持以及创新人才培养模式等措施，提升教育国际化水平。

第二节　国际化教育改革的理论依据

在教学体系改革过程中，进行国际化教育是非常重要的。从理论高度准确认识和把握这一本质，有助于人们加深对国际化教育改革的认知提高和执行改革的准确性。

一、全球化与职业教育的融合

全球化背景下，职业教育面临着前所未有的机遇与挑战。一方面，国际的经济一体化推动了职业技能需求的国际化，要求职业教育必须适应全球市场的发展趋势，培养具有国际竞争力的人才。这包括引入国际先进的教学理念和技术，如项目式学习、跨文化交际能力培养等。另一方面，全球化也带来了职业资格认证体系的接轨，如国际职业资格证书的获取与互认，使得我国高职院校需要在课程设置上与国际标准对接，以提升学生的国际竞争力。同时，通过国际合作与交流，可以借鉴国外优质教育资源，举办国际学术研讨会和开展交换生项目，进一步丰富学生的国际化教育体验。因此，全球化不仅是对职业教育的冲击，更是推动其改革和升级的重要动力。

（一）全球化对职业教育的要求与标准全面提升

随着全球化的发展，其对职业教育的要求与标准正在全面提升，主要表现在以下方面：

1. 职业技能标准的国际化

全球化要求职业院校培养学生的职业技能标准必须与国际接轨。[①] 随着全球经济的深入发展和国际贸易的日益频繁，企业和组织对人才的需求改变，越来越注重其国际视野和跨文化沟通能力。因此，职业院校在培养学生的职业技能时，必须注重与国际标准对接，提高学生的国际竞争力。

2. 跨文化沟通能力

全球化使得职业环境更加多元化和国际化，跨文化沟通能力成为必备的技能。[②] 职业教育要求学生具备良好的英语或其他外语能力，并且能够理解和尊重不同文化背景下的差异。

3. 技术与数字化能力

全球化推动了科技和数字化的快速发展，职业教育要求学生具备与科技和数字化相关的技能。[③] 这包括掌握信息技术工具、数据分析能力、人工智能等领域的知识和技能。

4. 国际化视野和全球意识

全球化使得各行各业都与国际市场联系紧密，职业教育要求学生具备国际化的视野和全球意识。学生应了解全球经济、政治和文化等方面的变化，具备全球思维和跨国合作的能力。

5. 软技能培养

全球化要求职业人士具备更多的软技能，如领导能力、创新能力、问题解决能力、团队合作能力等。职业教育应注重培养学生的综合素质和软技能，以应对不断变化的职业需求。

---

① 李晓阳. 职业标准建设：发达国家的经验与我国的路径选择 [J]. 教育理论与实践，2011，31（21）13-15.

② 龙柳萍. 教育国际化背景下高职学生跨文化交际能力培养研究 [J]. 广西教育，2016（39）：99-100.

③ 伍琼. 浅谈职业教育数字化学习资源管理与建设 [J]. 中文科技期刊数据库（引文版）教育科学，2022（7）:188-190.

6. 职业发展规划和终身学习

全球化使职业市场更加竞争激烈和不确定，职业教育要求学生具备职业发展规划和终身学习的意识。[1] 学生应具备自我管理和职业导向的能力，不断学习和适应职业环境的变化。

综上所述，全球化对职业教育要求与标准的提升涵盖了跨文化沟通能力、技术与数字化能力、国际化视野和全球意识、软技能培养以及职业发展规划和终身学习等方面。职业教育机构和相关教育工作者应积极适应和应对这些变化，为学生提供适应全球化职业环境的教育和培训。

（二）职业教育必须具备全球化背景

中国是世界上最大的贸易国，也是全球外国直接投资第一大目的地。中国是全球贸易、投资和经济增长的重要发动机和全球化的积极参与者和受益者。因而，我国的职业教育必然要具有全球化的背景。

1. 全球经济一体化

随着国际贸易和投资的不断增加，跨国企业和国际组织的数量也不断增多。企业需要具备国际视野和跨文化交流能力的人才来应对复杂的全球环境。[2] 因此，职业教育需要培养具备这些能力的人才，以满足全球市场的需求。

2. 技术进步和创新

随着科技的快速发展，许多新兴行业和领域需要掌握先进的技术和知识。职业教育需要紧跟技术创新的步伐[3]，为学生提供最新的知识和技能，以适应全球化的发展趋势。

---

[1] 陈雪梅.论职业院校对学生终身学习意识的培养[J].中文科技期刊数据库（全文版）教育科学：154.

[2] 陈凯.高职院校国际化人才培养路径创新研究[J].湖北开放职业学院学报，2023，36（21）：15-17.

[3] 孙珩超.职教发展应紧跟时代步伐[J].教育与职业，2009（13）：6

3. 国际竞争与合作

在全球化的背景下，各国之间的合作日益密切。职业教育需要培养具备国际竞争力的人才[1]，同时促进国际合作与交流，以提高教育质量。

4. 学生发展需求

现代学生具有更广阔的视野和更高的期望，他们希望接受更具挑战性和实用性的教育。职业教育需要满足学生的发展需求，为他们提供国际化的教育资源和机会。

综上所述，职业教育必须具备全球化背景，以应对全球经济一体化、技术进步和创新、国际竞争与合作以及学生发展需求等。通过培养具备国际视野和跨文化交流能力的人才，职业教育将为全球经济的发展和社会的进步做出重要贡献。

（三）全球化与职业教育必然融合

全球化与职业教育融合已成为一种必然趋势。[2] 首先，随着全球化的推进和产业的升级，各行各业对技术技能人才的需求日益迫切，要求职业教育培养具备国际竞争力的高素质人才，以满足企业和社会的发展需求。其次，教育国际化趋势使得职业教育需要借鉴国际先进理念和实践，提高教育质量，培养具有国际视野的人才。同时，产教融合作为教育改革的重要理念，推动职业教育与产业发展紧密结合，实现校企合作、协同育人，提高人才培养的针对性和实用性。再次，全球化时代的科技快速发展，职业技能更新速度加快，要求职业教育强调终身学习，培养具备自主学习能力和创新能力的人才。在国际交流与合作日益频繁的背景下，职业教育还需注重培养学生的跨文化意识和交际能力。最后，国家战略需求也促使全球化与职业教育融合，以支持国家经济建设、科技创新和社会进步。因此，深化产教融合、校

---

[1] 李春红. 高职教育人才培养国际化目标模式的探讨 [J]. 教育理论与实践, 2005 (20): 27-29.

[2] 刘子璇. 浅析"一带一路"倡议下高职英语教学如何培养国际化人才的跨文化交际能力 [J]. 现代交际, 2018 (4): 160-161.

企合作，完善职业教育保障制度和措施，是我国职业教育实现高质量发展的关键途径，也是提升我国职业教育国际竞争力的必然选择。

二、提升综合素质，培养国际视野

在全球化背景下，世界各国经济相互依存、文化相互交融，对高职院校毕业生综合素质的要求也越来越高。高职院校必须从国际视角审视和提升学生的综合素质，培养具有国际视野、跨文化交流能力、创新精神和实践能力的人才，这样才能更好地适应全球化发展需求，增强国家竞争力。

首先，在全球化背景下，世界各国人才竞争日趋激烈，高职院校毕业生面临着严峻的就业挑战。如果不提升学生的综合素质，难以满足国际人才市场的需求。因此，高职院校必须认清形势，增强忧患意识，把提升学生综合素质作为一项重要任务来抓。

其次，审视国际教育发展趋势，对标国际，找准差距。高职院校要从国际视野审视自身办学水平和学生综合素质，对标国际先进职业教育标准，找准差距，明确提升方向。

再次，改革创新，构建育人体系。高职院校要以提升学生综合素质为目标，改革创新人才培养模式，构建科学完善的育人体系。

最后，开展国际交流与合作。与海外高校和企业建立合作关系，开展交换生、实习、访问学者等国际交流项目，让学生亲身体验不同国家的文化，提高跨文化适应能力。

三、国际标准与本土实践的结合

职业教育中国际标准与本土实践的结合是指在职业教育发展过程中，充分借鉴国际先进标准和管理经验，同时结合我国实际情况进行创新和改进，以培养具有国际竞争力的高素质技术技能人才。

1. 借鉴国际标准

我国职业教育应充分借鉴国际先进的职业教育标准，如德国的双元制、日本的产教融合等，以提高我国职业教育的质量和水平。此外，还可以参考国际通用的职业技能标准、课程体系、教学方法等，为我国职业教育发展提供参考。

2.结合本土实际

在借鉴国际标准的基础上，我国职业教育需要结合自身实际情况进行调整和改进。在职业教育发展过程中要充分考虑地域差异、产业需求和民族文化等元素，确保国际标准与本土实践的有效结合。

3.创新人才培养模式

在本土实践中，我国职业教育应不断创新人才培养模式，如开展校企合作、订单培养、现代学徒制等。这些模式能够使学生在校期间获得更多实践机会，提高就业竞争力，同时有利于企业获得所需人才。

4.强化课程改革

课程改革是职业教育中国际标准与本土实践结合的关键环节。我国职业教育应根据产业发展需求，调整课程设置，增加实践教学环节，注重培养学生的创新能力和实践能力。同时，融入本土文化元素，传承和弘扬中华优秀传统文化。

5.完善师资队伍建设

为了实现国际标准与本土实践的结合，我国职业教育需要加强师资队伍建设。一方面，引进具有国际背景的教师，提升教师队伍的国际化水平；另一方面，加强教师的专业培训，提高教师的教育教学能力。

6.加强国际合作与交流

职业教育中国际标准与本土实践的结合需要加强国际合作与交流。我国职业教育应积极参与国际职业教育组织，开展国际合作项目，借鉴国外先进经验，不断提升自身发展水平。

总之，职业教育中国际标准与本土实践的结合需要在借鉴国际先进理念和实践的基础上，充分考虑我国实际情况，创新人才培养模式，强化课程改革，完善师资队伍建设，加强国际合作与交流，以培养具有国际竞争力的高素质技术技能人才。

第三节 国际化教育机制改革的策略

高职院校的国际化教育改革是一个多维度、多层次的复杂过程,涉及教育理念、课程体系、师资队伍建设、国际合作与交流等多个方面。

教育国际化是高职教育发展的必然趋势,这不仅是因为经济全球化和政治全球化的加深,也是因为知识经济的兴起和国际资源竞争的加剧。[1] 因此,高职院校需要将提升学生的综合素质作为重要目标,通过融入国际元素的教学内容和实践活动,培养学生的国际视野。[2]

高职院校在推进国际化教育改革时,应注重引进国外优质教育资源,并进行本土化改造。这包括对教育教学理念、师资培养方式、人才培养目标和模式、专业课程标准和人文背景等要素的国际化改造。[3] 同时,应加强与国际职业教育领域的合作与交流,引进更多国外优质职业教育资源。[4]

高职院校应重视师资队伍的国际化建设,通过引进具有国际视野和经验的教师,提升教师队伍的国际化水平。[5] 此外,还应加强学生的国际交流与合作,如通过学生交换项目、国际实习等方式,增强学生的国际体验和实践能力。[6]

高职院校应建立和完善国际化质量评价体系,以科学化、系统化的手段

---

[1] 王书丹. 高职院校国际化人才培养模式研究 [D]. 西安:西安建筑科技大学,2015.

[2] 吴佳美. 提升高职学生国际视野综合素质的探索与实践 [J]. 科教导刊(上旬刊),2015(1)25-26.

[3] 胡忠喜. 高职教育国际化探析 [J]. 中国成人教育,2013(17):22-25.

[4] 王书丹. 高职院校国际化人才培养模式研究 [D]. 西安:西安建筑科技大学,2015.

[5] 金友鹏. 高职教育应对教育国际化的策略研究 [J]. 中国职业技术教育,2012(36):84-86.

[6] 韩玲. 高职院校教育国际化的实践与探索 [J]. 焦作大学学报,2019,33(2):125-129.

评估和保障国际化教育的质量。① 同时，应探索创新的国际化人才培养模式，如"国际化、差异化、本土化"三位一体的发展模式，以及基于大学国际化水平评价指标体系的深度发展策略。②

高职院校应充分利用信息技术，加快信息技术在国际化教育中的应用，以提高教育效率和质量。③ 同时，应注重课程标准的国际化建设，引进国际先进课程标准，与国际职业标准接轨，输出特色标准。④

一、政策支持与保障

政府需要制定一系列有利于职业教育国际化的政策，包括提供资金支持、政策扶持、税收优惠等，以鼓励职业教育机构开展国际交流与合作。同时，完善相关法律法规，为职业教育国际化提供法律保障。

为了促进职业教育国际化的深入发展，政府需要精心设计和实施一系列政策。这些政策不仅涉及财政、税务等方面，还需要有明确的法律法规支持，为职业教育机构在国际舞台上开展交流与合作提供坚实的后盾。

在资金方面，政府应设立专门的职业教育国际化发展基金，用于支持职业教育机构开展国际交流、合作项目、师资培训等。此外，还可以考虑引入社会资本，通过公私合作（PPP）模式，吸引更多的企业、社会组织和个人参与职业教育国际化的建设。

在政策扶持方面，政府应当为职业教育机构提供国际认证、课程开发、教学资源引进等方面的指导和帮助。同时，可以建立职业教育国际化服务平台，提供一站式服务，简化审批流程，降低职业教育机构参与国际交流的成本。

---

① 吴燕萍.提质培优背景下高职国际化办学水平提升的价值、原则与对策[J].教育与职业，2022（1）：53-57.

② 吴书勤.演进嬗变中的高职院校教育国际化发展阶段及策略[J].教育与职业，2018(8)：57-61.

③ 金友鹏.高职教育应对教育国际化的策略研究[J].中国职业技术教育，2012（36）：84-86.

④ 李亚琪，李冬瑞，李可，等.高职院校国际化课程标准建设的探索与实践[J].黑龙江科学，2021，12（23）：86-87.

在税收优惠方面，政府可以对参与国际交流与合作的职业教育机构给予一定的税收减免，鼓励其积极扩大国际合作范围，提高国际化水平。此外，对于在国际上取得显著成绩的职业教育机构，政府还可以给予一定的奖励和荣誉，以激励更多的机构参与国际交流和合作。

同时，完善相关法律法规是保障职业教育国际化顺利进行的关键。政府需要修订和完善与职业教育国际化相关的法律法规，明确各方的权利与义务，规范职业教育机构国际交流与合作的行为。此外，还需要建立健全监管机制，加强对职业教育机构国际交流与合作活动的监管，确保其在法治轨道上健康有序发展。

总之，政府需要采取一系列综合措施，从资金、政策、税收和法律等方面全方位支持职业教育国际化发展。这不仅可以提高职业教育机构的教学质量和国际竞争力，还能为培养具有国际视野和专业技能的人才提供有力保障，进一步推动我国经济社会的全面发展。

二、课程体系的国际化改革

为适应全球化挑战，提升高职教育的国际竞争力，高职院校正积极推进课程体系的国际化改革。[①] 改革的重点在于与国际职业教育标准对接，引入并借鉴国际先进的教育理念和教学方法，更新教学内容，以适应和产业发展。通过改革教学方法，如项目式学习和案例教学，着重培养学生的批判性思维和问题解决技能。同时，高职院校应加强师资队伍的国际化建设，通过教师培训和引进外籍教师来丰富教学团队的国际背景，并与海外高校及企业开展合作，共同开发课程，促进资源共享，提升课程的国际性和多样性；此外，高职院校应鼓励学生参与国际交流与实习项目，以增强其跨文化适应能力。建立国际化的教学质量保障体系，确保教学内容和过程符合国际标准，开发与国际接轨的专业标准和课程体系，提升国际认可度。课程改革还需紧密结合国家和地区的外向型经济发展需求，旨在培养能够服务国际市场的技

---

① 舒畅.国际化视阈下高职院校国际交流与合作开展研究[J].教育理论与实践，2015，35（30）：19-21.

术技能人才，同时加强外语教学，提升学生的外语水平，优化教学环境，引进国际优质教育资源，建立国际化人才培养评价体系，营造包容、创新、合作的校园文化氛围。这些措施指明高职院校课程体系国际化改革的重要方向，有助于提升我国职业教育的国际竞争力和影响力。

国际化教学理念在高职院校中的重要性不容忽视，它强调培养学生的全球意识、跨文化交流能力和国际竞争力，以适应全球化的发展趋势。为实现这一目标，高职院校可以引入国际课程、组织跨文化交流项目以及提供国际实习机会。[①] 同时，要提升学生的综合素质，加强语言能力培训、培养创新思维能力以及注重团队合作与领导力培养是必要的策略。然而，实施国际化教学理念和方法面临诸多挑战，如师资力量的不足和教学资源的限制。为了应对这些挑战，高职院校需要积极寻求合作伙伴，加强师资培训，并完善教学资源配置。通过加强国际交流与合作、优化课程设置和完善教学资源配置等措施，高职院校可以为学生提供更多元化、国际化的教育环境，从而提升他们的国际竞争力。这不仅有助于培养具有国际视野和跨文化交流能力的高素质人才，也为国家的发展和国际交流做出了重要贡献。

三、实践平台的构建和完善

高职院校通过构建和完善国际化的实践平台，可以显著提升学生的综合素质。为此，建议高职院校开展国际交流与合作，与海外院校、企业建立合作关系，开展交换生项目，以帮助学生在国际交流学习，提高跨文化交际能力，拓宽视野。同时，结合专业特点，开发与国际接轨的课程，如全英文授课、跨国课程合作等，有助于学生掌握国际先进知识和技能，提升专业素养。此外，举办国际化活动，如国际技能竞赛、创新创业大赛等，能提高学生的创新能力、团队协作能力和竞争力。为了提供国际化教学环境，高职院校还应引入具有海外教育背景和经验的教师，并鼓励教师参加国际学术交

[①] 马春玲，张艳华.加强高职院校跨文化交际艺术教育培养国际化视域下的旅游交流人才：河北旅游职业学院开设"跨文化旅游交际"校本课程的实践与思考[J].河北旅游职业学院学报，2012，17（1）：65-67.

流、培训等，以提升教育教学水平。高职院校应强化语言培训，加强外语教学，提高学生的外语水平，为学生在国际化环境中学习和生活奠定基础。同时，组织学生参与国际性的社会实践和志愿服务项目，培养学生的社会责任感和全球意识。推广国际证书和资质，鼓励学生考取国际通用的职业证书和资质，能提高学生的就业竞争力和国际认可度。积极参与国际学术研讨会、专业论坛等活动，展示学生的学术成果和创意作品，有助于提升学校的国际知名度。通过与国际化企业合作，开展产学研项目，可以使学生具备国际化视野和实际操作能力。最后，从招生、培养、就业等环节构建完善的国际化人才培养体系，确保学生在国际竞争中脱颖而出。通过这些措施，高职院校将能更有效地构建和完善国际化的实践平台，以培养学生的国际竞争力。

第四节 中国高职院校国际化教育改革案例

近年来，中国各地各类职业院校都在积极推进国际化教育改革，获得了很多成功的经验，为其下一步实践提供良好的示范作用。

一、天津冶金职业技术职业学院

天津冶金职业技术学院通过特色专业建设引领高职教育国际化，适应全球经济一体化和产业结构调整升级的需求。学院采取了渐进式发展策略，包括服务主体、载体、过程和成果四个层面的国际化，形成了具有本土化和行业化特色的专业教学标准。在材料成型与控制技术专业方面，学院完成了国际化教学标准的研究与实践，开发了与国际接轨的课程体系，并通过与国际院校的合作和交流项目，如泰国"鲁班工坊"的建立，提升了国际合作水平。在师资队伍建设方面，学院加强了外语培训、国际交流和学术交流，提高了教师队伍的教学水平。此外，学院还鼓励学生参与国际交流访问，如对泰国和柬埔寨的技术学院进行实地调研，以此拓宽学生的国际视野。这些措施不仅在学院内起到了引领示范作用，也为其他高职院校提供了宝贵的国际化发展经验，展现了天津工业职业学院在国际化道路上的创新和成效，为打造国际化职业教育品牌和提升国际影响力奠定了坚实基础。

二、浙江商业职业技术学院

在我国"一带一路"倡议和"十四五"规划背景下，高职院校正面临打开专业人才培养国际化新格局的重要课题。教育部强调推进高水平教育对外开放，共建"一带一路"教育行动，深化国际产学研用合作。浙江商业职业技术学院等院校探索了"四元多维"办学模式，即通过我方院校、外方院校、协会、企业深度合作，培养高度契合当地需求的复合应用型人才。该模式从顶层设计到课程标准、教学实施全方位多维度展开，有效避免了高职院校去海外办学"水土不服"的问题。同时，推进"双向深度共融"育人模式，结合现代学徒制，注重技能＋语言教育与企业实践相结合，形成高质量的海外合作办学项目。在教学上，实现语言＋技能双课程、校内＋企业双阶段、线上＋线下双环境、中文＋外语双文化、教师＋师傅双导师的融合。此外，强调文化互融，通过线上＋线下双环境育人，构建螺旋上升知识体系，利用网络教学平台提高学生对知识的自主选择性。课程实现中方课程＋外方课程的双向输入，体现中外文化互融。这些措施不仅契合"一带一路"倡议及"双高"建设的需要，也是中外职业教育和高等教育领域融合创新的尝试。高职院校应立足自身特色和优势，以"大国工匠"精神和国际化视野推动国际化教育合作高质量发展，扩大职业教育的国际影响力。

三、西安工程大学

西安工程大学与澳大利亚墨尔本理工学院合作举办的高等职业教育（大专层次）项目，作为中外合作办学的典型案例，已成功运行二十几年。该项目经陕西省政府和教育厅批准，由西安工程大学中澳国际学院承办，旨在引进澳方优质教学资源，服务于中国高等职业教育。该项目自2003年起招生，结合中澳双方在职业教育领域的特点，注重课程设置的对接和教学质量监控，强调实践能力和职业技能培养，采用多样化的教学方法，如案例教学、模拟实习和项目训练等。通过合作，双方建立了高标准的师资评聘体系，实施双语教学，并构建了有效的双语学习环境。此外，该项目还包括原版教材的使用、多渠道考核评价方式，以及对教学质量的持续监控和评估。毕业生获得双方院校的大专毕业证书及商务英语证书，受到社会各界及用人单位的高度评价。此合作办学项目不仅提升了师资水平，促进了教学方法创新，还加强了海外游学和交换生项目，有效推动了中澳文化交流，为西部地区培养了具有国际视野的应用型高级专门人才，推动了西部高等教育的发展。

本节主要介绍了中国高职院校国际化教育改革的相关案例，包括天津工业职业学院、浙江商业职业技术学院和西安工程大学等院校在国际化教育方面的探索和实践。这些案例展示了高职院校在国际化教育改革中的不同策略和成果，包括特色专业建设、国际化教学标准研究与实践、师资队伍建设、学生参与国际交流访问、合作办学项目等方面。通过这些措施，高职院校可提高学生的国际竞争力，培养具备国际化视野和实际操作能力的应用型高级专门人才。同时，这些案例为中国高职院校国际化教育改革提供了宝贵的经验和启示，有助于推动高职院校国际化教育高质量发展。

第十一章 高职院校学生职业规划与发展体制改革

随着我国经济社会的快速发展,高等职业教育作为国家职业教育体系的重要组成部分,其质量与效益直接影响着高素质技术技能人才的供给和社会经济的持续增长。近年来,随着就业市场对技能型人才的需求日益增强,以及国际竞争压力的增大,如何有效提升高职院校学生的就业竞争力和职业发展前景成为教育改革的关键课题。职业规划作为个人职业生涯发展的基石,对于引导学生明确目标、提升素质、适应市场需求具有至关重要的作用。

第一节 高职院校学生职业规划概述

一、目前关于学生职业规划的观点

在过去的几年里,关于高职院校学生职业规划的研究日益丰富。[1] 学者从不同角度探讨了这一主题。李明强调了在当前全球化和技能型人才需求增长背景下,职业规划在高职教育中的核心地位。张华深入分析了我国高职院

---

[1] 谭小芳. 高职院校大学生职业生涯规划教育研究 [D]. 长沙:湖南大学,2011.

校在职业规划实施中存在的问题,如课程设置与市场需求脱节、学生参与度不高等。王芳则提出了一种基于生涯教育理论的职业规划模型,强调了个性化和实践导向的重要性。此外,赵强关注了政策层面的支持与改革,指出政府应加大对职业教育的投入,以促进学生职业规划的系统化和有效性。尽管已有大量研究成果,但仍存在如何更好地整合理论与实践,以及如何提升职业规划服务质量的问题。

二、职业规划相关内容

(一)职业规划理论基础

职业规划的理论框架,包括生涯发展理论(如霍兰德的人格—职业匹配理论、萨帕的职业发展理论)、职业生涯阶段理论(如埃里克森的社会化发展理论、金斯伯格的职业生涯发展理论),以及职业决策理论(如决策风格理论、SWOT分析)。此外,还将关注生涯彩虹模型,强调个体价值观、兴趣、技能与职业环境之间的动态互动。理论部分旨在为理解高职院校学生职业规划提供坚实的学术支撑,同时揭示职业规划在个体成长和教育体系中的核心地位。

(二)高职院校学生职业规划现状分析

当前,我国高职院校的学生职业规划工作呈现出一些显著特点。一方面,随着社会经济的发展和高等教育普及化,越来越多的高职学生意识到职业规划的重要性,开始积极参与自我认知、职业探索和目标设定。另一方面,现实中仍存在一些问题:部分学生对职业规划的认识不足,缺乏明确的职业目标和长远规划;学校的职业规划课程设置与实践环节相对薄弱,缺乏针对性的职业咨询和指导;学生的职业规划受到家庭、社会环境以及教育资源等因素影响,个性化和差异化需求未能得到有效满足。此外,部分高职院校的职业规划体系与社会市场需求脱节,导致学生的实际就业能力和适应性有待提高。因此,对高职院校学生职业规划工作进行改革与创新,显得尤为重要。

（三）职业规划在高职教育中的重要性

在当前快速变化的经济社会环境中，职业规划对于高职院校学生而言具有至关重要的作用。[1] 首先，它帮助学生明确职业目标，提高学习动力，引导他们有针对性地选择专业和课程，确保其知识结构与市场需求相匹配。其次，职业规划有助于提升学生的自我认知，促进其生涯技能的发展，如决策能力、沟通能力、团队协作能力等，以适应职场竞争。再次，通过实践性的职业规划活动，学生能够提前积累工作经验，缓解就业初期的迷茫与不适应，增强就业竞争力。最后，职业规划还能够推动高职院校的教学改革，使之更加注重与行业需求的对接，实现教育与产业的无缝衔接，从而提高毕业生的就业质量。因此，将职业规划融入高职教育体系中，不仅有利于学生的个人成长，也有利于学校的教学质量和人才培养质量的提升。

第二节　高职院校学生职业规划与发展体制的现状

一、当前体制存在的问题

在当前高职院校学生职业规划与发展体制中，存在着一系列明显的挑战和局限。第一，过于注重理论教学，实践机会不足，导致学生的实际操作能力和就业竞争力相对较弱。第二，职业规划课程设置缺乏针对性，忽视了不同专业背景和兴趣特长的学生需求，无法提供个性化指导。第三，学校与企业之间的合作不够紧密，难以将产业需求及时反映到教育内容中，造成教育与市场需求脱节。第四，职业规划指导教师的专业素质参差不齐，部分教师

---

[1] 王厚兵，杨红琳，唐大超，等.高职院校学生职业生涯规划浅析[J].十堰职业技术学院学报，2010，23（1）：22-25.

对职业规划理论和实践的理解和应用不足。第五，学生的职业规划意识普遍较弱，自我认知和决策能力亟待提升，学校对此的引导和支持体系还需进一步完善。

目前高职院校在学生职业规划与发展体制方面存在一些问题和挑战。一方面，很多高职院校缺乏对学生职业生涯规划的教育与指导，导致学生职业目标定位模糊、好高骛远，对职业世界普遍缺乏感性认识。[①]另一方面，高职院校学生普遍缺乏职业规划意识，学校职业生涯规划教育机制不健全，师资力量薄弱。[②]

二、政策支持与方向

在国家层面上，近年来一系列政策文件强调了职业教育的重要性，如《国家中长期教育改革和发展规划纲要（2010—2020年）》和《国务院办公厅关于深化产教融合的若干意见》，这些政策明确指出要提升职业教育的水平和质量，特别是对于职业规划与发展的关注。政府通过提供财政支持、设立专项基金、优化课程设置等方式，推动高职院校进行教学改革，鼓励与企业深度合作，以实践为导向，强化学生的动手能力和职业素养。

具体到学生职业规划，政策提倡实施生涯教育，将职业生涯规划纳入学校课程体系，提升教师的职业规划指导能力，并建立完善的学生职业发展服务体系，包括提供职业咨询、实习实训基地、就业信息平台等。同时，政策倡导建立终身学习机制，鼓励学生在毕业后继续自我提升，以适应快速变化的就业市场。

如何精准对接产业需求，如何提高学生的职业规划意识和技能，以及如何实现学校与社会的无缝对接等，是未来改革需要深入探讨和解决的关键问题。

---

① 万庆元.高职学生职业生涯规划教育实施模式探讨[J].职业技术教育，2007，28（14）：87-88.
② 徐敏.高职院校职业生涯规划教育体系的构建探索[J].价值工程，2016，35（36）：148-150.

第三节 高职院校学生职业规划与发展体制改革方向

高职院校学生职业规划与发展体制改革是一个多维且复杂的问题，涵盖了教育内容、教学方法、师资力量、课程建设和社会需求对接等多个层面。要有效地进行这一改革，首先，职业生涯规划教育应贯穿学生的整个学习过程，从入学到毕业[1]，确保学生明确自己的职业方向。其次，高职院校需重视职业生涯规划课程的建设，包括课程目标、内容、组织、实施和评价等方面[2]，以提高学生的就业竞争力和职业发展力[3]。同时，创新职业生涯规划教育的思路，提升其实效性和针对性[4]，这可以通过实施"三教"改革、构建合理的师资队伍建设机制等方式实现。再次，加强对外合作交流，搭建职业规划指导平台，有助于学生更早地规划职业生涯，适应市场需求。[5] 最后，推进职业生涯规划教育教学、课程和课堂的管理体制建设，构建以人为本、开放办学和大学生自我修养的运行机制，是改革和创新的路径选择。[6] 综上所述，高职院校学生职业规划与发展体制改革需要综合考虑教育内容、教学

---

[1] 彭齐林，彭桂香.高职大学生职业生涯规划教育探讨[J].教育探索，2011（6）：145-146.

[2] 高丽萍，刘清香.高职生职业生涯规划的课程建设[J].中国职业技术教育，2008（31）：24-26.

[3] 王海涛，郑翘，范剑冰.增强高职学生职业生涯规划教育 提升就业竞争力和职业发展力[J].黑龙江科技信息，2009（34）：245，166.

[4] 孙媛媛.高职院校大学生职业生涯规划教育的新思路[J].人才资源开发，2016（22）：204.

[5] 师寸丽.高职生职业生涯规划设计探索[J].教育与职业，2011（20）：83-84.

[6] 李生京.高职院校职业生涯规划教育的体制改革和机制创新[J].现代教育科学，2013（11）：146-150.

方法、师资力量、课程建设和社会需求对接，以提升学生的就业竞争力和职业发展力，促进其职业生涯的成功。

一、职业生涯规划教育的实施模式

高职院校职业生涯规划教育的实施模式包括分段式教育、职业生涯管理体系、创新设计模式、线上授课形式、三化改进策略以及多维度检验教育成效等。分段式教育模式通过探索与实践，帮助学生合理制定个人发展目标，全面提升其能力和素质。职业生涯管理体系通过完善管理机制和就业指导课程体系，建立以学生职业生涯为中心的系统。创新设计模式结合自我认知、环境探索与职业实践，增强学生的设计体验感。线上授课提供了灵活的教育方式，获得了宝贵的经验和反馈。三化改进策略，即系统化、长远化、生活化的课程设计，旨在提高教育质量。多维度检验教育成效则通过学生、学校、企业的反馈来评估和优化教学。这些模式的效果良好，不仅帮助学生明确专业目标和职业方向，增强职业规划和求职能力，还提升了其就业竞争力。尽管如此，仍存在一些挑战，如课程内容和教学手段的偏差，需要不断优化和完善，以适应现代职业教育的需求。

二、构建职业生涯规划课程的评价与质量保障体系

构建高职院校职业生涯规划课程的评价与质量保障体系，关键在于明确评价目的和原则，确保评价既关注结果也关注过程，结合定量与定性方法，并采纳多方面反馈。评价内容应覆盖知识、能力和态度三个维度，全面评估学生的表现。评价方法可采用等级评价法、档案评价法，并结合真实性评价理论，以真实、过程性、人本性和发展性为特点，更准确地反映学生的学习效果。针对现有问题，如目标模糊、内容缺失等，进行教学改革是必要的，包括明确课程定位、完善考核制度和丰富教学内容。此外，应确立质量标准，重视高质量的职业生涯规划教育，确保课程建设准确反映职业教育课程观念，并与人才培养目标及模式相结合。创新与实践也是评价体系构建中不可或缺的部分，需要理念创新、教学方法创新以及基于实践的教学内容设

计。通过综合考虑这些要素，高职院校可以构建一个全面、科学的评价与质量保障体系，有效提升职业生涯规划课程的教学质量，更好地服务于学生的职业发展。

三、"三教"改革在高职院校职业生涯规划教育中的应用

"三教"改革在高职院校职业生涯规划教育中的应用，核心在于全面改革教师、教材和教法，解决"谁来教"、"教什么"和"怎么教"的关键问题，以提高职业教育的质量和效率。在教师队伍改革方面，高职院校通过建设"工匠型"教师队伍，强化教师的专业技能和职业指导能力，提升教师素质，满足学生职业发展需求。教材资源体系的完善体现在融合职业品质要素，为学生提供丰富实用的学习材料上。课堂教学模式的创新则基于能力本位，强调学生主体性和差异性，通过情境教学和实习实践环节，提高学生应用性能力。职业生涯规划课程体系的构建，即在校企合作下，帮助学生树立正确的就业观念，适应市场需求。全程职业生涯规划指导则为学生提供全方位的教育和实践平台。成效评估显示，这些改革措施有效促进了学生技能提升和职业生涯发展，解决了职业生涯规划课程的定位不准确、教学形式单调等问题，提高了教学质量，并加强了学生的职业生涯体验。

四、加强对外合作交流，以提升职业规划指导工作的效果

高职院校通过加强对外合作交流，可以显著提升职业规划指导工作的效果。第一，建立和完善负责国际交流与合作的组织机构，明确其职责和任务，是确保国际合作项目有效实施的基础。第二，高职院校应探索多元化的国际合作模式，如师资交流、学生交换、联合培养学生等，以促进资源共享和教育质量提升。第三，强化内涵建设，提升教育质量和服务能力，是增强国际合作能力的关键。这样有助于培养具有国际视野的人才。第四，引进国外优质教育资源，包括教学理念、教材和教学方法，可以有效提升教学质量。第五，加强战略规划和政策支持，确保国际合作有明确的方向和充足的政策支持。第六，对学生英语水平和跨文化交际能力的提升，是适应国际化

教育需求的重要措施。通过这些综合措施，高职院校可以加强对外合作交流，提升教育质量和国际竞争力。

五、高职院校结合行业企业需求构建职业生涯规划教学内容体系

高职院校结合行业企业需求构建职业生涯规划教学内容体系，首先应从校企合作的深度和广度上进行探索和实践。根据现有的研究和实践经验，可以采取以下几个方面的措施：

第一，推动校企共建共管产业学院、企业学院，通过这种方式延伸职业学校的办学空间，拓展校企合作的形式和内容。这包括让行业龙头企业深度参与职业教育专业规划、课程设置、教材开发、教学设计及教学实施等环节，共同建设新专业、开发新课程、开展订单培养。

第二，深化产教融合，实现资源共享和技术合作。高职院校与企业之间可以通过技术合作模式，进行资源整合和优势互补，企业可以行业发展和企业需求为依据，调整人才培养方案。

第三，构建职业生涯规划课程体系，将职业生涯规划贯穿于整个高职教育的过程中。这意味着在课程设计目标、目的与总体设计方面，需要紧密结合行业企业的实际需求，以及学生的个人发展需求，确保学生能够在未来的职业生涯中更好地定位自己，实现自我价值。

第四，创新人才培养模式，如"校企一体化"合作办学模式。通过学校与行业企业在人才培养、资源共享、职工培训、技术开发应用等领域的深度合作，实现双方资源的整合和优势互补，从而创新人才培养模式。

第五，基于"双高计划"的要求，进一步深化高职院校与行业领先企业的产教融合、校企合作，共同创造校企合作的新高度。这要求新时代高等职业院校的校企合作要有新的思路和方法。

高职院校在构建职业生涯规划教学内容体系时，应充分利用校企合作的平台，深入挖掘行业企业的需求，通过共建共管产业学院、深化产教融合、创新人才培养模式等多种方式，确保教学内容体系既符合行业发展趋势，又能满足学生个性化发展的需求。

第四节　高职院校职业生涯规划与发展体制改革案例

一、高职院校职业生涯规划课程设计

从课程设计角度来看，高职院校通常会开设专门的职业生涯规划课程，这些课程旨在帮助学生认知大学生活和职业规划、学会自我认知、加强职业认知等。例如，长沙环境保护职业技术学院自2010年起为大一新生开设了这门课程。此外，常州机电职业技术学院根据行业企业对学生职业素质的要求，构建了职业生涯规划教学内容体系。[①]

在教学方法方面，高职院校采用了多种教学方法来提高教学效果。例如，大学生职业生涯规划课程采用了理论与实践相结合、讲授与训练相结合的方式进行，具体包括课堂讲授、典型案例分析、情景模拟训练、小组讨论、角色扮演、社会调查等。

高职院校职业生涯规划课程的内容丰富多样，涵盖了毕业生就业形势分析、就业政策解读、简历撰写和求职面试技巧等核心要点，旨在助力毕业生应对激烈的就业市场，提升就业率。同时，该课程深入探讨了生涯、学涯与职涯的概念，教授职业生涯规划法，并警示学生避免常见的职业生涯规划误区。这种综合性的教学设计，使学生不仅能够掌握职业生涯规划的基本知识和技能，还能在实践中深化理解，提高解决实际问题的能力。

---

① 鲁伟.高职院校职业生涯规划课程教学探索[J].职业技术教育，2010，31（11）：37-39.

二、高职院校在职业生涯规划教育中的实践案例

高职院校在职业生涯规划教育中采用的实践活动案例包括多种形式，旨在通过实际操作和体验来提升学生的职业技能和职业素养。以下是一些具体的实践活动案例：

1. 校企合作模式

甘肃工业职业技术学院与三和数码测绘地理信息技术有限公司合作探索产教深度融合下的校企合作模式，这种模式成功入选全国2022年职业教育产教融合优秀典型案例。

2. 技能大赛育人模式

河南工业职业技术学院通过参与全国职业院校技能大赛，获奖21项，展示了其创新的职业院校技能大赛育人模式。这种模式不仅提升了学生的技能水平，也彰显了学校的教学水平。

3. 理实一体化课程

广州科技职业技术大学的"Android应用程序及界面开发"课程，通过"正面管教——培养学生自主学习的能力"案例，推动四维一体的实践教学，强化学生的实践能力和创新能力。

4. 浙江金融职业学院心理健康月和心理素质拓展大赛

通过这一系列活动，让学生挖掘自身潜能，有效促进优秀职业品格的形成，如果敢、顽强、自信、团结等。

5. 劳动教育实践活动

深圳职业技术大学开展的劳动教育实践活动，包括"能工巧匠"技能大比武、志愿服务以及在校园内规划建设的劳动教育实践基地，这些活动旨在提升学生的职业技能和服务意识。

6. 南京工业职业技术大学的大学生职业规划教育校本化实践设计与实施研修班

通过集体研修，全面提升了指导教师的案例分析、合作学习、内省习得

等能力，这对于提升职业生涯规划教育质量具有重要意义。

这些实践活动案例体现了高职院校在职业生涯规划教育中的和实践性，通过校企合作、技能大赛、理实一体化课程、心理健康活动、劳动教育以及教师培训等多种形式，有效地提升了学生的职业技能和职业素养。

三、国外职业学院的案例

杜德施塔特职业技术学校是一个典型的例子。该校位于德国下萨克森州南部，毗邻著名的大学城哥廷根市，侧倚哈茨山，是莱茵河的起源地之一。学校成立于1833年，至今已有超过190年的历史，现有在校注册学生近千人，共有44个班级。这所学校作为德国职业教育的代表，展示了德国职业教育如何通过长期的历史积累和不断的教育改革，形成完备的职业信息系统和多样化的教育路径。

通过杜德施塔特职业技术学校的网页案例，可知德国职业学院通过一系列具体措施帮助学生进行职业规划：首先，它们提供职业预备教育，要求学生在企业实训前在职业学院学习一年，以获得必要的基础知识。其次，职业学院还强调实践与理论的结合，通过实习让学生在真实工作环境中学习和成长。再次，学院鼓励学生通过工作体验来探索不同职业道路，同时提供个性化职业指导，帮助学生制定符合个人兴趣和市场需求的职业发展计划。为了解决学生和企业对职业转变的顾虑，职业学院进行教育和沟通，强调职业教育的价值，并展示学术教育之外的职业教育同样有良好的职业前景。学院认识到即使是有学术背景的学生也需要在实践中不断学习、适应，因此提供持续的学习和指导。通过分享成功案例，职业学院激励学生，展示不同职业路径的可能性。最后，职业学院努力提高社会对职业教育的认可度，鼓励学生根据个人情况作出最合适的职业选择，为他们未来的职业道路提供坚实的基础。

德国教育对职业生涯规划非常重视。无论是普通教育还是职业教育，都非常重视对学生职业选择、学业规划的专业指导，并开设系统的职业生涯规划课程。这些课程可以使学生对未来职业选择作出更加理性、科学的判断。

此外，德国的劳动教育也对学生的职业规划产生了重要的影响，通过劳动教育，学生了解了不同的职业领域及其特点，以及所需要的专业技能和学习技巧。

德国职业院校通过"双元制"教育模式，结合理论学习与实践操作，以及通过系统的职业生涯规划课程，为学生提供了全面的职业教育和职业生涯规划支持。杜德施塔特职业技术学校作为具体案例，展示了职业生涯规划教育的实际运作和成效。

本章通过探讨高职院校在职业生涯规划教育中的多种实践方式，以及国外职业学院如杜德施塔特职业技术学校的成功案例，强调了职业生涯规划教育的重要性和有效性。高职院校通过课堂讲授、案例分析、小组讨论、角色扮演、社会调查以及实习等多种方式，有效激发了学生的学习兴趣和动力，提升了他们的职业技能和职业素养。这些实践活动不仅帮助学生掌握了职业生涯规划的基本知识和技能，还深化了他们对职业发展的理解，提高解决实际问题的能力。

同时，本章还展示了国外职业学院在职业生涯规划教育方面的先进经验和做法，如德国的职业教育体系，特别是其"双元制"教育模式和系统的职业生涯规划课程，为学生提供了全面的职业教育和职业生涯规划支持。这些经验和做法对于我国高职院校的职业生涯规划教育具有重要的借鉴意义。

综上所述，开展职业生涯规划教育对于高职院校学生的个人发展具有至关重要的作用。通过多元化的实践方式和先进的教育理念，高职院校可以帮助学生更好地认识自己，了解职业发展的无限可能，掌握必要的职业技能，从而适应快速变化的就业市场，实现个人职业生涯的成功规划与发展。

第十二章 案例分析与实践考察

本章将对目前国内外高职院校教学体系改革经典案例进行分析并对其运行进行考察,以验证前述改革的理论与实践的符合性。

第一节 国外高等职业教育教学体系案例分析

一、德国高职教育案例

德国职业教育以其严谨性、实践性和创新性而闻名。其成功经验可为我国高职院校教学体系改革提供参考。德国职业教育注重实践性和应用性,提供实践机会。

(一) 德国巴伐利亚州奥格斯堡应用技术大学

1. 教学体系概述

德国巴伐利亚州奥格斯堡应用技术大学的职业教育教学体系以"双元制"为基础,将学校教育与企业培训相结合,注重培养学生的专业技能、综合素质和职业发展能力。

在专业技能方面,学校根据企业需求设置专业课程,并采用项目教学、案例分析、模拟教学等教学方法，培养学生的动手能力、创新能力和解决问题的能力。

在综合素质方面，学校开设了德语、英语、数学、计算机、经济学、管理学等基础课程，以及职业道德、沟通能力、团队合作能力、领导能力等职业素养课程，培养学生的学习能力、创新能力、适应能力和就业竞争力。

在职业发展方面，学校为学生提供职业发展咨询、职业技能培训、就业指导等服务，帮助学生了解职业需求、规划职业发展。

2. 详细制度文件

《巴伐利亚高等教育法》是巴伐利亚州高等教育方面的适用法律。该地所有大学的条例和章程都是在此基础上制定的。

《巴伐利亚大学人事法》载有关于大学科学和艺术人员就业的先决条件、法律地位和服务任务的规定。

3. 评价

德国巴伐利亚州奥格斯堡应用技术大学的职业教育教学体系具有以下特点：

（1）以"双元制"为基础，理论与实践相结合。

（2）注重培养学生的综合素质。

（3）有完善的制度文件保障。

该教学体系取得了良好的效果，培养出了大量高素质的职业人才，为德国经济发展做出了重要贡献。

（二）德国汉诺威工业大学应用技术学院

1. 教学体系概述

德国职业教育的核心理念是"双元制"，即学生的学习是在企业和职业学校中进行的。企业与学校合作办学，学生部分时间在企业接受技能培训，部分时间在学校接受理论知识学习。

在德国汉诺威工业大学应用技术学院，学生在学习专业知识和技能的同时，还要接受综合素质的培养。学院的综合素质培养体系包括以下几个方面：

（1）德语语言能力：德语是德国职业教育的通用语言，学生必须具备良好的德语语言能力才能顺利完成学业。学院为学生提供德语语言课程，帮助学生提高德语水平。

（2）信息技术能力：信息技术是现代社会不可或缺的工具，学生必须具备良好的信息技术能力才能适应未来的职业发展。学院为学生提供信息技术课程，帮助学生掌握计算机操作、网络应用等技能。

（3）人文素养：人文素养是学生全面发展的重要基础。学院为学生提供人文课程，帮助学生了解历史、哲学、文学、艺术等领域的知识，培养学生的人文素养。

（4）职业道德：职业道德是职业人必备的素质。学院为学生提供职业道德教育，帮助学生树立正确的职业道德观念，培养学生的职业道德意识。

2.制度文件

《德国职业教育法》《德国学校教育法》《德国手工艺法》。

3.教学方法

学院采用多种教学方法来培养学生的综合素质，包括：

（1）课堂教学。课堂教学是学院培养学生综合素质的主要方式。学院教师采用多种教学手段，如讲授、讨论、演示、实验等，帮助学生掌握知识和技能。

（2）实践教学。实践教学是培养学生综合素质的重要环节。学院与企业合作，为学生提供实践机会，帮助学生将理论知识与实际操作相结合。

（3）自主学习。自主学习是学生综合素质培养的重要途径。学院鼓励学生自主学习，为学生提供丰富的学习资源，帮助学生拓宽知识面，提高技能水平。

4.教学评价

学院采用多种方式对学生的综合素质进行评价，包括：

（1）考试成绩。考试成绩是学生综合素质评价的重要依据。学院根据教学大纲对学生进行考试，考核学生的知识水平和技能水平。

（2）实践表现。实践表现是学生综合素质评价的重要内容。学院根据学生在实践教学中的表现对学生进行评价，以了解学生的实践能力和职业素养。

（3）自我评价。自我评价是学生综合素质评价的重要环节。学院鼓励学生对自己的学习和表现进行自我评价，帮助学生提高自我认知能力。

5.教学成效

德国汉诺威工业大学应用技术学院的综合素质培养体系取得了良好的效果。学生在学习专业知识和技能的同时，获得了良好的人文素养和职业道德。该院校的毕业生普遍具有良好的德语语言能力、信息技术能力、职业道德意识和实践能力，受到了用人单位的欢迎。

6.借鉴意义

德国职业教育的综合素质培养体系具有以下借鉴意义：一是注重信息技术能力的培养。信息技术是现代社会不可或缺的工具，学生必须具备良好的信息技术能力才能适应未来的职业发展。二是加强人文素养的培养。人文素养是学生全面发展的重要基础，职业教育应该加强人文素养的培养。三是强化职业道德教育。职业道德是职业人必备的素质，职业教育应该强化职业道德教育。

二、日本高职教育案例

（一）制度文件

日本职业教育的核心理念是"职业本位"，即职业教育必须与职业需求相结合。日本职业院校在培养学生综合素质方面，注重以下几个方面：

（1）专业技能培养。日本职业院校的专业技能培养以职业技能考试为导向，注重学生实践能力的培养。

（2）人文素养培养。日本职业院校注重人文素养的培养，为学生提供人文类课程，帮助学生拓宽知识面，提高综合素质。

（3）职业道德培养。日本职业院校注重职业道德的培养，为学生提供职业道德教育，帮助学生树立正确的职业道德观念。

（二）教学制度法律法规

《职业能力开发促进法》《学校教育法》《教育基本法》《雇佣保险法》。

（三）教学方法

日本职业院校采用多种教学方法来培养学生的综合素质，包括：

（1）课堂教学。课堂教学是日本职业院校培养学生综合素质的主要方式。教师采用多种教学手段，如讲授、讨论、演示、实验等，帮助学生掌握知识和技能。

（2）实践教学。实践教学是培养学生综合素质的重要环节。日本职业院校与企业合作，为学生提供实践教学机会，帮助学生将理论知识与实际操作相结合。

（3）自主学习。自主学习是学生综合素质培养的重要途径。日本职业院校鼓励学生自主学习，为学生提供丰富的学习资源，帮助学生拓宽知识面，提高技能水平。

（四）教学评价

日本职业院校采用多种方式对学生的综合素质进行评价，包括：

（1）考试成绩。考试成绩是学生综合素质评价的重要依据。日本职业院校根据教学大纲对学生进行考试，考核学生的知识水平和技能水平。

（2）实践表现。实践表现是学生综合素质评价的重要内容。日本职业院校根据学生在实践教学中的表现对学生进行评价，以了解学生的实践能力和职业素养。

（3）自我评价。自我评价是学生综合素质评价的重要环节。日本职业院校鼓励学生对自己的学习和表现进行自我评价，帮助学生提高自我认知能力。

（五）教学成效

日本东京工科大学的综合素质培养体系取得了良好的效果。学生在学习专业技能的同时，也获得了良好的人文素养和职业道德。毕业生普遍具有良好的专业技能、人文素养和职业道德，受到了用人单位的欢迎。

（六）借鉴意义

日本职业教育的综合素质培养体系具有以下借鉴意义：一是注重专业技能培养。日本职业教育注重专业技能培养，学生具有良好的专业技能是就业的前提条件。二是加强人文素养培养。人文素养是学生全面发展的重要基础，职业教育应该加强人文素养的培养。三是强化职业道德教育。职业道德是职业人必备的素质，职业教育应该强化职业道德教育。

第二节 国内高职院校案例

一、双元制教学改革

（一）背景

针对传统理论教学与实际技能培养脱节的问题，部分高职院校引入"双元制"教学模式，即学校与企业合作，学生半工半读，理论与实践相结合，缩短教育与企业需求的差距。

（二）案例

深圳职业技术大学与华为、腾讯等知名企业合作，开办"华为创新班""腾讯定制班"等，将企业项目引入课堂教学，让学生在真实项目实践中学习。这种教学模式不仅让学生在学习过程中更加深入地了解企业的实际需求，还为企业提供了更多具有实践经验的人才。

在"华为创新班""腾讯定制班"中，学生将接触到企业真实项目，通过实践掌握企业的技术和解决方案。这种合作模式不仅能让学生在学习过程中更加深入地了解企业的技术和产品，还为企业提供了更多具有实践经验的人才。

这种教学模式不仅让学生在学习过程中更加深入地了解企业的实际需求，还为企业提供了更多具有实践经验的人才。这种合作模式不仅有助于提高学生的实践能力和综合素质，还促进了企业和学校之间的合作和交流。

此外，深圳职业技术大学还积极开展其他形式的校企合作，如与企业合作开展科研项目、共建实验室等。这些合作不仅有助于提高学生的实践能力和综合素质，还为企业提供了更多的技术支持和创新思路。

二、课程改革

（一）背景

为适应经济社会发展需求，高职院校不断更新课程内容，增加新技术、新工艺、新管理理念等教学内容。

（二）案例

北京电子科技职业学院一直以来都在积极寻求与行业领先企业的合作，以整合优质资源，为学生提供更贴近实际需求的课程。近期，该学院与华为、微软等知名企业合作，开发了一系列具有特色的课程，如"云计算技术与应用""大数据技术与应用"等，这些课程紧密结合当前行业发展的趋势和需求，为学生提供了更广阔的学习视野和实践机会。

这些特色课程的开发，不仅体现了学院对行业发展的敏锐洞察力，也展示了学院在教育教学改革方面的决心和勇气。通过与企业的紧密合作，学院能够及时了解行业发展的最新动态和需求，从而调整和优化课程设置，确保学生所学知识能够与市场需求相匹配。

在课程开发过程中，学院还注重引入企业的实际案例和实践项目，让学生在实践中学习和掌握知识，提高他们的实践能力和解决问题的能力。同时，学院积极邀请企业专家参与教学，为学生提供更深入的行业见解和经验分享，帮助他们更好地了解行业发展趋势和职业规划。

这些特色课程的开设，不仅丰富了学院的教学内容，也提高了学生的综合素质和就业竞争力。许多学生在这些课程中获得了宝贵的实践经验和项目经验，为他们未来的职业发展打下了坚实的基础。

三、实训基地建设

（一）背景

加强实践教学是提高人才培养质量的关键。高职院校可通过建设各种实训室和实训基地，为学生提供良好的实践环境。

（二）案例

南京工业职业技术大学一直以来都非常注重学生的实践训练，为了给学生提供更好的实践环境，学校近年来投资数亿元建设了多个国家级和省级实训基地。这些实训基地的建设不仅体现了学校对实践教育的重视，也为学生提供了更加一流的实践训练环境。

其中，智能制造实训基地是学校重点打造的实训基地之一。该基地引进了先进的智能制造设备和技术，涵盖了从产品设计、制造到销售的全过程。学生可以在这里接触到最前沿的智能制造技术，通过实践操作，深入了解和掌握智能制造的核心技术和应用。

另外，人工智能技术应用实训基地也是学校的一大亮点。该基地聚焦于人工智能技术的应用和创新，为学生提供了丰富的实践机会。在这里，学生可以学习到人工智能的基本原理，通过实际操作，提高自己的编程能力和算法设计能力。

除了以上两个实训基地，学校还建设了多个其他类型的实训基地，如电子商务实训基地、虚拟仿真技术实训基地等。这些基地的建设为学生提供了更加全面、多元化的实践训练环境，有助于提高学生的实践能力和综合素质。

南京工业职业技术大学的这些实训基地不仅为学生提供了实践训练的机会，也为学校的教学和研究提供了有力的支持。这些基地的建设不仅体现了学校对实践教育的重视，也为学生未来的职业发展打下了坚实的基础。

四、师资队伍建设

（一）背景

建设一支具有较高教学水平和较强实践能力的教师队伍是提高教学质量的关键。

（二）案例

常州信息职业技术学院引进企业高管和能工巧匠担任兼职教师，这一举措不仅丰富了学院的教学资源，更为学生提供了更加贴近实际的教学内容。这些企业高管和能工巧匠不仅具备丰富的实践经验，还带来了行业的最新动态和市场需求，使得学院的教学更加具有针对性和实效性。

同时，学院建立了教师企业实践流动站，要求专任教师每年至少到企业实践一个月。这一举措旨在提高教师的专业技能和教学水平，使得教师能够更好地理解和掌握行业的发展趋势和市场需求，从而更好地指导学生。

通过这种校企合作的方式，常州信息职业技术学院不仅提高了教学质量，还为学生提供了更加广阔的就业前景。同时，这种合作模式为学院的长远发展注入了新的动力，推动了学院与企业的深度融合，为培养高素质、高技能人才提供了更加有力的保障。

总之，常州信息职业技术学院引进企业高管和能工巧匠担任兼职教师并建立教师企业实践流动站，是一项具有前瞻性和创新性的教育改革。这项改革不仅提高了学院的教学质量，还为学生提供了更加贴近实际的教学内容，为培养高素质、高技能人才提供了更加有力的保障。

五、国际化办学

（一）背景

为拓宽学生的国际视野，提升教育教学能力和国际竞争力，高职院校积极开展国际交流与合作。

（二）案例

武汉职业技术学院与多国高校合作，建立国际交流中心，开设国际班，学生可以在校内考取国际认可的资格证书，如西门子认证、AutoCAD认证等。

武汉职业技术学院，作为我国职业教育领域的一颗璀璨明珠，一直致力推动国际交流与合作，培养具有国际视野的高素质技术技能人才。为了实现这一目标，学院与世界各地的多所高校建立了紧密的合作关系，共同打造了一个高水平的国际交流平台。

在这个国际交流平台上，武汉职业技术学院不仅开设了国际班，让学生在校内就能享受到国际化的教育资源，还积极引导学生考取国际认可的资格证书。这些证书的取得，不仅证明了学生的专业技能，更让他们在国内外就业市场上具备了较强的竞争力。

武汉职业技术学院高度重视国际交流与合作，认为这是提高我国职业教育国际竞争力的重要途径。为此，学院与国际知名企业、研究机构建立了产学研一体化的合作关系，为学生提供了更多实践锻炼的机会。通过与国际高校的交流与合作，学院不断引进国际先进的教育理念和教学方法，促进了教育教学改革，提高了教学质量。

在这个全球化的时代，武汉职业技术学院深知国际交流对人才培养的重要性。因此，学院积极鼓励师生参与国际交流活动，以提高他们的跨文化沟通能力。通过与国际友人的互动，学生不仅拓宽了视野，丰富了知识，还锻炼了团队协作能力。这些素质的提高，为他们的未来发展奠定了坚实的基础。

武汉职业技术学院通过与多国高校的合作，成功打造了国际化的教育环境。在这个环境中，学生们不仅能够在国内获得国际认可的资格证书，还能全面提升自己的综合素质，为未来的职业生涯做好充分准备。相信在不久的将来，这些学子将在国际舞台上大展才华，为我国职业教育的发展贡献自己的力量。

六、创新创业教育

（一）背景

为培养学生的创新精神和创业能力，高职院校设立创新创业教育中心，提供全方位的创业指导和服务。

（二）案例

天津职业大学建立"双创"教育实践基地，举办创业大赛、成立创新工作坊等，激励学生参与创新实践，帮助其创建创业项目。

天津职业大学——一所致力于培养具备创新精神和创业能力的高素质应用型人才的学府，近日积极打造了"双创"教育实践基地。此举旨在激发学生的创新思维，提高他们的实践能力，并为我国培养更多具备创新精神和创业素质的人才。

为了更好地推动"双创"教育，天津职业大学举办了各类实践活动。这些活动旨在鼓励学生积极参与创新实践，提升他们的创业技能和综合素质。在创新工作坊中，学生们可以学习到最新的创新理念和实践方法，并结合自身专业背景和兴趣爱好，开展实质性的创新项目研究。

创业大赛则为学生提供了一个展示自己创业项目和商业计划的平台。在比赛过程中，学生们不仅可以锻炼团队协作能力和沟通能力，还可以得到来自行业专家和创业导师的指导，为今后的创业之路打下坚实基础。此外，学校还为学生提供了一系列支持，如资金支持、创业培训和人才引进等，帮助学生将创业项目转化为实际生产力。

天津职业大学"双创"教育实践基地的建立，有力地推动了学校创新创业教育的发展。学生们在参与实践活动中，不仅提高了自身的创新能力和创业素质，还培养了团队合作精神和领导才能。在未来，天津职业大学将继续深化创新创业教育改革，为我国培养更多具备创新精神和创业能力的优秀人才，为实现全面建设社会主义现代化国家的目标贡献力量。

以上这些案例说明，改革措施有效地促进了高职教育观念的转变、模式的更新和质量的提高，使学生不仅能掌握必要的理论知识，还能具备较强的实际工作能力和职业技能，满足社会对高素质技术技能型人才的需求。

高职院校的教学体系改革一直以来都是教育领域关注的焦点。近年来，我国高职院校在探索和实践教学体系改革方面取得了显著的成果。以上案例无疑证实了高职院校教学体系改革的方向和内容的正确性，同时警示高职院校，改革的道路并非一帆风顺，需要付出更多的努力和坚持。

在追求改革目标的过程中，高职院校需要突破种种主客观条件的制约。这其中包括观念的转变、资源的配置、师资力量的提升等方面。只有突破这些瓶颈，高职院校才能在教学体系改革的道路上走得更远。此外，高职院校还应不断探索和实践，寻求适应新时代发展需求的高职教育模式。

改革的成功并非一蹴而就，而是一个持续不断的过程。为此，高职院校需要更加努力和坚持，以确保改革的成功实施。首先，要坚定改革信念，始终保持对教育事业的热爱和责任感。其次，要勇于创新，积极探索适应高职教育发展的新模式。最后，要关注实践成果，以实际成效检验改革举措的正确性。

虽然高职院校教学体系改革已经取得了显著的成果，但高职院校不能止步于此。在未来的改革道路上，高职院校要继续保持清醒的头脑，勇于面对困难和挑战，不断探索和实践，以实现我国高职教育的持续发展。只有这样，高职院校才能为我国培养更多高素质的技术技能人才，助力国家经济社会发展。

第三节 结论与展望

根据对国内外高职院校教学体系改革的研究，本书可以得出以下结论：高职院校教学体系改革是必要的，也是重要的。改革的目的是提高教育质量和培养更适应社会需求的人才。改革的主要内容包括课程设置、教学方法、师资队伍、评价体系等方面。国内外高职院校在这些方面的改革实践中取得了一定的成果，为我国高职院校教学体系改革提供了有益的借鉴。

第一，在课程设置方面，高职院校应关注学生的实际需求，调整课程结构，增加实践性和创新性课程，以提高学生的综合素质。同时，课程设置应与行业需求紧密结合，为学生提供更具针对性的知识和技能。

第二，在教学方法方面，高职院校应改革传统的讲授式教学，采用项目驱动、案例教学、模拟教学等多样化的教学方式，激发学生的学习兴趣，培养学生的实践能力和创新精神。

第三，在师资队伍方面，高职院校需要加强师资队伍建设，引进具有实践经验的教师，提高教师的实践教学能力。同时，加强教师培训，提高教师的教育教学水平和职业素养。

第四，在实践教学方面，高职院校应加大实践教学投入，提供丰富的实践资源，加强校企合作，为学生提供更多的实践机会。同时，完善实践教学评价体系，确保实践教学的质量和效果。

第五，在评价体系方面，高职院校应建立科学、合理、公正的评价体系，关注学生的全面发展，提高评价的客观性和有效性。同时，加强评价结果的反馈和应用，为教学改革提供有力支持。

展望未来，高职院校教学体系改革将继续深入推进。随着科技的发展和社会需求的变化，高职院校需要不断创新教学模式，提高教育质量，培养更多具备实践能力和创新精神的高素质技术技能人才。在这个过程中，政府、学校、企业需要共同努力，为高职院校教学体系改革创造良好的环境和条件。相信通过持续的努力和探索，高职院校教学体系改革将取得更大的成功，为国家和社会的发展做出更大的贡献。

参考文献

[1] 高林, 鲍洁. 点击核心：高等职业教育专业设置与课程开发导引 [M]. 北京：高等教育出版社, 2004.

[2] 匡瑛. 比较高等职业教育：发展与变革 [M]. 上海：上海教育出版社, 2006.

[3] 戴士弘. 职业教育课程教学改革 [M]. 北京：清华大学出版社, 2007.

[4] 徐国庆. 职业教育原理 [M]. 上海：上海教育出版社, 2007.

[5] 姜大源. 当代德国职业教育主流教学思想研究：理论、实践与创新 [M]. 北京：清华大学出版社, 2007.

[6] 严中华. 职业教育课程开发与实施：基于工作过程系统化的职教课程开发与实施 [M]. 北京：清华大学出版社, 2009.

[7] 马树超, 郭扬. 中国高等职业教育历史的抉择 [M]. 北京：高等教育出版社, 2009.

[8] 姜大源. 当代世界职业教育发展趋势研究 [M]. 北京：电子工业出版社, 2012.

[9] 邓泽民. 职业教育教学设计 [M]. 北京：中国铁道出版社, 2016.

[10] 赵鸣洲, 张建民, 张玉璞, 等. 实践教学质量评估研究及实践教学改革与建设 [J]. 高等工程教育研究, 1998（2）: 33-36.

[11] 顾嘉雯, 楼一峰. 办出争创 特色一流：上海成人高职教育教学改革实践及发展构想 [J]. 教育发展研究, 1999（12）: 72-74.

[12] 广州大学高职教育研究课题组. 高职教育教学质量评估体系的构建 [J]. 中国高教研究, 2002（12）: 51-52.

[13] 乔立慧. 高等职业教育实践教学体系改革初探 [J]. 太原师范学院学报（社会科学版），2002（1）：34-43.

[14] 姚芝楼，王建国. 高职高专实践教学模式的建构 [J]. 中国高教研究，2006（6）：63-65.

[15] 张建. 国外高职教学改革经验对我国高职二年制课程体系建设的启示 [J]. 外国教育研究，2006（8）：60-65.

[16] 吴晓玲. "专题研讨会"：高职高专一种过程导向的课程模式 [J]. 江苏高教，2007（6）：138-140.

[17] 衡付广，李志宏. 试论教学评估对我国高等教育改革和发展的重要意义 [J]. 中国高教研究，2008（1）：42-43.

[18] 石建敏，赵立影，孙国良，等. 高等职业教育人才培养模式的改革与实践 [J]. 职业技术教育，2009（4）：48-51.

[19] 周燕军. 以就业为导向高职课程与教学体系改革研究与实践 [J]. 大家，2012（14）：263-264.

[20] 王淑敏. 高职动画"校企结合"实训课程教学模式改革与优化：结合南艺高职院动画实训教学课程案例分析 [J]. 美术观察，2013（7）：110.

[21] 周忠新. 高等职业教育教学质量评估理论与实践研究 [J]. 湖南社会科学，2014（5）：244-246.

[22] 丁丽丽，汪顺波，洪朋辉. 高职教学改革实践中"项目化教学"的应用分析 [J]. 中国教育学刊，2015（S1）：224-225.

[23] 李章红. 高职高专财务管理专业实践教学改革思路及实践举措分析 [J]. 山东社会科学，2015（S2）：264-266.

[24] 万卫. 教师实践能力与高职院校的教学改革 [J]. 学术论坛，2015（7）：177-180.

[25] 王洋. 完善与创新高职院校教育教学管理体系的若干思考：评《高职教育教学改革与实践》[J]. 中国教育学刊，2017（11）：142.

[26] 王巧玲，吴晓红，谢永宪. 基于"双融合思想"的档案学专业综合实践能力培养模式探索：以北京联合大学档案学专业实践教学改革创新为例 [J].

档案学通讯，2019（3）：99-105.

[27] 石硕. 高职工程管理类专业实践教学改革研究[J]. 教育研究，2019（3）：44-45.

[28] 赵炬明，高筱卉. 关注学习效果：建设全校统一的教学质量保障体系：美国"以学生为中心"的本科教学改革研究之五[J]. 高等工程教育研究，2019（3）：5-20.

[29] 李大千. 基于信息化建设的高职教学模式改革探究：评《信息化教育概论（第2版）》[J]. 中国教育学刊，2019（11）：114.

[30] 肖鹏，葛渊峥，郝雪. OBE+CIPP课堂评估模式探究[J]. 高等工程教育研究，2021（6）：176-182.

[31] 吴悦，陈希媛，温佐钧，等. 校企合作背景下"实践技能三递进"实践教学体系构建与实施：以汕头职院环境工程技术专业群为例[J]. 南方职业教育学刊，2023，13（3）：104-109.

[32] 张易龙. 其他课程与农业职业院校思政课程协同创新的具体方法研究[J]. 职业教育，2023（6）：1017-1021.

[33] MEIJER K.Reforms in vocational education and training in Italy, Spain and Portugal: similar objectives, different strategies[J]. European journal of education，1991，26（1）：13-27.

[34] ANDERSON D.Vocational education reform and students: redressing silences and omissions[J].Australian educational researcher，1999，26（2）：99-125.

[35] HYSLOP-MARGISON, EMERY J.An assessment of the historical arguments in vocational education reform[J].Journal of career & technical education，2000，17（1）：14.

[36] GROLLMANN P.The quality of vocational teachers: teacher education, institutional roles and professional reality[J]. European educational research journal，2008，7（4）：535-547.

[37] WESSELINK R. Comprehensive competence-based vocational education: the development and use of a curriculum analysis and improvement model. [M].

Wageningen : Wageningen University and Research, 2010.

[38] BRAND B, VALENT A, BROWNING A.How career and technical education can help students be college and career ready : a primer[J] .College and career readiness and success center, 2013 : 16.

[39] WEDEKIND V.Technical and vocational education and training (TVET) reform in South Africa : implications for college lecturers, context, background[J]. SAQA bulletin, 2016, 15 (1): 1-29.

[40] GONON P.Quality doubts as a driver for vocational education and training (VET) Reforms - Switzerland's way to a highly regarded apprenticeship system[J]. Vocational education and training in times of economic crisis : lessons from around the world, 2017 : 341-354.

[41] DE BRUIJN E, BILLETT B, ONSTENK J.Enhancing teaching and learning in the Dutch vocational education system[J].Reforms enacted, 2017, 20 (18): 119-136.

[42] PAMBUDI N A, HARJANTO B.Vocational education in Indonesia : history, development, opportunities, and challenges[J]. Children and youth services review, 2020 (115): 105092.

[43] FEI S.Exploration on deepening the reform of vocational education and improving the quality of personnel training[J].Training, 2023, 6 (5): 118-122.